STARK

ABITUR
2015
Prüfungsaufgaben
mit Lösungen

Biologie
Gymnasium
Berlin • Brandenburg

STARK

ISBN 978-3-8490-0972-4

11. ergänzte Auflage
www.stark-verlag.de

Inhalt

Original-Abituraufgaben Berlin

Original-Abituraufgaben Brandenburg

Abiturprüfung 2014 – Erhöhtes Anforderungsniveau

Autoren

Frank Heinrich	Übungsaufgaben Berlin 1, 3 und 4; Lösungen EA-Abiturprüfungen Brandenburg 2014
Dr. Martin Mantel	Lösungen LK-Abiturprüfungen Brandenburg 2012 und 2013
Dr. Ole Müller	Übungsaufgaben Berlin 2, 5, 9 und 10
Christiane Radecke	Übungsaufgabe Berlin 8
Burkhard Roloff	Lösung GK-Abiturprüfung Berlin 2013, Lösungen GK- und LK-Abiturprüfung Berlin 2014
Hans-Werner Schmidt	Übungsaufgabe Brandenburg
Dr. Franz Sebald	Übungsaufgabe Berlin 6
Birgit Zander	Übungsaufgabe Berlin 7; Lösung LK-Abiturprüfung Berlin 2013

Vorwort

Liebe Schülerinnen und Schüler,

das vorliegende Buch unterstützt Sie, sich optimal auf das **Abitur in Berlin** und **in Brandenburg** vorzubereiten. Dazu finden Sie in diesem Band die zentral gestellten **Abituraufgaben der Jahre 2013 und 2014** für den Grund- und den Leistungskurs in Berlin sowie speziell auf die Anforderungen des Berliner Abiturs zugeschnittene **Übungsaufgaben**. Für die Vorbereitung auf die Abiturprüfung im erhöhten Anforderungsniveau in Brandenburg sind die zentral gestellten **Leistungskurs- bzw. EA-Abituraufgaben der Jahre 2012 bis 2014** sowie eine Übungsaufgabe enthalten.

Mithilfe dieser umfangreichen Aufgabensammlung können Sie die systematische Herangehensweise an Lösungsansätze und Lösungen trainieren und entsprechend der Anforderungen im Zentralabitur üben.
Die von unseren Autoren verfassten **ausführlichen Lösungsvorschläge** zu den Aufgaben dienen Ihnen bei der Klausur- und Abiturvorbreitung als Kontrolle und Hilfestellung. Mit dem Nachvollziehen der Lösungen können Vorkenntnisse reaktiviert, Wissenslücken geschlossen sowie die Beurteilung und Darstellung von Ergebnissen geübt und vertieft werden.
Weiterführende Informationen sowie **Hinweise und Tipps** zur Herangehensweise an die Aufgabenstellungen sind durch kursiven Druck abgehoben.

Weiterhin enthält der Band „**Tipps und Hinweise zur Abiturprüfung**", die Ihnen helfen, die formalen Rahmenbedingungen für das Abitur kennenzulernen. Erläuterungen zu den Prüfungsanforderungen, zum Umgang mit den Operatoren lassen Sie die Prüfungssituation besser einschätzen. Die anschließenden „**Tipps zum Umgang mit Prüfungsaufgaben**" zeigen Ihnen konkret, wie Sie erfolgreich an die Aufgaben der Abiturklausur herangehen können.

Sollten nach Erscheinen dieses Bandes noch wichtige Änderungen in der Abitur-Prüfung vom Ministerium für Bildung, Jugend und Sport (Brandenburg) oder von der Senatsverwaltung für Bildung, Wissenschaft und Forschung (Berlin) bekannt gegeben werden, finden Sie aktuelle Informationen dazu im Internet unter *www.stark-verlag.de/pruefung-aktuell*.

Für Ihre Abiturprüfung wünscht Ihnen das Autorenteam viel Erfolg!

Stichwortverzeichnis

Hinweise und Tipps zur Abiturprüfung

Die Abiturprüfung

1 Die zentrale schriftliche Prüfung in Brandenburg

Die **zentral gestellte schriftliche Abiturprüfung in Brandenburg** gibt es seit dem Schuljahr 2004/2005. Die Aufgaben werden im Auftrag vom Ministerium für Bildung, Jugend und Sport von einer Fachkommission erstellt und von fachkundigen Gutachtern bewertet. Diese Prüfung wird von allen Schülern am gleichen Tag zum gleichen Zeitpunkt abgelegt. Wenige Tage vor der Abiturprüfung werden der Schulleitung die zentralen Aufgabenstellungen übergeben. Zwei Tage vor dem Prüfungstermin können Ihre Fachlehrer die Aufgaben das erste Mal einsehen.
Die Gesamtbearbeitungszeit für die Abiturprüfung auf erhöhtem Anforderungsniveau beträgt 270 Minuten. Sie setzt sich zusammen aus einer individuellen Einlese- und Auswahlzeit für die Prüflinge, die 30 Minuten nicht überschreiten sollte und der Bearbeitungszeit von 240 Minuten. Sie (als Prüfling) bearbeiten die Prüfungsaufgabe, die aus dem verpflichtenden Teil A und einem der Wahlteile B und C besteht. Die Wahlteile B und C basieren auf fachspezifischem Material. Im Prüfungsteil A wird zusätzlich eine praktische Aufgabe z. B. ein Schülerexperiment, ein Lehrer-Demonstrationsexperiment oder ein Simulationsexperiment bearbeitet. Ein mögliches Schülerexperiment können Sie in der Prüfungszeit bei Bedarf wiederholen. Ein Lehrer-Demonstrationsexperiment wird im Regelfall am Anfang der Prüfung gezeigt. Die drei Teile (A, B und C) der Prüfungsaufgabe beinhalten jeweils unterschiedliche Themen, sind voneinander unabhängig und zeitlich gleichwertig.
Als Hilfsmittel stehen Ihnen die zugelassenen Wörterbücher der deutschen Rechtschreibung (z. B. der Duden) und die an der Schule verwendeten und zugelassenen Taschenrechner und Formelsammlungen zur Verfügung.
Die jährliche Schwerpunktsetzung für die Prüfungsinhalte finden Sie unter:
http://bildungsserver.berlin-brandenburg.de/abitur201200.html

2 Die zentrale schriftliche Prüfung in Berlin

Das erste **Zentralabitur für das Fach Biologie** wurde in **Berlin** im Schuljahr 2012/2013 durchgeführt. In der zentralen Prüfung werden Themen aus allen Kurshalbjahren berücksichtigt.
Grundlage der schriftlichen Aufgaben sind die verbindlichen Vorgaben des gültigen Rahmenlehrplans für die gymnasiale Oberstufe des Landes Berlin sowie die einheit-

liche Prüfungsordnung in der Abiturprüfung Biologie (EPA, *www.kmk.org/fileadmin/ veroeffentlichungen_beschluesse/1989/1989_12_01-EPA-Biologie.pdf*).
Die Aufgaben sind kontextorientiert und materialbezogen.
Eine Aufgabenstellung besteht aus vier Aufgabenblöcken. Jeder Block setzt sich wiederum aus drei bis fünf Teilaufgaben zusammen. Die vier Aufgabenblöcke sind folgenden Themenbereichen zugeordnet:

A Funktionszusammenhänge und deren molekulare Grundlagen
  1. Kurshalbjahr: Physiologische Grundlagen ausgewählter Lebensprozesse und
  3. Kurshalbjahr: Grundlagen und Anwendungsfelder der Genetik

B Vernetzte Systeme
  2. Kurshalbjahr: Ökologie und Nachhaltigkeit

C Entwicklungsprozesse
  4. Kurshalbjahr: Evolution und Zukunftsfragen

Die Prüfung besteht aus zwei A- und jeweils einem B- und C-Block. Der Lehrer streicht einen der beiden Blöcke A (1. oder 3. Kurshalbjahr). Sie (als Prüfling) wählen selbst aus den verbleibenden Aufgabenblöcken A, B und C zwei beliebige Blöcke aus. Jeder Block geht zu 50 % in die Wertung ein. Inhaltliche Vernetzungen der Themen der einzelnen Kurshalbjahre sind in fast allen Aufgaben enthalten. Somit ist die Vorbereitung auf die Inhalte von nur zwei Semestern nicht ratsam.
Die Gesamtbearbeitungszeit beträgt 270 Minuten für den Leistungskurs und 210 Minuten für den Grundkurs, jeweils einschließlich einer Auswahlzeit von 30 Minuten.
Die Fachaufsicht Biologie legt Schwerpunkte für die zentralen Abiturklausuren fest und veröffentlicht diese rechtzeitig. Die aktuellen Prüfungsschwerpunkte findet man für den Grund- und den Leistungskurs im Internet unter:
www.berlin.de/sen/bildung/bildungswege/schulabschluesse

3 Schwerpunkte der schriftlichen Prüfung

Ihre Fachlehrer/innen in der Qualifikationsphase unterrichten Sie verbindlich nach den curricularen Vorgaben in der Qualifikationsphase der gymnasialen Oberstufe. In diesem Lehrplanwerk sind alle inhaltlichen Grundlagen, fachspezifischen Methoden und Arbeitstechniken festgeschrieben, die auch in der Prüfung abgefordert werden können. Diese curricularen Vorgaben (Curriculum: Theorie des Lehr- und Lernablaufes) wie auch alle weiteren Vorschriften sind im Internet veröffentlicht:
- **Brandenburg:** *http://bildungsserver.berlin-brandenburg.de/ unterricht.html*
- **Berlin:** *http://bildungsserver.berlin-brandenburg.de/biologie.html*

In den Schulen beschließen die Fachkonferenzen (die Lehrer/innen, die Sie in Biologie unterrichten), wie diese Rahmenpläne ausgestaltet werden können. Dabei stehen den Lehrer/innen Freiräume in der Interpretation der einzelnen Inhalte offen. Zur besseren Strukturierung und Erschließung der Inhalte von Texten und Materialien sind in den EPA die **Basiskonzepte** formuliert. Die Basiskonzepte, deren Anwendung im Unterricht permanent erfolgen sollte, sollen dem Schüler die Sichtweisen auf die biologischen Sachverhalte vereinfachen und strukturieren, um Zusammenhänge leichter offen zu legen (siehe Tabelle 1).

Grundlegendes Beherrschen von Methoden
– Arbeit mit Fachtexten – Hypothesenbildung – Analyse und Interpretation von grafischen Darstellungen und Messkurven – Praktisches Arbeiten (Planen und Auswerten von Experimenten ohne Durchführung, Mikroskopieren, zeichnerisches Darstellen) – Bewerten von Modellen
Basiskonzepte – Struktur und Funktion – Reproduktion – Kompartimentierung – Steuerung und Regelung – Stoff- und Energieumwandlung – Information und Kommunikation – Variabilität und Angepasstheit

Tab. 1: Grundlegende Arbeitsmethoden und Basiskonzepte, die Sie nach den EPA anwenden sollten

4 Struktur und Anforderungen der Prüfungsaufgaben

Die Aufgaben der Abiturprüfung sollen **Qualifikationen (Kompetenzen)** in möglichst großer Breite überprüfen. Deshalb müssen Sie mit der Lösung der Aufgaben den Anforderungen aus den drei Grundbereichen Reproduktion, Reorganisation und Lösen komplexer, problemorientierter Aufgaben gerecht werden.

- Den überwiegenden Anteil (in **Brandenburg** bis zu 50 %, in **Berlin** 50–60 %) stellen dabei Aufgaben zum selbstständigen Auswählen, Anordnen und Darstellen bekannter Sachverhalte in einen abzuleitenden Zusammenhang sowie Aufgaben zum selbstständigen Übertragen des Gelernten auf neue Situationen und Zusammenhänge dar (**Anforderungsbereich II**).
- Die reine Wiedergabe von Sachverhalten und die Beschreibung von gelernten und geübten Arbeitstechniken (**Anforderungsbereich I**) macht den zweitgrößten Anteil an der geforderten Prüfungsleistung aus (in **Berlin** 30–40 %).
- Darüber hinaus enthält jeder Aufgabenkomplex Aufgabenteile, die ein planmäßiges Verarbeiten komplexer Gegebenheiten mit dem Ziel der selbstständigen Gestaltung und Problemlösung dienen sollen (Deuten, Folgern, Werten, Hypothesen bilden, Experimente planen usw.). Das sind die anspruchsvollsten Aufgaben aus dem **Anforderungsbereich III** (in **Berlin** 10–20 % der Aufgaben).

Jede Aufgabe enthält sogenannte **Operatoren** (Fragewörter, Arbeitsanweisungen). Operatoren sind Handlungsaufforderungen, die dem Lösungsansatz eine formale und inhaltliche Richtung geben. Bevor Sie die Lösungen angehen, sollten Sie prüfen, ob Sie entsprechend der Operatoren die richtige Lösungsstrategie verfolgen.

4.1 Qualifikationen/Kompetenzen

Einerseits geht es in der Abiturprüfung um einen guten Überblick über das geforderte Basiswissen der Biologie, wie es in den Rahmenrichtlinien und in den thematischen Schwerpunkten skizziert ist. Andererseits ist es auch wichtig, Strukturen und Inhalte neuer biologischer Aufgabenstellungen erfassen zu können, mit dem eigenen Wissen zu verknüpfen und zu angemessenen Lösungen zu kommen. Diese Fähigkeiten, die über das reine, angelernte Wissen hinausgehen, werden als **Qualifikationen** oder **Kompetenzen** bezeichnet. Daraus ergibt sich, dass der hauptsächliche Anspruch der Prüfungsaufgaben nicht im Wiedergeben von lückenlosem Detailwissen liegt, sondern in der Anwendung Ihres Fachwissens und im kompetenten, selbstständigen Umgang mit neuen, bisher unbekannten biologischen Sachverhalten. Diese werden Ihnen in den Materialien zur Prüfungsaufgabe z. B. als Versuchsbeschreibungen, Diagramme, Tabellen und Skizzen biologischer Objekte vorgelegt. Sie sollen bei Ihrer Bearbeitung Qualifikationen in den folgenden vier Bereichen nachweisen können.

Kompetenzbereich Fachkenntnisse

„Fachwissen" bedeutet hier nicht die bloße Wiedergabe von Fakten, Sie sollen vielmehr Ihre Kenntnisse zur Anwendung bringen. Mithilfe der in den Materialien dargestellten biologischen Phänomene, Zusammenhänge und Modelle sollen Sie die relevanten Teile Ihres Wissens gezielt abrufen und in strukturierten Darstellungen und Erklärungen anwenden können.

Kompetenzbereich Methoden

Unter „Methodenkompetenz" versteht man, dass Sie biologische Systeme analysieren und deren Eigenschaften beschreiben und erklären können. Ebenso müssen Sie in der Lage sein, biologische Ergebnisse und Erkenntnisse in komplexere Zusammenhänge zu stellen. Dazu sollten Sie z. B.

- Informationsquellen erschließen und nutzen (also Texte analysieren und interpretieren und die Informationen daraus gezielt auswählen, die Kernaussagen erkennen und diese mit dem erworbenen Wissen verknüpfen)
- Hypothesen entwickeln und überprüfen können
- unterscheiden können, welche Fragestellungen sich naturwissenschaftlich untersuchen lassen und welche nicht
- naturwissenschaftliche Modelle anwenden und deren Gültigkeitsbereiche prüfen, ggf. neue Modellvorstellungen entwickeln können
- Definitionen, Regeln und Gesetzmäßigkeiten formulieren können
- Sachverhalte mithilfe von Tabellen, Diagrammen, Grafiken, Skizzen o. Ä. veranschaulichen können
- biologische Phänomene präzise beschreiben, vergleichen und erklären können
- zwischen funktionaler und kausaler Betrachtungsweise unterscheiden (d. h. Zweck und Ursache eines biologischen Phänomens auseinander halten) können
- komplexe und dynamische Systeme wie Organismen und Ökosysteme untersuchen, analysieren und Zusammenhänge klären
- auch die Denkweisen und Erkenntnisse der Natur-, Gesellschafts- oder Geisteswissenschaften mit einbeziehen können.

Kompetenzbereich Kommunikation

Dieser Bereich zielt auf Ihr Verständnis und Ihren Umgang mit den vielfältigen Materialien und deren sprachliche Verwertung ab. Sie sollen beweisen, dass Sie die relevanten Informationen aus den Materialien herausziehen und Ihre Darstellung der Aufgabenstellung angemessen auf das Wesentliche reduzieren können **und nicht einfach alles aufschreiben, was Sie zu dem Thema wissen**.

Entscheidend ist auch, dass Sie in der schriftlichen Prüfung einerseits die angemessene Fachsprache verwenden, um biologische Phänomene und Sachverhalte sowie naturwissenschaftliche Ergebnisse und Erkenntnisse darzustellen und zu diskutieren. Andererseits sollen Sie Ihre Aufzeichnungen auch allgemein verständlich, übersichtlich und strukturiert gestalten.

Kompetenzbereich Reflexion
Da die Forschungsergebnisse der Biologie immer stärkere Bedeutung z. B. in der medizinischen Anwendung erhalten, sollen Sie hier biologische Ergebnisse und Erkenntnisse in fachübergreifenden Zusammenhängen analysieren und bewerten. Besonders wichtig ist es, Anwendungsmöglichkeiten sowie Chancen und Risiken biologischer Forschungsergebnisse in Bereichen wie Gesundheit und Ernährung, Biotechnologie, Reproduktionsbiologie, Medizin und Umwelt angemessen diskutieren zu können.

4.2 Die Anforderungsbereiche

Die Prüfungsanforderungen gliedern sich in sog. **Anforderungsbereiche (AFB oder AB)** mit unterschiedlichen Niveaustufen, die dann zusammen mit der Komplexität der vorgelegten Materialien den Schwierigkeitsgrad einer Aufgabe bestimmen. Die Anforderungsbereiche unterscheiden sich vor allem im Grad der Selbstständigkeit bei der Bearbeitung der Aufgaben sowie in der Komplexität der gedanklichen Verarbeitungsprozesse.
Während die Reproduktion einfacher Inhalte zum AFB I gehört, wird die selbstständige Anwendung von Fachwissen und Fachmethoden am vorgelegten Material sowie die Herstellung neuer Zusammenhänge dem AFB II zugeordnet. Zum AFB III gehören relativ komplexe Anforderungen wie das fundierte Beurteilen und Bewerten des Materials, das Planen geeigneter Experimente zur Lösung biologischer Probleme oder das Entwickeln von aus dem Material oder dem eigenen Fachwissen sinnvoll begründeten Hypothesen.
Im Einzelnen bedeutet dies:

Der **Anforderungsbereich I** umfasst im Fach Biologie u. a.
- die Reproduktion von Basiswissen (Kenntnisse von Fakten, Zusammenhängen und Methoden)
- die Nutzung bekannter Methoden und Modelle in vergleichbaren Beispielen
- die Entnahme von Informationen aus Fachtexten und Umsetzen der Informationen in einfache Schemata (Stammbäume, Flussdiagramme o. Ä.)
- die Darstellung von Daten, Tabellen, Diagrammen oder Abbildungen mithilfe der Fachsprache

Der **Anforderungsbereich II** beinhaltet im Fach Biologie u. a.
- die Anwendung des Basiswissens in neuartigen Zusammenhängen
- die Übertragung und Anpassung von Modellvorstellungen auf unbekannte Beispiele
- die sachgerechte und strukturierte Darstellung komplexer biologischer Abläufe im Zusammenhang einer Aufgabenstellung
- die Auswahl bekannter Daten, Fakten und Methoden zur Herstellung neuer Zusammenhänge

- die gezielte Entnahme von Informationen aus vielschichtigen Materialien oder einer wissenschaftlichen Veröffentlichung unter einem vorgegebenen Aspekt
- die Auswertung von unbekannten Untersuchungsergebnissen unter bekannten Aspekten
- die Beurteilung und Bewertung eines bekannten biologischen Sachverhalts
- die Unterscheidung von Alltagsvorstellungen und wissenschaftlichen Erkenntnissen

Der **Anforderungsbereich III** umfasst im Fach Biologie u. a.
- die Entwicklung eines eigenständigen Zugangs zu einem biologischen Phänomen, z. B. die Planung eines geeigneten Experimentes oder Gedankenexperimentes
- die selbstständige, zusammenhängende Verarbeitung verschiedener Materialien unter einer selbstständig entwickelten Fragestellung
- die Entwicklung eines komplexen gedanklichen Modells bzw. eigenständige Modifizierung einer bestehenden Modellvorstellung
- die Entwicklung fundierter Hypothesen auf der Basis verschiedener Fakten, experimenteller Ergebnisse, Materialien und Modelle
- die Reflexion biologischer Sachverhalte in Bezug auf das Menschenbild
- die materialbezogene und differenzierte Beurteilung und Bewertung biologischer Anwendungen
- die Argumentation auf der Basis nicht eindeutiger Rohdaten: Aufbereitung der Daten, Fehleranalyse und Herstellung von Zusammenhängen
- die kritische Reflexion biologischer Fachbegriffe vor dem Hintergrund komplexer und widersprüchlicher Informationen und Beobachtungen

Der **Schwerpunkt aller Prüfungsaufgaben** liegt dabei immer auf dem **AFB II**, daneben werden der AFB I und – in deutlich geringerem Maße als der AFB I – der AFB III berücksichtigt. Das heißt, dass Sie nur durch reine Reproduktion keine ausreichende Leistung erzielen können.

4.3 Umgang mit Operatoren

Die in den einzelnen Arbeitsaufträgen zum Tragen kommenden Anforderungsbereiche können Sie oft schon anhand der Beschreibungen der jeweiligen Tätigkeiten, die von Ihnen verlangt werden, abschätzen. Solche Handlungsanweisungen, so genannte **Operatoren**, signalisieren Ihnen z. B., was genau Sie mit den angebotenen Materialien machen sollen.
Während z. B. beim „Nennen" biologische Sachverhalte, Phänomene und Merkmale einfach wiedergegeben oder aufgezählt werden dürfen (AFB I), erfordert das „Bewerten" selbstständige Deutungen und Begründungen in Form strukturierter, zusammenhängender Texte unter Verwendung der komplexen Materialien (AFB III).
Mit dem Arbeitsauftrag „Erläutern Sie" wird von Ihnen die verständliche, anschauliche Darstellung eines Sachverhalts unter Verwendung weiterer Informationen z. B. aus dem Material erwartet, sodass der Leser den Sachverhalt nachvollziehen kann (AFB II).

Die Operatoren sowie deren Beschreibung in der folgenden Tabelle sollten Sie daher sehr genau studieren, damit Sie exakt wissen, was von Ihnen verlangt wird. In der Aufgabensammlung finden Sie außerdem viele Beispiele zum Einsatz dieser Operatoren, an denen Sie den Umgang mit solchen Handlungsanweisungen üben können.

Operator	**Beschreibung der erwarteten Leistung**	**AFB**
Ableiten	auf der Grundlage wesentlicher Merkmale sachgerechte Schlüsse ziehen	II
Analysieren/ Untersuchen	wichtige Bestandteile oder Eigenschaften auf eine bestimmte Fragestellung hin herausarbeiten	II
Auswerten	Daten, Einzelergebnisse usw. in einen Zusammenhang stellen und ggf. zu einer Gesamtaussage zusammenführen	II, III
Begründen	Sachverhalte auf Regeln und Gesetzmäßigkeiten bzw. kausale Beziehungen von Ursachen und Wirkung zurückführen	II, III
Belegen	passende Aussagen/Informationen aus Material zuordnen	I, II
Beschreiben	Strukturen, Sachverhalte oder Zusammenhänge strukturiert und fachsprachlich richtig mit eigenen Worten wiedergeben	I (II)
Beurteilen	zu einem Sachverhalt ein selbstständiges Urteil unter Verwendung von Fachwissen und -methoden formulieren und begründen	III
Bewerten	einen Gegenstand an erkennbaren Wertkategorien oder an bekannten Beurteilungskriterien messen	III, (II)
Darstellen	Sachverhalte, Zusammenhänge, Methoden etc. strukturiert und ggf. fachsprachlich wiedergeben	I (II)
Diskutieren/ Erörtern	Argumente und Beispiel zu einer Aussage oder These einander gegenüberstellen und abwägen	III
Erklären	einen Sachverhalt mithilfe eigener Kenntnisse in einen Zusammenhang einordnen sowie ihn nachvollziehbar und verständlich machen	II, III
Entwickeln	eigenständige Überlegungen zu einem Sachverhalt oder eine Methode nachvollziehbar darstellen	II, III
Erläutern	einen Sachverhalt veranschaulichend darstellen und durch zusätzliche Informationen verständlich machen	II
Ermitteln	einen Zusammenhang oder eine Lösung finden und das Ergebnis formulieren	II
Formulieren	kurze prägnante Texte/Aussagen notieren, z. B. Wiedergabe von Definitionen	I, II
Hypothese entwickeln/ aufstellen	begründete Vermutung auf der Grundlage von Beobachtungen, Untersuchungen, Experimenten oder Aussagen formulieren	III
Interpretieren/ Deuten	fachspezifische Zusammenhänge in Hinblick auf eine gegebene Fragestellung begründet darstellen	II, III

Nennen/ Angeben	Elemente, Sachverhalte, Begriffe, Daten ohne Erläuterungen aufzählen	I
Protokollieren	Beobachtungen oder die Durchführung von Experimenten detailgenau zeichnerisch einwandfrei bzw. fachsprachlich richtig wiedergeben	I
Skizzieren	Sachverhalte, Strukturen oder Ergebnisse auf das Wesentliche reduziert übersichtlich grafisch darstellen	I, II
Stellung nehmen	zu einem Gegenstand, der an sich nicht eindeutig ist, nach kritischer Prüfung und sorgfältiger Abwägung ein begründetes Urteil abgeben	III
Überprüfen/ Prüfen	Sachverhalte oder Aussagen an Fakten oder innerer Logik messen und eventuelle Widersprüche aufdecken	II, III
Vergleichen	Gemeinsamkeiten, Ähnlichkeiten und Unterschiede ermitteln	II
Zeichnen	eine möglichst exakte grafische Darstellung beobachtbarer oder gegebener Strukturen anfertigen	I (II)
Zusammen-fassen	das Wesentliche in konzentrierter Form herausstellen	I, II

5 Bewertung der schriftlichen Abiturprüfung

Die Bewertung Ihrer Prüfungsarbeit erfolgt durch Ihren Kursleiter in 13.2, der die Arbeit als erster durchsieht und bewertet, einer zweiten Lehrkraft als Korreferent, der die Arbeit ebenfalls genau durchsieht und gleichfalls eine Note festsetzt.

Als Grundlage für die Beurteilung wird ein **Erwartungshorizont** herangezogen, in dem für jede einzelne Teilaufgabe der erwartete Inhalt und die möglichen Bewertungseinheiten aufgelistet sind. Eine Zuordnung der o. g. Anforderungsbereiche (AFB I–III) zu den erwarteten Teilleistungen ist ebenfalls enthalten. An diesem Erwartungshorizont soll sich der Fachlehrer orientieren.

Dabei werden nicht nur die fachliche Richtigkeit und Vollständigkeit berücksichtigt sondern auch die Schlüssigkeit Ihrer Argumentation, die Qualität Ihrer Darstellung (klarer Aufbau und richtige Verwendung der Fachsprache) sowie gegebenenfalls die Kreativität und Eigenständigkeit bei Ihren Lösungen.

- Zur **Qualität** gehören u. a. das Erfassen der Aufgabe, die Genauigkeit der Kenntnisse und Einsichten, die Sicherheit in der Beherrschung der Methoden und der Fachsprache, Stimmigkeit und Differenziertheit der Aussage, Herausarbeitung des Wesentlichen, Anspruchsniveau der Problemerfassung, Fähigkeit zur kritischen Würdigung der Bedingtheit und Problematik eigener und fremder Auffassungen, Differenziertheit und Adäquatheit des Urteils.
- Zur **Quantität** gehören u. a. der Umfang der Kenntnisse und Einsichten, die Breite der Argumentationsbasis und Vielfalt der Aspekte und Bezüge.
- Die **Kommunikations- und Darstellungsfähigkeit** erweist sich in dem Vermögen, die Aufgabenstellung zu erfassen, und in der Fähigkeit, sich in einer angemessenen Weise (u. a. durch Klarheit und Eindeutigkeit der Aussage, Übersichtlichkeit der Gliederung und inhaltliche Ordnung) verständlich zu machen.

Als Grundlage für die Einordnung der Qualität Ihrer Leistungen dienen die Angaben im Erwartungshorizont, mit dessen Hilfe Ihre Teilleistungen in Bewertungseinheiten umgesetzt werden. Auch Lösungen, die im Erwartungshorizont nicht erfasst worden waren, fachlich aber richtig sind und schlüssig dargestellt wurden, werden angemessen berücksichtigt. (Das kann z. B. der Fall sein, wenn Sie einen biologischen Sacherhalt durch eine eigene Meinung beurteilen oder begründete Hypothesen aufstellen sollten.) Ihre Arbeit kann mit ausreichend bewertet werden, wenn Sie annähernd die Hälfte der im Erwartungshorizont beschriebenen Bewertungseinheiten erreicht haben, d. h. hierfür müssen Sie mehr als nur reproduktive Leistungen des AFB I erbringen. Ein mit sehr gut beurteiltes Prüfungsergebnis erreichen Sie nur mit Leistungen auch aus dem AFB III.
Bei allem Bemühen um korrekte Inhalte dürfen Sie aber auch die äußere Form und die sprachliche Richtigkeit nicht vernachlässigen, denn schwerwiegende und gehäufte Verstöße gegen Grammatik, Rechtschreibung und Zeichensetzung oder gegen die äußere Form führen in **Brandenburg** zu einem **Abzug von bis zu zwei Punkten** (ein Punkt für die äußere Form, ein Punkt für die Rechtschreibung). In **Berlin** geht die sprachliche Qualität mit **10%** in die Gesamtleistung ein. Unübersichtliche Textstellen werden u. U. erst gar nicht bewertet.

6 Tipps zum Umgang mit den schriftlichen Prüfungsaufgaben

Im Folgenden können wir Ihnen nur eine kurze Auflistung der wichtigsten Punkte geben, die Sie beim Bearbeiten der Aufgaben beachten sollten. Ebenso kann an dieser Stelle nur exemplarisch auf einige Aspekte der Analyse von Materialien eingegangen werden.
Weiterführende Hilfestellungen zum Umgang mit Prüfungsaufgaben finden Sie in dem Buch „Training Methoden – Biologie“, Stark Verlag Freising (Best.-Nr. 94710), mit dem Sie anhand einer Reihe konkreter Beispiele die prüfungsrelevanten Arbeitstechniken im Fach Biologie trainieren können.

6.1 Zeiteinteilung bei der schriftlichen Prüfung

Wie bereits angesprochen, sollte die Auswahl Ihres Prüfungsthemas sorgfältig erfolgen. Wichtig ist hierbei, dass Sie sich zunächst einen Überblick über alle Aufgaben und Materialien verschaffen, auch wenn Sie aufgrund der thematischen Überschriften schon eine Vorentscheidung gefällt haben. Vielleicht verbirgt sich in der Aufgabe ein „Haken“, den Sie bei der schnellen Durchsicht nicht gesehen haben!
Für die weitere Bearbeitung setzen Sie sich einen Zeitplan, damit Ihnen nicht am Ende die Zeit für die letzte Aufgabe oder das Korrekturlesen fehlt. Lassen Sie unter jeder Aufgabe etwas Platz, um nachher noch ergänzen zu können. Die Einzelschritte, die im Folgenden noch genauer erläutert werden, könnten sein (natürlich können Sie auch Ihren eigenen Algorithmus wählen):

A Lesen der Gesamtaufgabe
B Analysieren der Teilaufgaben
C Anfertigen einer Stoffsammlung
D Erstellen einer Gliederung für die Einzelaufgaben
E Überprüfen auf Vollständigkeit
F Darstellen der Ergebnisse

Zum Schluss sollten Sie – sofern es möglich ist – noch einmal 10 bis 20 Minuten einplanen, um Ihre Lösungen noch einmal zu lesen und eventuelle Fehler (Grammatik, Zeichensetzung, Rechtschreibung) zu berichtigen. Denken Sie daran, dass Ihnen für eine mangelhafte äußere Form bis zu zwei Notenpunkte abgezogen werden können! Eine lesbare Schrift und eine übersichtliche Gestaltung sind deshalb besonders wichtig. Zuletzt sollten Sie die Seiten vollständig durchnummerieren.

6.2 Bearbeitung der schriftlichen Aufgaben

Nachdem Sie sich einen Überblick anhand der Teilaufgaben und Materialien über die in den zwei Prüfungsaufgaben angesprochenen thematischen Schwerpunkte geschaffen und die für Sie am besten geeignete Aufgabe herausgesucht haben, muss diese nun entsprechend der Kompetenzen, Anforderungsbereiche und Operatoren von Ihnen bearbeitet werden. Dabei erleichtern Ihnen einige systematische Arbeitsschritte das Erarbeiten der zu den Anforderungen jeder Teilaufgabe passenden Lösung. Die ausführliche Bearbeitung einer schriftlichen Abituraufgabe könnte nach den folgenden Gesichtspunkten ablaufen:

A Lesen der Gesamtaufgabe

Die zu bearbeitenden Aufgaben stehen generell in einem gemeinsamen Kontext, berühren jedoch unterschiedliche Themengebiete der Biologie. In den meisten Fällen gibt ein kurzer Informationstext eine Einführung in die zu bearbeitenden Sachinhalte. Manchmal sind in diesem Text auch wichtige Informationen zur Bearbeitung der Aufgabe „versteckt".

Das in der Aufgabenstellung zu bearbeitende Material ist den einzelnen Teilaufgaben zugeordnet, sodass sich diese weitgehend nacheinander „abarbeiten" lassen. Dennoch ist es sinnvoll, sich zunächst einen Überblick über die Gesamtaufgabe zu verschaffen.

B Analysieren der Teilaufgaben

Nachdem Sie sich ein Bild von der zu bearbeitenden Thematik gemacht haben, sollten Sie sich gezielt mit den einzelnen Arbeitsaufträgen auseinandersetzen:

- Unterstreichen Sie die Arbeitsanweisungen/Operatoren unter Berücksichtigung der Organisationsebene (z. B. Zelle, Organismus, Ökosystem).
- Kennzeichnen Sie Informationen, die für den zu bearbeitenden Sachverhalt wichtig sein könnten. Beachten Sie dabei auch die Einführungstexte zu den Aufgaben!
- Gliedern Sie komplexe Aufgabenstellungen in Teilschritte.
- Kennzeichnen Sie am Material die Zuordnung zur Teilaufgabe.

C Anfertigen einer Stoffsammlung auf der Grundlage des Materials

Wenn Sie Klarheit über die Arbeitsaufträge gewonnen haben, sollten Sie sich genauer mit den Materialien der einzelnen Aufgaben beschäftigen:

- Markieren Sie wichtige Begriffe bzw. Signalworte, die den zu bearbeitenden Sachverhalt betreffen, ggf. auch in den Einführungstexten.
- Versuchen Sie inhaltliche Schwerpunkte zu finden.
- Grenzen Sie diese gegeneinander ab und kennzeichnen Sie sie am Rand des Materials.

- Notieren Sie zu jedem Material gesondert wichtige Schlüsselbegriffe/Informationen auf einem Konzeptblatt.
- Vermeiden Sie an diesem Punkt zu ausführliche schriftliche Darstellungen (oft genügt ein Stichwort, um den Gedankengang wieder zu finden).

D Erstellen einer Gliederung für die Einzelaufgaben
- Ordnen Sie die Stichworte übersichtlich vom Allgemeinen zum Detail.
- Behalten Sie auch bei der Auseinandersetzung mit dem Detail immer den Gesamtzusammenhang im Auge.
- Kennzeichnen Sie Zusammenhänge und/oder Beziehungen durch entsprechende Zeichen.
- Beschreiben Sie bei der Auswertung von Grafiken oder Tabellen zunächst kurz die dargestellten Gegebenheiten und erklären Sie diese erst danach.
- Stellen Sie komplexe Sachverhalte wenn möglich grafisch dar (Skizzen, Schaubilder, Fließdiagramme etc.).

E Überprüfen auf Vollständigkeit
- Prüfen Sie, ob alle wesentlichen Inhalte berücksichtigt wurden.
- Kontrollieren Sie, ob Sie alle Bedingungen und Aspekte der Aufgabenstellung erfasst haben. Beachten Sie erneut die einleitenden Informationen zu den Teilaufgaben.
- Überprüfen Sie, ob das vorgegebene Material sinnvoll und angemessen ausgewertet wurde.

F Darstellen der Ergebnisse
- Berücksichtigen Sie bei der Ausformulierung Ihrer Antworten nochmals die vorgegebenen Operatoren.
- Achten Sie auf sprachlich korrekte Formulierungen und eine klare, verständliche Ausdrucksweise. Kurze Sätze sind besser als in einander verschachtelte.
- Verwenden Sie sorgfältig die Fachsprache. Fachbegriffe müssen nur bei ausdrücklicher Aufforderung umschrieben werden (oder wenn Sie bei deren Verwendung unsicher sind).
- Konzentrieren Sie Ihre Aussagen auf das Thema und vermeiden Sie weitschweifige Ausarbeitungen. Dadurch geht der rote Faden verloren!
- Achten Sie auf eine angemessene äußere Form Ihrer Ausführungen.

6.3 Analyse von Grafiken und Tabellen

Ein wesentlicher Bestandteil biologischer Aufgabenstellungen ist die Analyse von Material in Form von Tabellen sowie Grafiken. Die umfassende Untersuchung der dargestellten Sachverhalte ist oft der Schlüssel zu einer erfolgreichen Lösung der Aufgabe.

Daten aus biologischen Experimenten werden häufig in Form von **Tabellen** zusammengefasst. Eine andere Art der Darstellung von Zahlenmaterial sind die zu den Grafiken zählenden **Diagramme**. Zur Auswertung einer Tabelle oder eines Diagramms gibt es einige Grundregeln, die sich auf fast alle Tabellen und Diagramme unterschiedlichen Aufbaus und Inhaltes anwenden lassen.

- Welche Größen sind in der Tabelle/dem Diagramm dargestellt? Achten Sie auf die Überschriften und den Begleittext.
- Was für ein Diagrammtyp liegt vor (z. B. Säulendiagramm, Optimumkurve)?
- Welche Größen sind gegeneinander aufgetragen? Welche ist die variable, welche die abhängige Größe?
- Was sind die Bezugsgrößen: Zahlenarten (absolute Zahlen, Prozentzahlen), Zahlenwerte (gerundet, geschätzt, vorläufig)?
- Welche Auffälligkeiten/Tendenzen sind zu erkennen?
- Was wurde mit welcher Methode untersucht?
- Welche Kategorien werden miteinander in Beziehung gesetzt (z. B. bei Tabellen in Kopfzeile, Spalten und Vorspalten)?
- Welche Besonderheiten weist das Material auf? Bestimmen Sie wesentliche Auffälligkeiten!
- Welche Hauptaussagen lassen sich formulieren (Trends/Tendenzen)?
- Welche Teilaussagen lassen sich machen (Minima, Maxima, Zunahme, Abnahme, Stagnation, Zahlensprünge, Anomalien, Gleichmäßigkeiten und regelhafte Verläufe, unterschiedliche Phasen, Wechselbeziehungen zwischen verschiedenen Variablen/Merkmalen …)?
- Welcher Arbeitsauftrag ist mit dem Diagramm/der Tabelle verbunden? (Unabhängig davon sollten Sie Ihre Lösung damit beginnen, eine kurze Beschreibung der Darstellung auf der Basis der o. g. Fragestellungen zu geben.)
- Welche Antwort gibt die Tabelle/das Diagramm auf die Fragestellung? Zu welchen Teilbereichen lassen sich keine Aussagen treffen?
- Welche Aussagen werden durch die Daten nahe gelegt?
- Welche neuen Fragen werden durch die Informationen der Tabelle/des Diagramms aufgeworfen?
- Was sind mögliche Ursachen für die der Tabelle/dem Diagramm entnommenen Sachverhalte?

Abbildungen in der Biologie zeigen meist entweder Strukturen (z. B. einen Blattquerschnitt) oder Prozesse (z. B. die Transformation einer Zelle). Der erste Schritt Ihrer Lösung sollte auch hier immer darin bestehen, die bildlich dargestellte Information in Worte zu fassen. Die weitere Analyse ist dann sehr stark von der Art der Abbildung und der damit verbundenen Fragestellung abhängig. Aber auch hier gibt es wieder einige Grundregeln, die zu beachten sind:
- Wie ist die Abbildung zustande gekommen? Ist es z. B. die Skizze eines mikroskopischen Bildes oder die schematische Darstellung eines Experimentes? (Beachten Sie dabei auch den vorangestellten Text, die Bildunterschrift und die angegebene Quelle.)
- Welchem Themengebiet ist die Abbildung zuzuordnen (z. B. Zellbiologie oder Gentechnik)?
- Was wissen Sie über die dargestellten Strukturen oder Abläufe? Welche Fachbegriffe können Sie zuordnen?

- Was sind die wichtigen Merkmale der dargestellten Objekte oder Sachverhalte? Vergleichen Sie Teilabbildungen miteinander. Formulieren Sie Kern- und Teilaussagen.
- Welche Arbeitsanweisung ist mit der Abbildung verknüpft? Sollen Sie z. B. die Abbildung zur Begründung oder Erläuterung eines Sachverhaltes verwenden oder wird von Ihnen eine Hypothese über den Ablauf eines dargestellten Experimentes erwartet?
- Welche für die Beantwortung der Fragestellung relevanten Informationen lassen sich aus den Darstellungen entnehmen und welche Fragen stellen sich?
- Welche Ursachen und Mechanismen könnten hinter den dargestellten Prozessen stecken? Wie sind auftretende Besonderheiten zu erklären?

6.4 Darstellung der Ergebnisse

Bei der Erstellung Ihrer Lösungen sollten Sie sich, neben der fachlichen Richtigkeit, um **sprachliche Richtigkeit und eine angemessene äußere Form** bemühen. Alle Antworten sollten Sie (sofern es nicht ausdrücklich anders verlangt ist, z. B. die Angabe als Tabelle oder Skizze) durchgehend in vollständigen Sätzen unter Verwendung der passenden **Fachbegriffe** formulieren.
Auch wenn zur Beantwortung der Aufgabe kein Fließtext gefordert wird, sollten die unkommentierte Aufzählung einzelner Schlagworte (Ausnahme: Operator „Nennen“) sowie unbeschriftete Skizzen und Tabellen vermieden werden.
Bei allen Lösungen sollten Sie außerdem beachten,

- dass Sie sich bei der Bearbeitung der Aufgabe an den Operator der Aufgabenstellung halten, damit Sie die **Lösung im Sinne der Aufgabenstellung** erstellen. Sie sollten z. B. beim Operator „Nennen/Angeben“ keine weiteren Erklärungen angeben, dies wäre auch nicht im Sinne einer sinnvollen Zeiteinteilung bei der Prüfung.
- dass die Darstellung **logischen und erkennbaren Ordnungsprinzipien** folgt. Für längere Teilantworten bietet sich die „klassische“, aus dem Deutschunterricht bekannte Einteilung in eine kurze Einleitung (meist reichen hier 1–2 Sätze), einen in sinnvolle Absätze gegliederten Hauptteil und Schlusssatz an.
- dass die Ausführungen **eindeutig formuliert** sind und soweit sinnvoll auch mit anderen Teilen Ihrer Klausur verknüpft werden.

Die mündliche Abiturprüfung

Diese Aufgabenstellung wird von Ihrem/r Lehrer/in erstellt. Diese/r leitet auch das Prüfungsgespräch, an dem in der Regel ein protokollierender Fachlehrer und ein weiteres Mitglied des Fachausschusses teilnehmen. Das zum Prüfungsbeginn ausgehändigte Aufgabenblatt enthält meist drei oder vier (**Brandenburg**) bzw. zwei (**Berlin**) materialbezogene Aufgabenstellungen (**Berlin:** eine Aufgabe aus dem Wahlsemester, eine aus dem 4. Kushalbjahr). Sie haben in **Brandenburg** 30 , in **Berlin** 20 Minuten Zeit, sich individuell auf die Prüfung vorzubereiten. Bei Prüfungen mit einem experimentellen Teil kann die Vorbereitungszeit verlängert werden.

Tipps:
- *Nutzen Sie die Möglichkeit sowohl die Tafel wie auch eine in der Vorbereitungszeit selbst erstellte Folie in den Prüfungsvortrag einzubeziehen. Eine leere Folie und Folienstifte können Sie mitbringen. Fragen Sie nach einem Overheadprojektor*
- *Der Prüfungsvortrag sollte gut strukturiert sein, das Thema nicht verlassen und die Aufgabenteile miteinander verknüpft werden.*
- *Kurze Hinweise auf weitergehende Bezugspunkte/praktische Anwendungen verdeutlichen Ihr Wissen.*

1 Ablauf der Prüfung in Brandenburg

Die Prüfung selbst dauert in der Regel 20 Minuten und gliedert sich in einen ersten und einen zweiten Prüfungsteil. Die Leistungen in diesen beiden Abschnitten gehen zu gleichen Anteilen in die Bewertung ein. Im ersten Prüfungsteil erfolgt ein sach- und fachgerechter, zusammenhängender Vortrag auf Basis der erhaltenen Fragen und der in der Vorbereitungszeit erstellten Aufzeichnungen. Die Fragen sind inhaltlich auf die vorgegebene Thematik (nicht Kurshalbjahr) begrenzt. Der Vortrag sollte zeitlich so gestaltet sein, dass er 10 Minuten nicht wesentlich überschreitet. Beachten Sie das Zeitmanagement der Prüfung. Anhand der Prüfungsfragen beider Prüfungsteile sind Leistungen in allen drei Anforderungsbereichen zu erbringen, die aus mindestens zwei Schulhalbjahren stammen. Im zweiten Teil der Prüfung können zu korrigierende Inhalte des ersten Teils oder völlig neue Aspekte und Themen im Mittelpunkt stehen. Theoretisch hat jedes Mitglied des Fachprüfungsausschusses ein Fragerecht.

2 Ablauf der Prüfung in Berlin

Das Prüfungsgespräch dauert 20 Minuten. Der erste Teil der Prüfung ist bei jeder der beiden Aufgaben (die Reihenfolge der Aufgaben wird von ihnen selbst gewählt) eine selbstständige Darstellung durch Sie (als Prüfling). Daran schließt sich ein Prüfungsgespräch an.

Hinweise zur Benutzung dieses Buches

Dieses Buch enthält **Übungsklausuren im Stil des Abiturs** sowie **Übungsaufgaben für die mündliche Prüfung**. Darüber hinaus finden Sie die zentral gestellten **Leistungskurs- bzw. EA-Abituraufgaben** der Jahre 2012 bis 2014 für **Brandenburg** zur Vorbereitung auf die Prüfung im erhöhten Anforderungsniveau sowie die **Leistungskurs- und Grundkursaufgaben** der Jahre 2013 und 2014 für **Berlin**.
Selbstverständlich können von den Schülern beider Bundesländer **alle** Aufgaben zur Vorbereitung auf das Abitur genutzt werden.

Zu allen Aufgaben bieten wir Ihnen vollständige und ausführliche **Lösungsvorschläge**. Viele der Lösungsvorschläge sind zusätzlich mit **methodischen Hinweisen** versehen. Diese Hinweise erläutern – sofern nötig – kurz den Operator sowie die Herangehensweise an die Teilaufgabe und geben Ihnen konkrete Tipps, was bei der jeweiligen Aufgabe zu beachten ist. Alle Tipps und Hinweise erkennen Sie am *kursiven* Druck und zusätzlich an den Rauten am Seitenrand.

Biologie (Berlin): Grundkurs
Übungsaufgabe 1: Neurophysiologie

Thema: Theorie des Aktionspotenzials

Bioelektrische Erscheinungen wie z. B. beim Zitteraal oder beim Zitterrochen sind den Menschen schon seit dem Altertum bekannt. Die grundlegenden physiologischen Zusammenhänge zwischen Bioelektrizität und Muskel- sowie Nerventätigkeit konnten jedoch erst nach der Entwicklung ausreichend empfindlicher Spannungsmessgeräte (z. B. Kathodenstrahloszilloskop) aufgeklärt werden. 1963 erhielten ECCLES, HUXLEY und HODGKIN den Nobelpreis für die Aufklärung der Potenzialverhältnisse an der ruhenden Muskelfaser.

Aufgabenstellung

1 Skizzieren und beschriften Sie die ursprüngliche Messanordnung zur Messung von Nervenpotenzialen am Riesenaxon von Tintenfischen nach HODGKIN und HUXLEY. Erläutern Sie das Messprinzip und die zu erwartenden Messwerte.

2 Beschreiben Sie die Entstehung und Fortleitung eines Aktionspotenzials.

3 In dem in der Abbildung 1 des Materials dargestellten Experiment wurden die Fortleitungen von Aktionspotenzialen in Tintenfischaxonen in normalem Meerwasser (100%-ige Natriumionenkonzentration) und Meerwasser mit 50 %-iger bzw. 33 %-iger Natriumionenkonzentration gemessen.
Ordnen Sie den Potenzialen A, B und C die jeweiligen Außenkonzentrationen zu.
Begründen Sie Ihre Zuordnung.

4 Entwickeln Sie eine begründete Hypothese zur Wirkung der selektiven Gifte Tetrodotoxin und Tetraethylammonium am Froschaxon (Abb. 2).

5 Vergleichen Sie die experimentellen Ergebnisse zur pharmakologischen Trennung der Membranströme (Abb. 2) mit der Theorie der Fortleitung von Aktionspotenzialen. Welche Komponenten der Theorie werden dadurch gestützt bzw. widerlegt?

Material

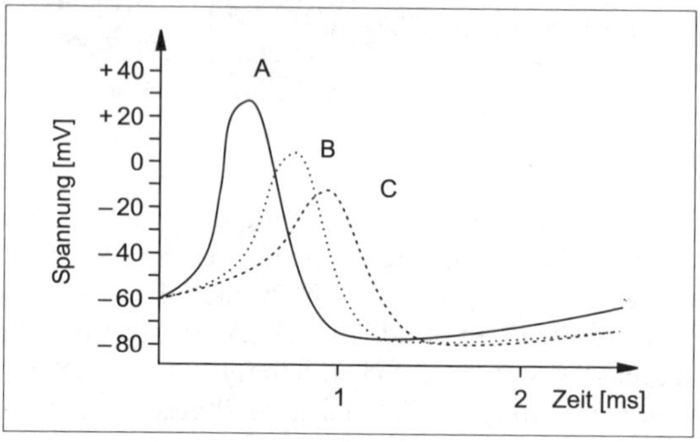

Abb. 1: Die Rolle des Natriums bei der Fortleitung eines Aktionspotenzials im Tintenfischaxon

verändert nach Nicholls, J. G., Martin, A. R., Wallace, B. G.: Vom Neuron zum Gehirn, Spektrum Akademischer Verlag Heidelberg, 2002, Seite 61

Durch den Einsatz sogenannter selektiver Gifte wie zum Beispiel Tetrodotoxin (TTX) oder Saxitoxin (STX) und Tetraethylammonium (TEA) gelang es den Wissenschaftlern, wahlweise den Kalium- bzw. Natriumionenstrom zu unterbinden. Die Auswirkungen der Behandlung von Froschaxonen mit selektiven Giften sind in der Abbildung 2 dargestellt.

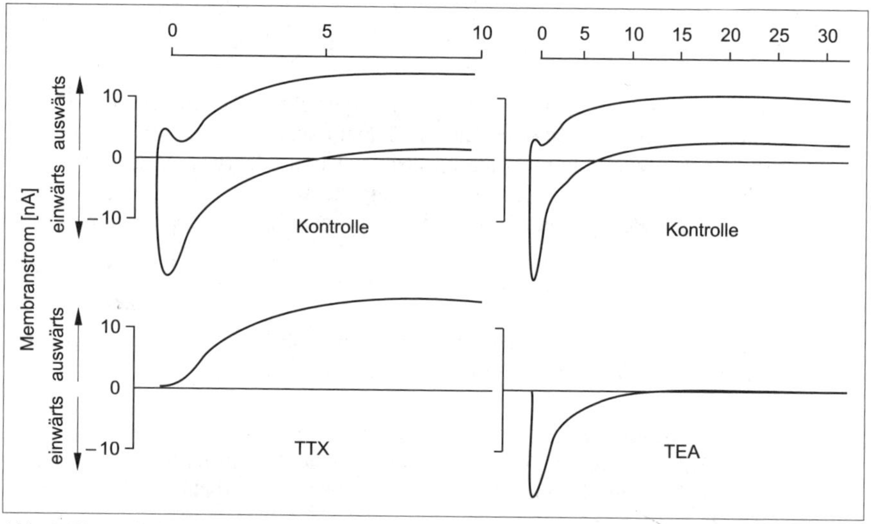

Abb. 2: Pharmakologische Trennung der Membranströme in die Natrium- und Kaliumkomponente. Die Abbildung zeigt das Membranpotenzial einer myelinisierten Nervenfaser vom Frosch in normaler Badelösung (Kontrolle), bei Zugabe von 300 nM Tetrodotoxin (TTX) bzw. bei Zugabe von 300 nM Tetraethylammonium (TEA).

verändert nach Nicholls et al., S. 68

Lösung

1 Die aus Tintenfischen herauspräparierten Riesenaxone wurden an ihrer Schnittstelle auf eine Glaselektrode aufgezogen und in ein Gefäß mit physiologischer Badelösung (Meerwasser) eingebracht. In dieser Lösung befindet sich ein mit AgCl überzogener Silberdraht (Referenzelektrode, Potenzial 0). Mess- und Referenzelektrode werden mit dem **Kathodenstrahloszilloskop** oder einem anderen Spannungsmessgerät verbunden. Infolge der unterschiedlichen Ionenverteilung misst man eine **Potenzialdifferenz von rund 70 Millivolt** (intrazelluläre Ableitung), die als negativ definiert wird. Das über der ruhenden Zellmembran lebender Zellen gemessene Potenzial wird als Ruhepotenzial bezeichnet.

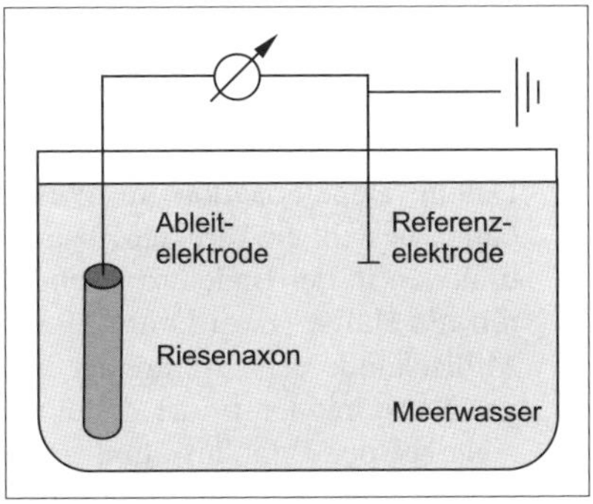

2 Muskel- und Nervenzellen sind in der Lage, Aktionspotenziale zu bilden. So findet man z. B. in den Axonen der Nervenzellen **spannungsgesteuerte Natrium- und Kaliumionenkanäle**. Wird das Ruhepotenzial um einen bestimmten Wert überschritten (**Schwellenwert**), so öffnen sich bei einem Potenzial von ca. –60 mV die Natriumionenkanäle für eine Millisekunde und Natriumionen strömen in die Zelle (Konzentrationsgefälle). Es findet eine **Depolarisation** des Zellinnenraumes auf +30 bis +50 mV statt. Die Natriumkanäle werden wieder geschlossen (inaktiviert) und mit etwas Verzögerung öffnen sich die Kaliumionenkanäle und ermöglichen ein Ausströmen der Kaliumionen, bis das Ruhepotenzial wieder hergestellt ist. Zunächst überwiegt der Kaliumionenausstrom so stark, dass die **Repolarisation** für einen kurzen Moment über das normale Ruhepotenzial hinaus absinkt **(Hyperpolarisation)**. In der Zeit, bis die Ionenverteilung des Ruhepotenzials wiederhergestellt ist, können die Natriumionenkanäle nicht geöffnet und es kann auch kein neues Aktionspotenzial gebildet werden (Refraktärzeit).
Ein Aktionspotenzial dauert etwas 4 Millisekunden, alle Aktionspotenziale sind Alles-oder-Nichts-Signale. Bei größerer Reizstärke wird das Aktionspotenzial schneller ausgelöst. Die Kodierung der Reizstärke erfolgt über Frequenzmodulation, wobei hohe Reizintensitäten zu einer raschen Aufeinanderfolge der Einzelpotenziale führen. Die Fortleitung einer Erregung kann kontinuierlich an marklosen Fasern (ca. 0,5–20 Meter pro Sekunde) und saltatorisch an markhaltigen Fasern (ca. 100 Meter pro Sekunde) erfolgen.

3 ***Zuordnen*** *der Potenziale zu den Natriumionen-Konzentrationen der Lösungen:*

A normales Meerwasser (= 100 %-ige Natriumionen-Konzentration)
B Meerwasser mit 50 %-iger Natriumionen-Konzentration
C Meerwasser mit 33 %-iger Natriumionen-Konzentration

Begründen *der Zuordnung:*

Da die Depolarisation im Wesentlichen vom Einstrom der Natriumionen abhängt, besteht ein direkter Zusammenhang zwischen der Konzentration an Natriumionen in der Badelösung und der Höhe des Aktionspotenzials. Aufgrund des um die Hälfte (zwei Drittel) geringeren Konzentrationsgefälles gelangen in der Millisekunde der Öffnung der Natriumionenkanäle auch nur entsprechend weniger Natriumionen in die Zelle, und damit fällt die Amplitude des Aktionspotenzials bei der Depolarisation geringer aus. Also ist dem höchsten Peak (A) die Meerwasserbadelösung, dem zweithöchsten (B) die um 50 % ersetzte Lösung und dem kleinsten Peak (C) die um zwei Drittel gegen NaCl-Lösung ausgetauschte Lösung zuzuordnen .

4 Nach der Zugabe von TTX findet im Vergleich zur Kontrolle nur ein Ausstrom von (Kalium)-Ionen statt, der erleichterte bzw. beschleunigte Einstrom von Natriumionen unterbleibt. Durch die Zugabe von TEA in die Badelösung wird der Ausstrom von Kaliumionen verhindert, der Einstrom von Natriumionen erfolgt weiter ungestört. Die Ursache für das Ausbleiben des Natriumeinstromes liegt in der **spezifischen Zerstörung** der Proteine in der Membran des Axons, die als Natriumionenkanäle fungieren, durch das Gift Tetrodotoxin. Analog zerstört das Tetraethylammonium die Eiweißstrukturen der Kaliumionenkanäle an den myelinisierten Nervenfasern des Frosches in diesem Versuch.

Darüber hinaus sind weitere Hypothesen möglich. Diese sollten in einer geschlossenen Kausalkette von der Giftzugabe als Ursache ausgehen und über Folgereaktionen die pharmakologische Trennung der Membranströme in die Natrium- und Kalium-Komponente erklären (z. B. Blockierung der oder reversible Konformationsänderung bei den Membranproteinen).

5 Die Kurvenverläufe aus der Abbildung 2 bestätigen die Theorie der Weiterleitung von Aktionspotenzialen über spannungsgesteuerte Ionenkanäle an der Membran des Axons. Durch den Nachweis der selektiven Vergiftung von Natrium- und Kaliumionenkanälen wird deren Beteiligung am Ionentransport nachgewiesen. Die Zerstörung der spezifischen Proteinstrukturen führt zum Ausfall des jeweiligen Tunnelproteins und damit zum Ausbleiben des Ein- oder Ausstromes der jeweiligen Ionen, was in den Diagrammen TTX und TEA deutlich sichtbar wird. Damit ist indirekt bewiesen worden, dass es spezifische Membranproteine gibt, die für den Natrium- bzw. Kaliumionentransport zuständig sind.

Besonders deutlich geht aus den Ergebnissen des Experimentes hervor, dass sich Natrium- und Kaliumionenströme zeitlich versetzt öffnen und schließen. Der Kaliumionenausstrom beginnt wesentlich später und hält wesentlich länger an (bei gleichbleibend hoher Intensität) als der Natriumioneneinstrom. Dieser steigt dagegen sehr schnell an und fällt bald auf Null ab, noch bevor die Depolarisation abgeschlossen ist. Das entspricht der allgemeinen Theorie der Bildung und Fortleitung von Aktionspotenzialen und stützt diese.

Biologie (Berlin): Grundkurs
Übungsaufgabe 2: Ökologie

Thema: Ökologie der Wälder

Zwischen den skandinavischen Gletschern im Norden und den Alpen im Süden wuchs während der letzten Eiszeit auf dem Territorium des heutigen Deutschlands eine karge Tundra-Vegetation.

Als sich vor 10 000 Jahren das Klima erwärmte, breiteten sich mit dem Abschmelzen der Eismassen von Süden her wieder Bäume aus. Die ersten sich neu ansiedelnden Arten waren vor allem Kiefern, Weiden, Birken, Pappeln und Lärchen. Diese postglazialen Baumgesellschaften wurden in den nächsten Jahrtausenden durch Hasel, Eichen, Ulmen, Linden und Eschen verdrängt.
In der Zeit des aufblühenden Ackerbaues um 5 000 vor unserer Zeitrechnung wurden Teile dieser ursprünglichen Wälder gerodet, um Anbauflächen zu schaffen und Häuser zu bauen. Allerdings nutzte man die gerodeten Flächen nur relativ kurz, weil die Böden schnell ausgelaugt waren. Nachdem die Ackerflächen aufgegeben wurden, schlossen sich die Wälder bald wieder. Nach dem Durchlaufen vieler Entwicklungsstadien setzten sich in den durch den Menschen veränderten Wäldern auch langsam wachsende Baumarten, wie die Rotbuche durch. Die Rotbuche wird heute als die typische Art unserer ursprünglichen Wälder angesehen.

Aufgabenstellung

1 Skizzieren Sie die räumliche Gliederung eines europäischen Laubmischwaldes. Nennen Sie die einzelnen Schichten.

2 Definieren Sie den Begriff „Toleranzbereich".
Leiten Sie auf der Grundlage der Informationen aus dem Material (Material 1) Aussagen zu den Toleranzbereichen von Rotbuche und der Wald-Kiefer hinsichtlich der dargestellten Faktoren ab.

3 Beschreiben Sie die Veränderung einer von Ackerbauern aufgegebenen, von Wäldern begrenzten Fläche im Laufe von etwa 150 Jahren. Gehen Sie dabei besonders auf die Aspekte Artenvielfalt und Stabilität des Ökosystems ein.

4 Formulieren Sie eine Hypothese, warum sich in Europa nach der letzten Eiszeit Rotbuchen gegenüber vielen anderen Arten auf Böden mittlerer Feuchte durchsetzten konnten. Beziehen Sie sich in Ihrer Argumentation auf die Material 1 des Materials und den Begriff der ökologischen Nische.

5 Begründen Sie die ökologischen Hintergründe des Umdenkens bei der forstwirtschaftlichen Nutzung unserer Wälder (Material 2).

Material

Material 1

Rotbuchen und Wald-Kiefern haben wie alle anderen Pflanzen charakteristische Ansprüche an die Beschaffenheit des Bodens. Wachsen sie ohne andere Baumarten, nutzen sie Böden mit unterschiedlichen Bodenfeuchtigkeiten und pH-Werten.

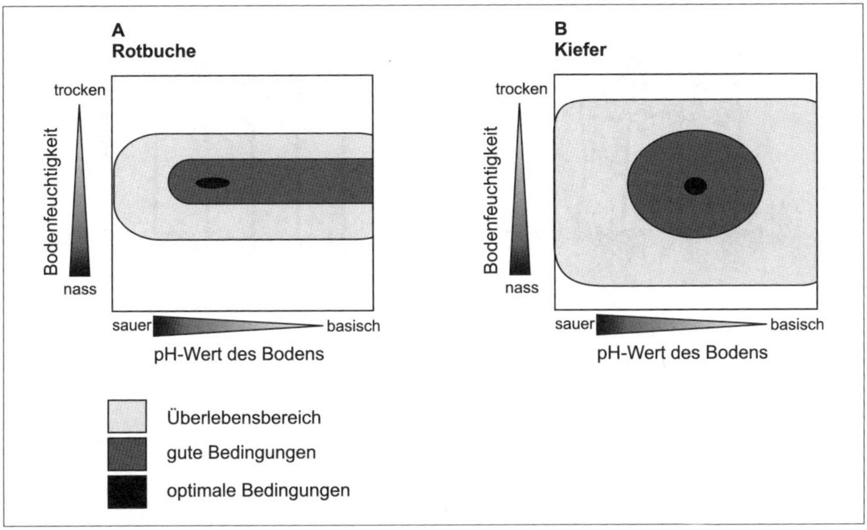

Autökologische Standortansprüche von (A) Rotbuche *(Fagus sylvatica)* und (B) Wald-Kiefer *(Pinus sylvestris)*

In Europa leben Rotbuchen und Wald-Kiefern oft vergesellschaftet als direkte Konkurrenten. Unter diesen Bedingungen verändert sich die Nutzung von Standortfaktoren.

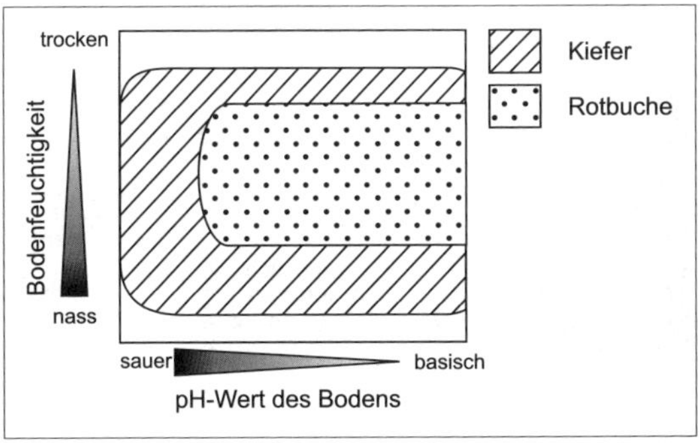

Synökologische Nutzung von Standortfaktoren vergesellschafteter Rotbuchen und Wald-Kiefern

Material 2
Die Forstwirtschaft strebt heute eine zukunftsfähige Waldgestaltung mit abwechslungsreicher Vegetation an. Damit wird eine alte Tradition aufgegeben, nach der in den forstwirtschaftlich genutzten Wäldern ausschließlich artenreine Kulturen angelegt wurden, in Brandenburg vor allem Kiefern.

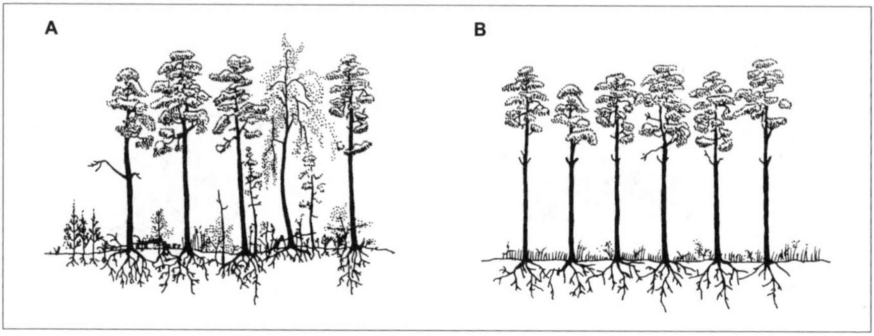

Vegetationsprofile (A) eines natürlichen Kiefernmischwaldes und (B) einer Kiefernmonokultur
Dr. Ole Müller, www.bioscience-art.de

Lösung

1 ***Anfertigen** einer sauberen und großzügig angelegten Skizze. Tragen Sie auf einer Seite die Beschriftung ein und vergessen sie nicht, einen Größenmaßstab einzuzeichnen.*

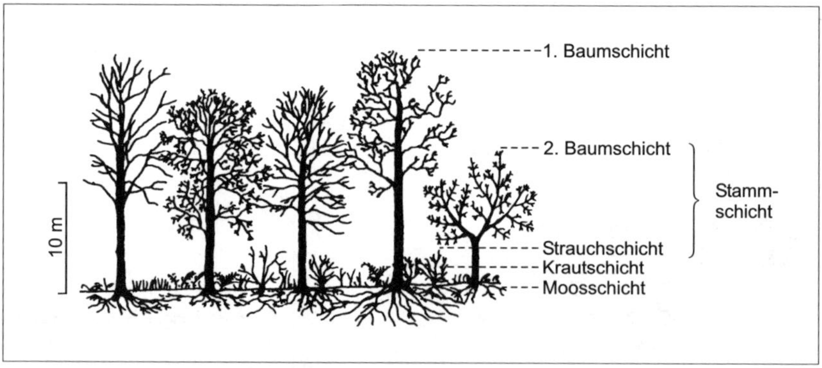

Schicht	ökologische Typen	Beispiele
Baum-schicht	Laubbäume	Schwarz-Erle, Rotbuche, Sommer-Linde
	Nadelbäume	Fichte, Wald-Kiefer, Lärche

2 ***Definieren*** *des Toleranzbereiches (es empfiehlt sich, neben der eigentlichen Definition auch auf die typischen Fixpunkte in einer Toleranzkurve einzugehen):*

Der Toleranzbereich kennzeichnet die Grenzen, in denen ein Organismus Schwankungen eines Umweltfaktors ertragen kann. Toleranzbereiche sind durch drei Fixpunkte charakterisiert: Das **Minimum** kennzeichnet die untere, das **Maximum** die obere Grenze der Intensität eines Faktors. Im **Optimum** ist die Vitalität des Organismus am größten. *(Die Vitalität kann sich in der Wachstums- und Entwicklungsgeschwindigkeit oder der Zahl der Nachkommen äußern.)*
Manche Organismen haben im Hinblick auf bestimmte Umweltfaktoren breite Toleranzbereiche, sie sind wenig anspruchsvoll **(euryöke Arten)**. Die spezialisierten Arten **(stenöke Arten)** haben schmale Toleranzbereiche.

Ableiten *der Toleranzbereiche von Rotbuche und Wald-Kiefer:*

Im Material 1 sind die Standortansprüche für Feuchtigkeit und den pH-Wert des Bodens von Rotbuche und Wald-Kiefer dargestellt.
Es zeigt sich, dass die Kiefer besonders in Bezug auf die Bodenfeuchte weniger spezialisiert ist als die Rotbuche. Wald-Kiefern können sowohl auf sehr feuchten als auch auf trockenen Böden wachsen. Das Optimum liegt bei mittleren Bodenfeuchten. Rotbuchen vertragen weniger gut extrem trockene als auch sehr feuchte Standorte. Bei mittleren Bodenfeuchten gedeihen sie am besten.
Die Toleranzbereiche für den Säuregehalt des Bodens unterscheiden sich zwischen beiden Arten nur geringfügig. Sie können sowohl saure, als auch schwach alkalische Böden tolerieren. Ihre Optima liegen im schwach sauren Bereich. Während die Vitalität der Wald-Kiefer schon auf neutralen Böden abnimmt, wächst die Buche auch unter alkalischen Bedingungen noch gut. Die Daten der grafischen Darstellung scheinen zu belegen, dass Kiefern in Bezug auf die Feuchtigkeit und Buchen auf Säuregehalt des Bodens euryöke Arten sind.

3 *Versuchen Sie zunächst, die allgemeinen Gesetzmäßigkeiten der Entwicklung von Ökosystemen zu umreißen, bevor Sie auf das Beispiel eingehen. Allgemeine Betrachtung:*

Ökosysteme entwickeln sich. Die Aufeinanderfolge verschiedener Organismengemeinschaften (**Biozönosen**) unter sich ändernden Umweltfaktoren sind sowohl die Ursache als auch die Folgen dieser Entwicklung. Dieser Entwicklungsprozess heißt **Sukzession**. Ihr vorläufiges Ende findet die Sukzession in einem relativ stabilen **Kimaxstadium**. Im Verlauf der Entwicklung nimmt die Zahl der Arten und damit die Stabilität des Ökosystems gegenüber von Störungen beständig zu. Durch Klimaxstadien gekennzeichnete Ökosysteme sind in unserer Kulturlandschaft selten, da menschliche Einflüsse die Selbstregulation der Systeme nachhaltig schwächt.

Beschreiben *der zeitlichen Veränderung:*

Wird eine Ackerfläche nicht mehr bestellt, siedeln sich schon nach kurzer Zeit die ersten Pionierarten an. **Pionierarten** sind Arten, die durch schnelle Vermehrungsraten gekennzeichnet sind und über ein großes Ausbreitungspotenzial verfügen. Meist haben Pionierarten eine große **ökologische Potenz** und können alle möglichen Lebensräume besiedeln. Es gibt aber auch Pionierarten, die hochgradig auf offene Flächen, wie sie durch Hochwasser in Talauen oder brachliegenden Ackerflächen entstehen können, spezialisiert sind. Im ersten Jahr wird sich auf der Brache eine aus Pionierpflanzen bestehende **Wiesengesellschaft** herausbilden. Schon die erste Vegetationsmatte bildet die Voraussetzung für die Ansiedlung verschiedener Tiere, besonders Insekten und Spinnen. Das Besondere dieser ersten Lebensgemeinschaften ist die relative Artenarmut. Häufig können sich wenige Arten massenhaft vermehren. Im Lauf der nächsten Jahre verändert sich die Zusammensetzung der Wiesengesellschaften. Die Ansiedlung an die sich ändernden Bedingungen besser angepasster Arten hat zur Folge, dass die ursprünglichen Pionierarten zunehmend verdrängt werden. Die **Artenvielfalt** steigt sprunghaft an. Die **Vernetzungen** der Arten untereinander werden vielfältiger. Dadurch gewinnt das System an Stabilität. Nach drei bis vier Jahren haben sich erste Gebüsche (z. B. Brombeere, Holunder) angesiedelt. Sie verteilen sich zunächst inselartig in der Wiese. Nach 10 bis 20 Jahren hat sich die Wiese in eine dichte **Gebüschgesellschaft** verwandelt. Nach 20 bis 100 Jahren dominieren schnell wachsende Bäume wie Birken, Weiden und Ebereschen. Ab einem Alter von 100 Jahren nimmt der Anteil an langsam wachsenden hohen Baumbeständen beständig zu (z. B. Buchen, Eichen, Fichten). In diesem Entwicklungsstadium bekommt der **Wald** seinen typischen Schichtenaufbau. Unter der Voraussetzung, dass keine großen Einflüsse, wie Naturkatastrophen oder menschliche Eingriffe, das System verändern, geht der Wald in das **Klimaxstadium** über. Dann sind nur noch wenige Veränderungen in der Artenzusammensetzung zu beobachten.

4 *Formulieren einer **Hypothese** in Bezug auf Material 1:*

Die Rotbuche scheint eine sehr konkurrenzstarke Art zu sein. Diese Vermutung wird durch einen Vergleich der Abbildungen aus Material 1 unterstrichen. Im Hinblick auf die Feuchte des Bodens ist die Rotbuche relativ spezialisiert. Dennoch nutzen Rotbuchen bei gemeinsamem Vorkommen (syntopes Vorkommen) mit Wald-Kiefern ihre Vorzugsbereiche, die sie auch unter den Bedingungen fehlender **interspezifischer Konkurrenz** nutzen würden: Das sind Böden mittlerer Feuchte. Die ökologisch weniger spezialisierte Kiefer mit ihrem breiten Toleranzbereich für die Bodenfeuchtigkeit weicht auf feuchte und extrem trockene Standorte aus, die die Buche nicht nutzen kann.

***Erläutern** der Hypothese unter Einbeziehung des Nischenkonzepts:*

Am Standort einer Pflanzenart wirken viele verschiedene Umweltfaktoren. Im Rahmen der genetisch festgelegten Toleranzbereiche kann die Pflanze unter diesen Bedingungen mehr oder weniger gut leben, wachsen und sich vermehren. Auch die Nutzung bestimmter Faktoren ihrer Umwelt ist artspezifisch: Rotbuchen haben Probleme mit sandigen Böden, auf denen Kiefern wiederum prächtig wachsen. Die Wirkung von n Faktoren (n steht für die Anzahl wirkender Faktoren) ergibt ein n-dimensionales Volumen, innerhalb dessen die Lebensfähigkeit der Pflanzenart gewährleistet ist. Dieses n-dimensionale Hypervolumen bildet die genetisch vorgegebene **fundamentale Nische** einer Art. Sie ist durch die Summe der einzelnen Toleranzbereiche charakterisierbar. Wenn sich Pflanzenarten mit ähnlichen fundamentalen Nischen einen Lebensraum teilen, gibt es Überschneidungen in der Nutzung der Faktoren (Nischenüberlappung). Diese Überschneidungen beeinträchtigen meist beide Arten. Je größer die Überschneidungsbereiche sind, umso unwahrscheinlicher ist es, dass beide Arten dauerhaft im gleichen Lebensraum koexistieren **(Konkurrenz-Ausschluss-Prinzip)**. In der Regel wird aber eine der beiden beteiligten Arten stärker beeinflusst: Die konkurrenzstarke Art setzt sich durch. Am Beispiel der Vergesellschaftung von Buchen und Kiefern wird deutlich, wie eine konkurrenzstarke Art mit kleinem Toleranzbereich, eine konkurrenzschwache tolerante Art in der Nutzung einer Dimension ihrer fundamentalen Nische behindert. Die fundamentale Nische wird zur **ökologischen Nische** eingeengt.

5 Holz hatte als nachwachsender Rohstoff in Mitteleuropa seit jeher große Bedeutung für den Haus- und Schiffsbau sowie für die Energieversorgung. Um die Ausbeute an Holz zu steigern, wurden Wälder unter wirtschaftlichen Gesichtspunkten angelegt und gepflegt. Lange Zeit glaubte man, mit **Monokulturen** große Holzerträge in einem günstigen Kosten-Nutzen-Verhältnis erreichen zu können. Monokulturen bestehen aus nur einer Art: Forstwirtschaftler legten monotypische Kiefern-, Fichten-, Eichen- und Buchenwälder an. Zu den Pflegemaßnahmen gehörten die Beseitigung des Unterholzes und die Entfernung kranker oder artfremder Gehölze. Konkurrierende Arten wurden nicht zugelassen.
Monokulturen sind aus verschiedenen Gründen sehr anfällig gegenüber **Schädlingsbefall**. Der artenarmen Monokultur fehlt der für ursprüngliche Wälder typische Schichtenaufbau. In Kiefernwäldern überbrücken lediglich die Stämme eine spärliche Krautschicht mit dem Kronendach. Nur wenige natürliche Feinde wie Vögel und Raubinsekten finden hier hinreichend gute Lebensbedingungen. Die einheitliche Bodenstreu aus nur einer Laubsorte verhindert die Entwicklung einer artenreichen Bodenfauna und -flora. Hat sich ein Forstschädling erst etabliert, kann er sich unter den für ihn gleich bleibend günstigen Bedingungen einer Monokultur schnell vermehren. Dies macht wiederum einen erhöhten Pflegeaufwand erforderlich. Kostenintensive **Insektizide** müssen eingesetzt werden, deren schwer kalkulierbare Folgewirkungen die Lebensgemeinschaft nachhaltig schädigt.
In den letzten Jahrzehnten werden Monokulturen mit geeigneten Gehölzen zu **Mischkulturen** aufgestockt. In ihnen bilden sich artenreiche Lebensgemeinschaften aus, die dem System durch die Vernetzung über Nahrungsbeziehungen eine hohe Stabilität verleihen. Auf diese Weise entstehen zwischen den Mitgliedern der Biozönose sich selbst regulierende **Gleichgewichte**, die auch einer Massenentwicklung von Forstschädlingen auf natürliche Weise vorbeugt **(biologische Schädlingsbekämpfung)**. Der Pflegeaufwand minimiert sich.

Biologie (Berlin): Grundkurs
Übungsaufgabe 3: Evolution

Thema: Stammbäume entwickeln und analysieren

Zur Erstellung von Stammbäumen werden in der Homologieforschung neben anatomischen, morphologischen, tiergeografischen, genetischen und ethologischen Befunden auch serologische Verfahren genutzt. Beispiele für diese biochemischen Untersuchungsmethoden sind Antigen-Antikörper-Reaktionen (Präzipitinreaktion) und die vergleichende Sequenzanalyse von häufig vorkommenden Proteinen wie Cytochromen, Hämoglobinen oder Hormonen (Insulin) der Organismen.

Cytochrome sind Atmungsenzyme in den Mitochondrien. Cytochrom c ist ein Hämoproteid mit einer Hämgruppe im Molekül. Diese Moleküle bestehen aus ca. 100 Aminosäuren (siehe Material 1). Durch Mutationen können davon 70 Aminosäuren ausgetauscht werden, ohne dass das Enzym seine Funktion als Elektronen übertragendes Enzym in der Atmungskette verliert. Da diese Proteine in relativ konstanter Geschwindigkeit evolvieren, kann man sie auch als molekulare Uhren bezeichnen.

Aufgabenstellung

1 Erläutern Sie die evolutionsbiologischen und molekulargenetischen Ursachen für die Gemeinsamkeiten und Unterschiede in der Struktur und Funktion der beiden Enzyme (Material 1).

2 Leiten Sie aus den Angaben zur Aminosäuresequenz des Insulins bei verschiedenen Säugetieren (Material 2) Aussagen über die Verwandtschaft der Tiere ab und stellen Sie diese als vereinfachtes Stammbaumschema dar. Diskutieren Sie Ihr Ergebnis in Bezug auf die Allgemeingültigkeit Ihrer Aussagen.

3 Entwickeln Sie unter Anwendung des Präzipitintests einen experimentellen Plan zur Überprüfung Ihres hypothetischen Stammbaumes.

4 Begründen Sie die besondere Eignung des Cytochrom c und der Hämoglobine für die Verwandtschaftsanalyse zwischen Tieren, Pflanzen und Pilzen im Vergleich zu anderen Proteinen wie zum Beispiel Insulin.

5 Analysieren Sie den vorliegenden Cytochrom c-Stammbaum (Material 3).

Material

Material 1

In der Abbildung sind die molekularen Strukturen verschiedener Cytochrome schematisch dargestellt.

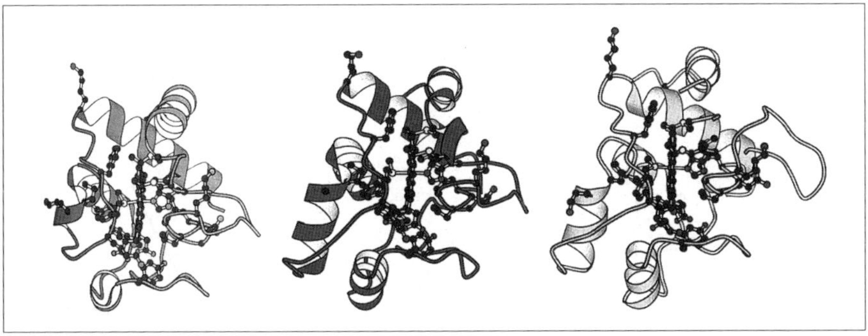

Abb.: Vergleich eines dreidimensionalen Strukturausschnitts des Cytochroms zwischen dem Cytochrom c aus Thunfischherzen (links), aus fotosynthetisch aktiven Bakterien und aus denitrifizierenden Bakterien (rechts).

verändert nach: Berg, J. M., Tymoczko, J. L., Stryer, L.: Biochemistry, W. H. Freeman, 5. Auflage 2002, S.553

Material 2

Das von den Langerhans'schen Inseln der Bauchspeicheldrüse der Wirbeltiere produzierte Hormon Insulin besteht aus 51 Aminosäuren. Auch hier treten Variationen in der Aminosäuresequenz auf, ohne die Funktionalität zu beeinflussen. In der nachfolgenden Tabelle sind die jeweils gleichen Ausschnitte aus der Insulin-Aminosäurekette ausgewählter Säugetiere dargestellt.

Art	**Ausschnitt aus der Aminosäurekette des Insulins**
Pferd	… – Cystein – Cystein – Threonin – Glycin – Isoleucin – Cystein – …
Rind	… – Cystein – Cystein – Alanin – Serin – Valin – Cystein – …
Schaf	… – Cystein – Cystein – Alanin – Glycin – Valin – Cystein – …
Schwein	… – Cystein – Cystein – Threonin – Serin – Isoleucin – Cystein – …
Wal	… – Cystein – Cystein – Threonin – Serin – Isoleucin – Cystein – …

Tab.: Ausschnitte aus der Insulin-Aminosäurekette ausgewählter Säugetiere

Material 3

Material 3 zeigt die Cytochromverwandtschaft ausgewählter Organismen. Die Länge der Verbindungsstrecken geben die Änderungen der Aminosäuresequenzen an.
Die Zeitspanne, in der durchschnittlich eine Aminosäure durch eine andere ersetzt wurde, beträgt beim Cytochrom c konstant 20 Millionen Jahre. Beim Hämoglobin liegt die Austauschfrequenz bei 5,8 Millionen Jahren.

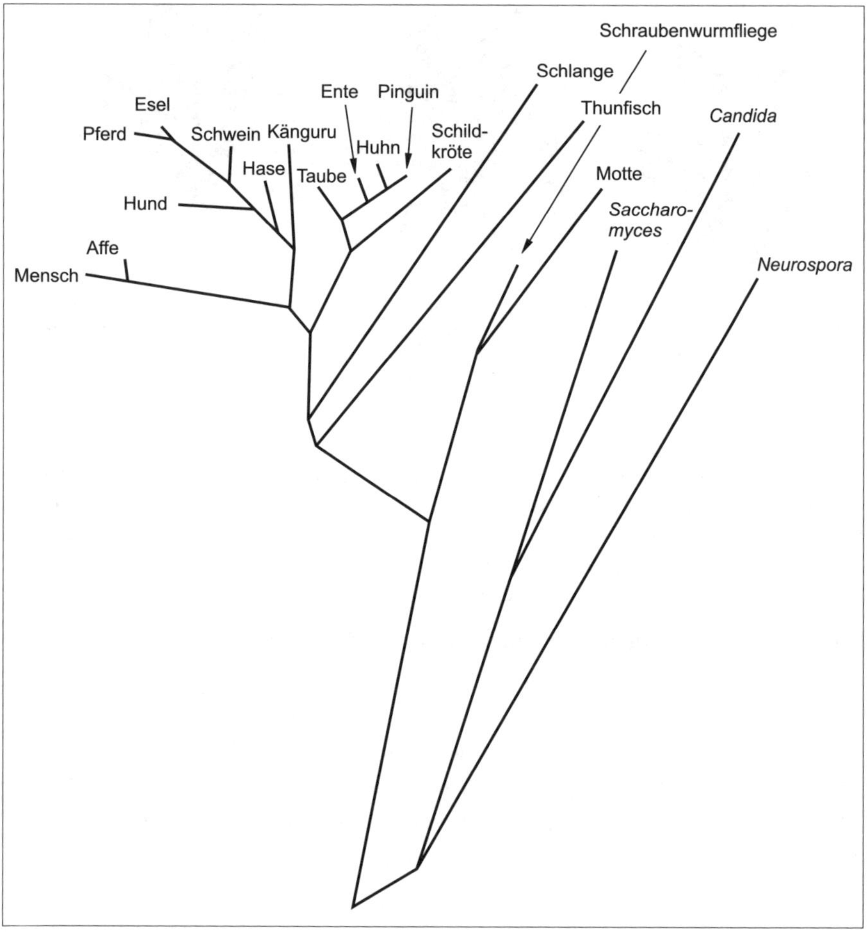

Abb.: Cytochrom c-Stammbaum ausgewählter Organismen

verändert nach: Berg, J. M., Tymoczko, J. L., Stryer, L.: Biochemistry, W. H. Freeman, 5. Auflage 2002, S. 553

Lösung

1 Aus der Abbildung in Material 1 ist deutlich erkennbar, dass die dargestellten Strukturabschnitte der Cytochrome Unterschiede in der Morphologie aufweisen, was sowohl an der Gesamterscheinung als auch ausschnittsweise an Teilstrukturen sichtbar wird. Ursachen dafür sind die unterschiedlichen Aminosäuresequenzen innerhalb der Primärstruktur, die sich im Zeitraum von Jahrmillionen durch die Evolutionsfaktoren Mutation, Selektion, Genfluss und Gendrift herausgebildet und manifestiert haben. Diese wiederum wirken über die intramolekularen Wechselwirkungen auf die Sekundär- und Tertiärstruktur zurück. Ausgehend von der Aminosäuresequenz strukturieren sich Disulfidbrücken, Wasserstoffbrückenbindungen und van der Waals'sche Kräfte, die für die Ausbildung der übergeordneten Strukturen maßgeblich sind und letztlich die Gesamtstruktur beeinflussen. Entscheidend für die Funktionalität der Atmungsenzyme ist in der Regel die Relation zwischen Gesamtkonformation und aktivem Zentrum bzw. prosthetischer Gruppe. Solange dieses Gesamtgefüge nicht funktionsmindernd gestört wird, bleiben die Wechselzahlen als Maß der Enzymaktivität konstant und der Selektionswert des Individuums/des Enzyms wird nicht verändert.

2 ***Ableiten** der Verwandtschaftsverhältnisse aus der Aminosäuresequenz:*

In dem kurzen Ausschnitt der Aminosäuresequenzen des Insulinmoleküls sind bereits deutliche Unterschiede zwischen den aufgeführten Arten zu erkennen. Während Wale und Schweine noch identische Strukturen in diesem Abschnitt erkennen lassen, unterscheiden sich die Pferde von diesen in mindestens einer Position. Rinder und Schafe zeigen noch deutlichere Abweichungen in der Proteinstruktur und unterscheiden sich in zwei (Rinder) und drei (Schafe) Aminosäurepositionen von den Walen und Schweinen. Im Vergleich zwischen Schafen und Rindern ist bei den Schafen nur die Aminosäure Serin gegen Glycin ausgetauscht. Eine Deutung der verwandtschaftlichen Verhältnisse würde eine enge Verwandtschaft zwischen Walen und Schweinen vermuten lassen, wobei die Pferde mit ihnen am nächsten verwandt wären. Schafe und Rinder lägen wiederum in ihrer Abstammung nahe beieinander, wobei die Rinder in diesem Seitenzweig aufgrund der Aminosäuregleichheit von Serin noch deutlich näher mit Schweinen und Rindern verwandt sind als die Schafe.

*Ein mögliches **Dendrogramm** zeigt die nebenstehende Abbildung, wobei ähnliche Darstellungen bei angemessener Begründung ebenfalls zutreffend wären.*

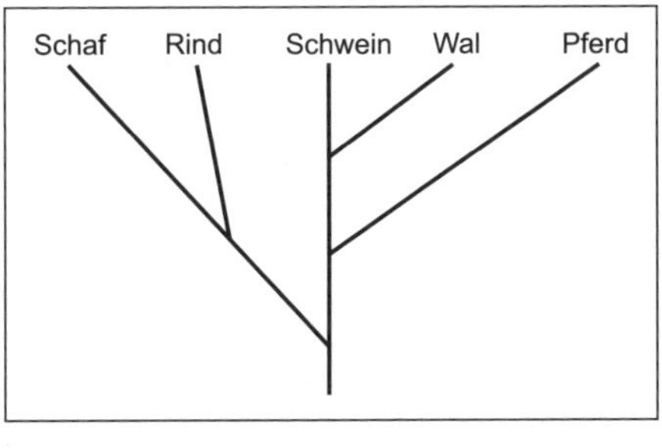

Diskutieren *der Allgemeingültigkeit des Ergebnisses:*

Die Untersuchung der Aminosäuresequenz alleine scheint nicht ausreichend für die endgültige Klärung der Abstammung der genannten Säuger. Zur Aufstellung eines hypothetischen Stammbaumes sollten noch weitere empirische Daten (genetische, morphologische und ethologische Befunde) herangezogen werden.

3 *Bei Kontakt mit Fremdproteinen bilden alle Wirbeltiere mithilfe ihres Immunsystem spezifische Antikörper. Diese dienen dazu, die eingedrungenen Antigene in kürzester Zeit zu Erkennen und unschädlich zu machen. Da diese Antigen-Antikörper-Reaktion in Abhängigkeit von der Verwandtschaft der Serumproteine unterschiedlich stark ausfällt, kann man diese Reaktion zur Abstammungsanalyse nutzen. Je höher demnach der Grad der Ausfällung von Antigen-Antikörper-Komplexen, umso näher müssten die Tiere miteinander verwandt sein. Im vorliegenden Fall könnte man analog zum klassischen Präzipitintest folgendermaßen vorgehen:*

Eine Laborratte oder ein Kaninchen könnte mit Blutserum vom Schwein beimpft werden. Nach einer Wartezeit von einigen Tagen, in denen sich im Blut des Versuchstieres Antikörper gegen die Antigene im Blutserum des Schweins bilden, entnimmt man dem Versuchstier Bluserum und bringt dieses Schweineserum zur Reaktion. Eine heftige Antigen-Antikörper-Reaktion wird die Folge sein und zu einer starken Ausfällung (Koagulation) der Bluteiweiße führen.
Nun sollte man das gleiche mit schweinischem Serum vorbehandelte Versuchstierblutserum mit Schafsblut, Rinderblut, Wal- und Pferdeblut zusammenbringen und die Ausfällung möglichst genau quantitativ vergleichen. Aus den Vergleichsergebnissen der Stärke der Ausfällung ergibt sich die Verwandtschaftsnähe der genannten Säuger zum Schwein.

4 Viele Proteine verändern sich im Laufe der Evolution mit unterschiedlichen Geschwindigkeiten in Abhängigkeit von ihrer Funktion und dem Selektionsdruck und sind daher zur Erstellung molekularer Uhren und molekularer Stammbäume nicht geeignet. Cytochrom c und Hämoglobin verändern ihre Struktur über geschichtlich große Zeiträume mit konstanter Frequenz. Außerdem sind beide Proteine in den Organismenreichen weit verbreitet. Insulin kommt dagegen nur bei Wirbeltieren vor und kann daher nur innerhalb und zwischen den Wirbeltierklassen zur Abstammungsanalyse eingesetzt werden. Cytochrom c verwenden sowohl Tiere, Pflanzen als auch Pilze als Atmungsenzym. Daher können die vorhandenen Unterschiede in der Struktur des jeweiligen Cytochrom c zu vergleichenden Untersuchungen im gesamten Artenspektrum der Eukaryoten eingesetzt werden.

5 In einem Cytochrom-Stammbaum wird die Zahl der Abweichungen in der Aminosäuresequenz dieser Proteine dargestellt. Eine Abweichung benötigt etwa 20 Millionen Jahre, bis sie sich vollständig durchsetzt. Dieser Wert stellt eine langsame, aber konstante Veränderung dar. Je größer die Abweichung, d. h., je län-

ger die Äste des Dendrogramms, desto geringer ist die Verwandtschaft zwischen den angegebenen Arten. Das bedeutet zum Beispiel, dass die Vögel Pinguin, Ente, Huhn und Taube untereinander eine sehr enge Cytochrom c-Verwandtschaft aufweisen und am nächsten mit den Schildkröten verwandt sind. Etwas weiter davon entfernt liegt die Klasse der Säugetiere, die mit Känguru, Hase, Schwein, Esel, Pferd, Hund, Affe und Mensch einen eigenen, etwas stärker differenzierten Cytochrom c-Ast im vorliegenden Stammbaum bilden, der aber von den anderen Wirbeltieren wie Schlangen und Thunfischen nicht so weit entfernt ist wie von den Wirbellosen. *Saccharomyces,* Schraubenwurmfliege, Motte, *Candida* und *Neurospora* zeigen deutliche Unterschiede im Aufbau ihrer Cytochrome, was sich an den extrem langen Verbindungsstrecken (Astlängen, Verzweigungen) erkennen lässt. Diese Daten bestätigen die Ergebnisse der morphologischen und anatomischen Untersuchungen und konkretisieren die klassischen Stammbäume. Je weniger Aminosäuren der vergleichbaren Cytochrome übereinstimmen, desto länger liegen die letzten gemeinsamen Vorfahren der zu untersuchenden Arten erdgeschichtlich zurück.

Biologie (Berlin): Leistungskurs
Übungsaufgabe 4: Genetik

Thema: Genetische Variabilität in ausgewählten Trappenpopulationen

Die Großtrappe (*Otis t. tarda* L.) ist ein typischer Steppenvogel, der weite baum- und strauchlose Fluren bevorzugt. Die rund einen Meter großen, bis zu zwanzig Kilogramm schweren Trappenhähne sind für ihre imposanten Balztänze bekannt.

Zum Zweck der Untersuchung der genetischen Variabilität wurde ausgewählten Großtrappen durch Punktion der Flügelvene unter Beachtung der Richtlinien zur stressfreien Behandlung von Wildvögeln jeweils 0,4 Milliliter Blut entnommen. Die darin befindliche DNA wurde isoliert und mithilfe von Restriktionsenzymen vollständig verdaut. Anschließend erfolgte eine gelelektrophoretische Auftrennung der DNA-Fragmente, Denaturierung und Southern-Blotting sowie die Hybridisierung mit markierten einzelsträngigen DNA-Sonden.

Aufgabenstellung

1 Beschreiben Sie die Methode der Polymerase-Kettenreaktion und erläutern Sie wie aus der angereicherten DNA ein genetischer Fingerabdruck erstellt werden kann.

2 Nennen Sie typische Anwendungsgebiete für die oben genannten Methoden der Polymerasekettenreaktion und des genetischen Fingerabdrucks.

3 Diskutieren Sie die Eignung der Polymerasekettenreaktion und des genetischen fingerabdrucks zur Untersuchung der genetischen Variabilität und der Inzucht bei *Otis t. tarda* L. (vgl. Material 1 und 2).

4 Ermitteln Sie aus der binären Matrix der individuellen DNA-Bandenmuster (Material 2) die genetische Verwandtschaft der Versuchstiere 03, 04, 06 und 15 der ostdeutschen Trappenpopulation.
Beschreiben Sie Ihr Vorgehen.

5 Stellen Sie Ihre Ergebnisse zu 4 analog der Abbildung im Material 3 dar.

6 Für die von mehr als viertausend bis auf weniger als hundert Individuen dezimierte Population der Großtrappe in Ostdeutschland wurde ein Inzuchtkoeffizient von 42 % ermittelt.
Diskutieren Sie die Konsequenzen für die weitere Populationsentwicklung.

7 Entwickeln Sie einen Plan zur Erhaltung der ostdeutschen Trappenpopulation.

Material

Material 1

Die letzten Vorkommen der Großtrappen in Deutschland finden sich in Brandenburg und Sachsen-Anhalt. Doch auch hier sank der Bestand von über 500 Tieren 1980 auf 90 im Jahre 1995. Die Ursachen dafür liegen in den Auswirkungen der landwirtschaftlichen Intensivierung im Zuge der komplexen Melioration Ende der 70er-Jahre. Sie sind somit anthropogener Natur. Dazu gehören Veränderungen des ökologischen Zustandes des Trappenlebensraumes, Störungen durch landwirtschaftliche Aktivitäten, direkte Verluste, z. B. durch Unfälle und Räuber, sowie ungünstige Witterungsbedingungen.

Großtrappenhahn während der Balz
Dr. Ole Müller, www.bioscience-art.de

Material 2

Die genetischen Fingerabdrücke der DNA von 25 Großtrappen aus zwei regionalen Populationen in Brandenburg/Deutschland und der Extremadura/Spanien wurden mithilfe einer Oligonukleotidsonde $(GGAT)_4$, die an den hypervariablen DNA-Sequenzen bindet, hergestellt.

Unter der Annahme, dass jede DNA-Bande ein Allel einer hypervariablen Minisatellitenregion darstellt, wurden insgesamt 56 unterschiedliche DNA-Banden zur Bestimmung der mittleren Bandenhäufigkeit genutzt. Mit der benutzten Enzym-Sondenkombination wurden keine geschlechtsspezifischen Banden beobachtet. Die mittleren Bandenzahlen pro Individuum sind in beiden Populationen vergleichbar.

Die experimentell bestimmten Bandenhäufigkeiten zeigten in Kombination mit einer Eichkurve, dass in beiden Trappenpopulationen beträchtliche Inzucht stattgefunden hat. Artspezifische Lebens- und Fortpflanzungsstrategien der Großtrappe wie Brutplatztreue, Geschlechterunterschiede in der Wanderbewegung, Wahl des Paarungspartners und Generationsüberlappung könnten natürliche Ursachen der Inzucht sein.

Tier	Banden 1–56
04	1 1 1 1 1 0 1 0 0 1 1 1 0 1 1 1 0 1 1 0 1 0 1 0 1 1 1 1 1 1 1 1 0 1 0 1 1 0 1 0 0 1 1 1 1 1 1 0 1 0 1 0 1 1 1 1
05	1 1 1 0 1 1 1 0 0 1 1 0 0 1 1 1 1 0 1 0 0 1 0 0 0 0 1 1 1 0 1 0 0 1 0 1 1 1 1 0 1 1 0 1 1 1 1 1 1 0 0 0 1 0 1 0
03	1 1 1 1 1 1 0 0 0 1 1 0 0 1 1 1 1 1 1 1 1 1 0 0 0 0 1 1 1 1 1 1 1 0 1 0 0 1 1 1 0 0 1 1 1 1 1 1 1 1 1 1 1 1 0 1
06	0 1 0 1 1 1 1 0 1 0 1 1 1 1 0 1 1 1 0 1 0 1 1 1 1 0 0 1 1 1 1 0 0 1 0 1 0 1 0 1 0 1 0 1 1 1 1 0 0 1 0 0 1 0 1 1
15	0 0 0 1 1 0 0 0 1 0 1 0 0 1 1 1 1 1 0 1 1 1 1 1 1 0 1 0 1 1 1 0 0 0 1 1 0 0 0 0 0 0 1 1 1 0 1 1 0 1 0 0 1 1 0 0

Binäre Matrix der 56 DNA-Banden, „1“ repräsentiert die Anwesenheit und „0“ die Abwesenheit einer Bande

nach: Pitra, C., Litzbarski, H., Litzbarski, B., Hellmich, J : Genetische Variabilität und Inzucht in regionalen Populationen der Großtrappe (Otis t. tarda L., 1758). In: Naturschutz und Landschaftspflege in Brandenburg 1/2 1996, S. 87–90

Material 3

Nach Auswertung der Gemeinsamkeiten und Unterschiede innerhalb der Bandenmuster für 13 der 25 nach der oben beschriebenen Methode getesteten Großtrappen aus Extremadura wurden deren verwandtschaftliche Beziehungen in einer stammbaumähnlichen Modelldarstellung abgebildet.

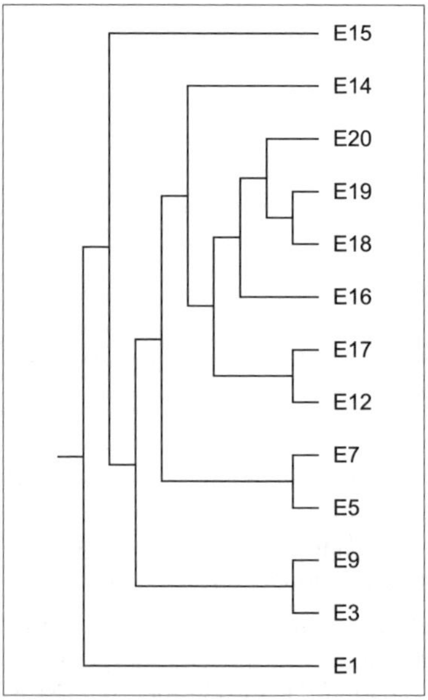

Clusteranalyse der genetischen Ähnlichkeit zwischen Individuen innerhalb der spanischen Trappenpopulation. Die Astlängen geben ein relatives Maß für die genetische Distanz zwischen den Individuen,
E = Extremadura

nach: Pitra et al., 1996

Lösung

1 ***Beschreiben** der PCR:*

Das genetische Material wird aus Zellen isoliert und mit der PCR-Methode (*polymerase chain reaction,* **Polymerase-Kettenreaktion**) vermehrt. Dieses Verfahren besteht im Wesentlichen aus drei Teilreaktionen.
Während der **Denaturierung** wird durch Hitzebehandlung bei ca. 95 °C die DNA in ihre Einzelstränge aufgespalten. Anschließend kommt es nach einer Abkühlung auf ca. 60 °C zur **Hybridisierung**, dabei werden Primer (Startsequenzen, die im Überschuss der Reaktion hinzugegeben werden) nach dem Prinzip der komplementären Basenpaarung an die Einzelstränge (Matrizen) angelagert. Durch die Enzymaktivität der *Taq*-Polymerase (DNA-Polymerase des thermophilen Bakteriums *Thermus aquaticus*) werden die Primer bei einer Temperatur von ca. 72 °C unter Anlagerung von zur Matrize komplementären Desoxyribonukleosidtriphosphaten (dNTPs) verlängert (**Polymerisation**).
Durch die Hitzestabilität der *Taq*-Polymerase kann ein einziger Ansatz aus DNA, Primern, Nukleotiden und der Polymerase durch programmgesteuerte Temperaturänderung über 30 bis 40 Zyklen synthetisiert werden. Jeder neu gebildete, jetzt kürzere Doppelstrang dient im nächsten Zyklus wiederum als Matrize. So können in wenigen Stunden mehr als 300 Millionen Kopien einer bekannten Sequenz der zu untersuchenden DNA hergestellt werden.

***Erläutern** des Verfahrens beim genetischen Fingerabdruck:*

Zur Herstellung eines **genetischen Fingerabdruckes** wird die DNA dann mithilfe von **Restriktionsenzymen** in kleinere Teile zerlegt. Die langen DNA-Fäden des Genoms einer Zelle werden von den Restriktionsenzymen in tausende spezifische Fragmente zerlegt. Für die Analyse der repetitiven Sequenzen nutzt man ein Restriktionsenzym, das nicht innerhalb dieser Sequenzen schneidet, sondern in geringerer oder größerer Entfernung davon. Die DNA-Fragmente werden dann mittels **Gelelektrophorese** nach ihrer Länge (Molekulargewicht) sortiert. Die kurzen Fragmente wandern schneller durch die Gelporen als die langen. Nach Anfärben der DNA im Gel mit einem Fluoreszenzfarbstoff wird ein kontinuierlicher Schmier von DNA-Fragmenten erkennbar.
Um die gesuchte DNA sichtbar zu machen, erfolgt anschließend eine Hybridisierung der DNA-Moleküle mit Gensonden. Dazu werden zunächst die DNA-Fragmente nach der Elektrophorese durch Denaturierung in Einzelstränge aufgespalten und durch *„blotting"* auf eine Folie übertragen. Zu den auf der Folie befindlichen Einzelstränge gibt man nun radioaktiv markierte DNA-Sonden, die sich in der Hybridisierungsreaktion nur an DNA-Fragmente mit der gesuchten (zur Sonde komplementären) Basenfolge binden. Zur Visualisierung des Hybridisierungsmusters wird die Folie mit einem Röntgenfilm beschichtet.
Nach dem Entwickeln erscheint dann ein individuell spezifisches Muster aus unterschiedlich langen DNA-Fragmenten, das einem Strichcode ähnelt und genetischer Fingerabdruck genannt wird.

2 Durch den Einsatz der **PCR-Methode** ist es heute möglich, geringste Mengen genetischen Materials schnell und zuverlässig zu vermehren. So findet der „genetische Schnellkopierer" umfangreiche Anwendung in der Medizin, der Archäologie, der Evolutionsbiologie, der Kriminalistik und in weiteren Fachgebieten der Molekularbiologie.
Das **DNA-Fingerprinting** findet unter anderem bei der Aufstellung von Stammbäumen (Verwandtschaftsbestimmung, Identifizierung von Arten), Vaterschaftsbestimmungen, beim Ausschluss von Komplikationen in Vorbereitung von Organtransplantationen sowie bei der Tätereermittlung bei Gewaltverbrechen eine breite Anwendung.

3 Die Methode der Erstellung eines genetischen Fingerabdruckes ermöglicht durch die Entnahme von Blutproben und deren molekularbiologische Untersuchung eine weitgehend stressfreie Behandlung der Tiere, ohne auch nur ein einziges zu töten. Sie liefert einen Einblick in das Genom der Vögel. Die **hypervariablen Bereiche** der DNA beinhalten eine Sequenz von Basen, die unterschiedlich oft wiederholt wird (repetitive Sequenz).
Hier haben sich während der Evolution Mutationen angesammelt, die für jedes Individuum eine spezifische Sequenz repetitiver DNA-Abschnitte darstellt. Bei Einsatz der Methode des genetischen Fingerabdrucks kann durch den Vergleich der individuellen Bandenmuster der Verwandtschaftsgrad ermittelt werden. Eine große Anzahl von identischen Banden lässt auf nahe Verwandtschaft **(Inzucht)** schließen, eine geringe Zahl dieser dagegen auf eine hohe **genetische Variabilität**.

4 *Zu einem Vergleich gehören Übereinstimmungen und Unterschiede; hier bietet sich die Erstellung einer Tabelle an.*

Zur Ermittlung der genetischen Verwandtschaft müssen die individuellen DNA-Fingerprintmuster der vier Großtrappen miteinander verglichen werden. Dazu wird jeweils die Anzahl der übereinstimmenden An- und Abwesenheit von Banden ermittelt:

Tiere im Vergleich	**Anzahl der Übereinstimmungen**			**Anzahl der Unterschiede**
	gemeinsame Anwesenheit der Banden (1)	gemeinsame Abwesenheit der Banden (0)	Summe	
03 : 04	34	9	43	13
03 : 06	24	4	28	28
03 : 15	22	8	30	26
04 : 06	25	6	31	25
04 : 15	21	8	29	27
06 : 15	22	14	36	20

Alle „Musterpaare“ weisen eine Vielzahl von Bandenübereinstimmungen auf, was auf nahe Verwandtschaft schließen lässt. Mit nur 28 Gemeinsamkeiten (An- und Abwesenheit von Banden) sind z. B. die Großtrappen 03 und 06 wesentlich entfernter verwandt als 03 und 04 (43 Übereinstimmungen) oder 06 und 15 (36).

5 *Überträgt man die Anzahl der Unterschiede proportional auf die „Astlängen“ des Stammbaumes, kommt in der Darstellung auch der quantitative Aspekt der Verwandtschaft zum Ausdruck. In Abhängigkeit der gewählten Unterscheidungskriterien (Summe der gemeinsamen An- und Abwesenheit der Banden oder Anzahl der Unterschiede) sind Variationen der Darstellung möglich.*
Ein Beispiel für einen Stammbaum anhand der unterschiedlichen Banden zeigt die nebenstehende Abbildung.
Da die Tiere 03 und 04 die geringsten Unterschiede aufweisen, werden sie in einer Gruppe zusammengenommen, der Abstand wird auf 13 mm festgelegt. Dann ermittelt man den genetischen Abstand zwischen der Gruppe 03/04 und den anderen (über Mittelwertbildung) und kann diese Abstände ebenfalls in das Diagramm eintragen.

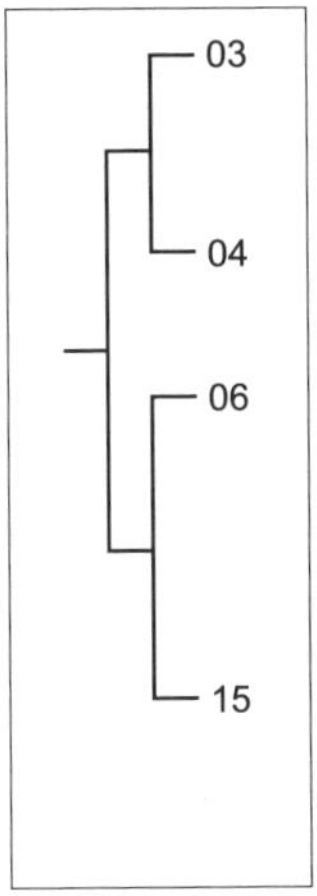

6 Je kleiner eine Population, desto größer ist auch die Gefahr der Verarmung der genetischen Variabilität. Eine Erhöhung des Verwandtschaftsgrades und die Zunahme von Inzuchtpaarungen führt in der Regel zu verminderter allgemeiner Fitness **(Inzuchtdepression)**. Da im Genpool eine geringere Varianz unterschiedlicher Allele vorliegt, ist auch die Palette der Reaktionsmöglichkeiten der Phänotypen auf Veränderungen der Umwelt eingeschränkt. Die geringe Anzahl der Individuen innerhalb der Population, verbunden mit der sinkenden Anzahl der Gene im Genpool, erhöht die Gefahr der Extinktion der Population schon bei geringfügigen Veränderungen der Umwelt.

7 Zur Erhaltung der kleinen Großtrappenpopulation Brandenburgs ist es notwendig, **günstigste Lebensbedingungen** für den verbliebenen Bestand im Siedlungsgebiet zu schaffen. Darüber hinaus sollte eine Einkreuzung standortfremder Großtrappen zur **Auffrischung des Genpools** in Erwägung gezogen werden. Das könnte zum Beispiel durch künstliche Befruchtung, Erbrütung z. B. spanischer Großtrappeneier o. ä. Maßnahmen geschehen. In jedem Fall sollte es vorrangiges Ziel eines Arterhaltungskonzeptes für die ostdeutsche Großtrappenpopulation sein, den Inzuchtfakor durch geeignete Maßnahmen deutlich zu senken und damit die **Gesamtfitness zu erhöhen**. Sinnvoll wäre es hier auch, auf den globalen Aspekt von Natur- und Artenschutz zu verweisen und eine internationale Zusammenarbeit z. B. zwischen Spanien, Ungarn und Deutschland zu fördern.

Darüber hinaus sollten konkrete landwirtschaftliche und ökologische Maßnahmen vorgeschlagen werden, z. B.:

- Aufgabe der intensiven landwirtschaftlichen Produktion zu Gunsten extensiver Methoden
- Rückbau der Meliorationsmaßnahmen
- Förderung des Artenbestandes und der Biodiversität (Arthropoden)
- Einführung und Einhaltung absoluter Schonzeiten während der Balz, Brut und Jungtieraufzucht
- zumindest kurzzeitige Stabilisierung der Großtrappenpopulation durch kontrollierte Bejagung der Prädatoren

Thema: Warum starben die Riesenhirsche aus?

Der Riesenhirsch (*Megaloceros giganteus*) starb vor rund 10 000 bis 7 000 Jahren aus. Fast alle Hypothesen führen sein Aussterben auf Probleme mit dem bis zu 40 Kilogramm schweren und weit über drei Meter breiten Geweih zurück. Die Kernaussagen zweier dieser Hypothesen werden kurz vorgestellt:

Hypothese I geht davon aus, dass die Hirsche in den aufkommenden dichten Wäldern der Dryaszeit mit ihren ausladenden Geweihen Nachteile in der Bewegungsfreiheit hatten. Dies hat zum langsamen Aussterben der Art geführt.

Hypothese II vermutete, dass die Art durch natürliche Auslese über die Generationen hinweg ein immer größeres Geweih ausbildete, welches ihr Körper schließlich nicht mehr tragen konnte. Der Rückgang der Fitness führte allmählich zum Aussterben der Art.

Aufgabenstellung

1 Vergleichen Sie die Evolutionstheorie von CHARLES DARWIN mit der Synthetischen Evolutionstheorie.
Erläutern Sie den Vorgang der Ausbildung großer Geweihe nach der Synthetischen Evolutionstheorie.

2 Beschreiben Sie die Faktoren, welche die Geweihgröße bei Hirschen beeinflussen. Erläutern Sie kurz die Vor- und Nachteile von großen Geweihen.

3 Erläutern Sie, wie Hirsche und Elche während der Phase des Geweihwachstums ihren hohen täglichen Mineralienbedarf decken.

4 Bewerten Sie die Grundaussagen der Hypothesen I und II kritisch.
Entwickeln Sie auf der Basis der Daten des Materials eine eigene Hypothese über die möglichen Ursachen des Aussterbens der Riesenhirsche.

Material

Material 1

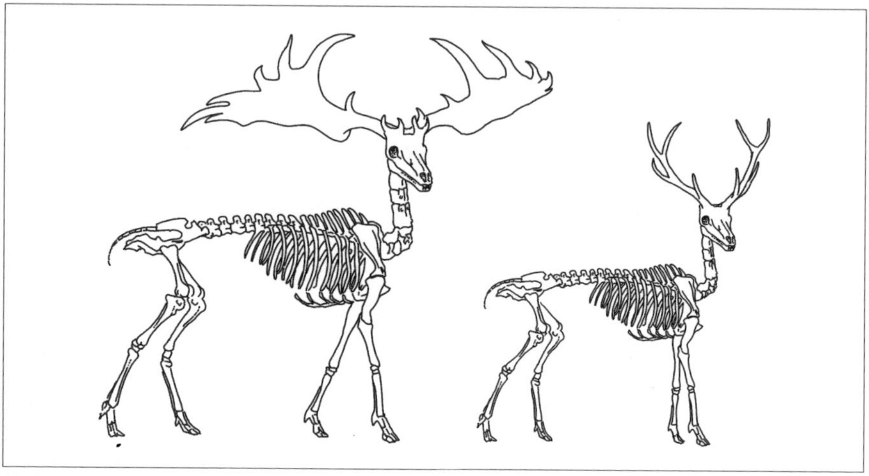

Skelett des Riesenhirsches im Vergleich zum Rothirsch
Dr. Ole Müller, www.bioscience-art.de

Material 2

Wissenschaftler der *University of Minnesota* unter Leitung von Ron MOEN untersuchten das Wachstum der Geweihe von nordamerikanischen Elchen und Rothirschen. Beide Arten gehören zu den größten rezenten (heute lebenden) Geweihträgern, die wie der Riesenhirsch einmal im Jahr ihr Geweih abstoßen und anschließend wieder vollständig neu aufbauen. Untersuchungen von Bullen dieser Arten sollten klären, wie das jährliche Wachstum von Geweihen im Hinblick auf den Energie- und Mineralstoffhaushalt abläuft. Das Ergebnis der Untersuchungen war ein physiologisches Modell, mit dem MOEN und seine Mitarbeiter unter anderem Voraussagen über das Geweihwachstum und den Körperzustand der Tiere treffen konnte. Das Modell, das auch auf ausgestorbene Arten anwendbar ist, berücksichtigt auch die Nahrungsaufnahme unter bestimmten Umweltbedingungen, Besonderheiten des Stoffwechsels sowie die Bindung (Adsorption) und Ausscheidung von Stickstoff, Calcium und Phosphor.

Die Modellierung für die fossilen Riesenhirsche ergab überraschende Ergebnisse: Um ihrem Geweih in etwa 150 Tagen die erforderlichen rund 7,6 Kilogramm Calcium und die 3,8 Kilogramm Phosphor zuführen zu können, mussten die Bullen täglich mindestens 60 Gramm Calcium und 30 Gramm Phosphor investieren. Das war deutlich mehr, als sie über die Nahrung hätten aufnehmen können. Ein spezieller Mineralstoffwechsel bei Hirschen und Elchen ermöglicht zu jeder Zeit ein schnelles Geweihwachstum. Nach dem Abstoßen der Geweihe musste der tägliche Mineralienbedarf deutlich geringer gewesen sein. Defizite konnten in der geweihlosen Zeit ausgeglichen werden.

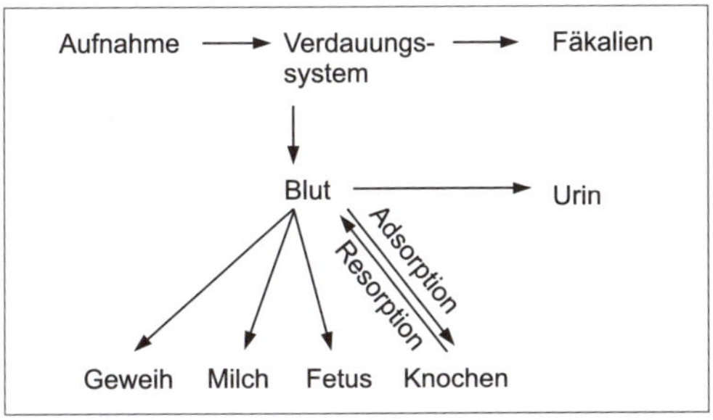

Die zur Modellierung herangezogenen Stoffwechselwege für Calcium und Phosphor bei Elchen und Hirschen (gilt für beide Geschlechter)

verändert nach: Moen, R. A., Pastor, J., Cohen, Y.: Antler growth and extinction of Irish elk. Evolutionary Ecology Research 1, 1999, S. 235 – 249.

Material 3

Art	**nordamerikanischer Hirsch**	**Riesenhirsch**	
Zeit	rezent	vor 11 000 – 11 700 Jahren (Mitteldryas)	vor 10 000 – 11 000 Jahren (Jungdryas)
Klima	kühl	kühl	kalt
dominierende Vegetation in den Habitaten	Mischwälder	Wälder aus Fichten und Weiden	Tundra
Futteraufnahme (% Trockenmasse des Futters pro kg Körpermasse)	2,45	2,38	2,53
tägliche Investition für das Geweihwachstum (% der Aufnahme)			
Energie Stickstoff Calcium Phosphor	16 4 26 20	20 5 31 24	21 5 32 25
Anteile resorbierter Minerale im Geweih (% des Körpergehaltes)			
Calcium Phosphor	5 9	7 10	7 10

Modellierte Daten für ein Geweihwachstum von 30 % im Sommer bei nordamerikanischen Hirschen unter rezenten Bedingungen und bei Riesenhirschen unter den Bedingungen in Mittel- und Jungdryas

verändert nach: Moen et al., 1999

Lösung

1 Beide Theorien erklären die Entwicklung von Arten aus gemeinsamen Vorfahren. Sie sind damit im Gegensatz zu den vielfältigen religiösen Schöpfungstheorien echte Entwicklungstheorien (Deszendenztheorien). Die philosophischen Kerngedanken beider Theorien sind identisch:

- Die Welt ist veränderlich. Alle biologischen Arten unterliegen einer zeitlich bedingten Veränderung **(Evolution)**.
- Aus Stammarten entwickeln sich **Tochterarten**, die sich unter dem Einfluss verschiedener Umweltfaktoren und bei Isolation in verschiedene Richtungen entwickeln.
- Die Veränderung von Arten vollzieht sich in kleinen Schritten **(Gradualismus)**. Es gibt keine plötzlichen tief greifenden Veränderungen von Arten.
- Die Individuen von Populationen unterscheiden sich hinsichtlich ihres Anpassungswertes. Besonders gut angepasste Individuen kommen überdurchschnittlich häufig zur Fortpflanzung. Es findet eine natürliche Auslese **(Selektion)** statt.

Die Synthetische Evolutionstheorie (begründet von Ernst MAYR) erweiterte die klassische Selektionstheorie von Charles DARWIN um die Erkenntnisse der Züchtungsforschung, Molekulargenetik und der Biogeografie. Zur Erklärung der Veränderungen von Arten werden nach der Synthetischen Evolutionstheorie 5 Evolutionsfaktoren herangezogen: Mutation, Rekombination, Selektion, genetische Drift, Isolation.

Nach der Synthetischen Evolutionstheorie wirken 5 Evolutionsfaktoren, die in ihrem Zusammenspiel zur Veränderung von Arten führen können.
***Mutationen** sind zufällige Veränderungen des Erbgutes. Sie sind eine Grundvoraussetzung für die Variabilität der Individuen einer Population, weil sie die Gene verändern. Es entstehen neue Allele (neue Zustandsformen der Gene). Veränderte Allele führen zu einer abweichenden Ausbildung der Merkmale: neue Varianten entstehen.*
*Durch die **Rekombination** werden die durch Mutationen entstandenen Allele mit den anderen Allelen der Population neu kombiniert. Das geschieht wiederum zufällig beim Chromosomenstückaustausch, der Bildung von Geschlechtszellen und der Befruchtung. Mutationen und Rekombinationen erhöhen die Variabilität der Population. Ob Mutationen und Rekombinationen sich positiv oder negativ auswirken, hängt von der Art und Weise der Merkmalsausbildung sowie von den Umweltverhältnissen ab, unter denen das Individuum gerade existiert.*

Durch **Mutationen** und **Rekombination** der Allele, die die Geweihbildung steuern, gab es innerhalb der Hirschpolulationen Bullen mit kleineren und solche mit größeren Geweihen. Die Bullen mit den größeren Geweihen konnten ihre Allele durch den größeren Fortpflanzungserfolg häufiger in die folgende Generation einbringen, als die Bullen mit den kleinern Geweihen. Durch diese sexuelle **Selektion** erhöhte sich in den folgenden Generationen der Anteil der Allele gut angepasster Individuen. Die Allele weniger gut angepasster Individuen tauchten in den Folgegenerationen seltener auf oder gingen sogar verloren. Durch diese Verschiebung der Häufigkeiten von Allelen veränderten sich im Laufe der Generationen die Merkmale der männlichen Individuen in Richtung großer Geweihe. Welche Rolle im Fall der Hirsche der **genetischen Drift** und der **Isolation** zukommt, kann hier nicht beurteilt werden.

*Zur **genetischen Drift** kommt es, wenn einzelne Allelkombinationen durch ganz unterschiedliche Zufälle besonders häufig in der nächsten Generation auftauchen oder verloren gehen. Die genetische Drift spielt aus statistischen Gründen eine herausragende Rolle für die Eigenschaften, die Veränderung und den Fortbestand sehr kleiner Populationen. Damit aus der Population einer Stammart zwei oder mehrere neue Arten entstehen können, muss der Austausch von neu entstandenen Allelen zwischen den betreffenden Populationen unterbunden werden. Nur durch **Isolation** können sich Populationen in getrennte Richtungen entwickeln, vorausgesetzt ihre Mitglieder sind verschiedenen Umweltverhältnissen ausgesetzt. Sind die Veränderungen über viele Generationen sehr ausgeprägt, so können sich die Individuen der verschiedenen Populationen selbst dann nicht mehr untereinander fortpflanzen, wenn die Populationen wieder in Kontakt kommen.*

2 Kräftige Geweihe bei Hirsch- und Elchbullen sind das Resultat sexueller Selektion, die zum Sexualdimorphismus (Geschlechterunterschiede) führt. Geweihe sind nicht unmittelbar für das Überleben notwendig, sonst hätten sich bei den Kühen ebenso große Geweihe ausgebildet. Ein bedeutender Faktor der zur Ausbildung großer Geweihe führt ist die Partnerwahl der Weibchen.
Bei Hirschen haben diejenigen Bullen die größten Fortpflanzungschancen, die möglichst viele Kühe monopolisieren und deren Aufmerksamkeit auf sich ziehen können. Darin besteht der (einzige) Vorteil für die Träger großer Geweihe. Der größere Fortpflanzungserfolg solcher Bullen trägt zur weiteren Verbreitung derjenigen Allele bei, die zur Ausbildung großer Geweihe führen. Ihr Anteil in der Population steigt beständig an. Große Geweihe haben allerdings mehrere Nachteile: Einerseits werden zu ihrem jährlichen Aufbau große Mengen Minerale und große Energiebeträge benötigt, andererseits ziehen sie zahlreiche Entwicklungsprozesse im Bereich des Stütz- und Bewegungssystems nach sich. Geweihe sind biologische Luxusbildungen, die ihre Kosten haben.

3 Die von Hirschen und Elchen über die Nahrung aufgenommenen Mineralstoffe, werden nach dem Verdauungsvorgang in das Blut überführt. Ein Teil der Mineralstoffe geht über den Kot und den Urin der Tiere wieder verloren. Die verbleibenden Mineralstoffe werden in die Knochensubstanz eingelagert, für den Aufbau des Geweihes und der Feten sowie für die Milchbildung verwendet. Aus der Material 2 geht außerdem hervor, dass die Tiere Mineralstoffe aus den Knochen freisetzten können. Die Knochensubstanz dient als Speicher für Calcium und Phosphor. In Zeiten des intensiven Geweihwachstums könnten die Tiere diese Minerale aus ihren Knochen mobilisieren und mittelfristig für das Geweihwachstum nutzen.

4 Beide Hypothesen sind aus evolutionsbiologischer Sicht abzulehnen.
Der Riesenhirsch ist vor 7 000 bis 10 000 Jahren ausgestorben. Der Zeitraum entspricht der jungen Dryaszeit, die durch kaltes Klima und Tundra-Vegetation gekennzeichnet war. Hypothese I geht von einem Lebensraum aus, der zur Zeit des Aussterbens der Hirsche nicht existierte. Folglich müssen andere Faktoren den Aussterbevorgang begünstigt haben.
Die Hypothese II widerspricht dem Kosten-Nutzen-Prinzip. Ein Merkmal wird sich nur dann in eine bestimmte Richtung entwickeln, wenn es die Fitness der Population steigert. Bei der Evolution von Geweihen wirken mehrere Selektionsfaktoren in unterschiedliche Richtungen *(vgl. Lösung Aufgabe 2)*. Der sexuellen Selektion auf große (Energie zehrende) Geweihe einerseits wirkt andererseits die Selektion auf kleine (Energie sparende) Geweihe entgegen. Solange der Nutzen eines großen Geweihes die Kosten übersteigt, werden die Geweihe in der Entwicklung der Art weiter vergrößert. Steigen aber die Kosten an, verliert auch der Evolutionsprozess an Geschwindigkeit und stagniert schließlich: Das betreffende Merkmal wird nicht weiter verstärkt. Das Resultat stellt immer einen Kompromiss zwischen den betreffenden Selektionsfaktoren dar. Das Aussterben der Riesenhirsche durch einen selbst laufenden Evolutionsprozess bei dem sich immer größere Geweihe entwickeln ist demnach unwahrscheinlich.

Die relativ offene Aufgabenstellung lässt verschiedene Hypothesen zu. In den vorangehenden Aufgaben wird die Hypothesenbildung bereits angebahnt. Greifen Sie die wichtigen Lösungselemente heraus, ohne sich noch einmal zu wiederholen. Eine mögliche Hypothese basiert auf folgenden Annahmen:

Zur Zeit des Aussterbens der Riesenhirsche vollzog sich ein Klimawandel. Unter dem Einfluss sinkender Temperaturen veränderten sich die Lebensräume der Art von Waldbiotopen in Richtung Tundra. Dieser Klimawandel vollzog sich nach evolutionsbiologischen Maßstäben relativ schnell. Die Daten des Materials 3 zeigen deutlich, dass Riesenhirsche im Vergleich zu rezenten Hirschen mehr Energie und Mineralstoffe für die Geweihbildung investieren mussten. Dazu war es erforderlich, mehr Futter aufzunehmen. Da aber die karge Tundrenvegetation weniger Nahrung bot und die niedrigen Temperaturen zudem noch die Vegetationsperioden verkürzten, konnte der große Energie- und Mineralstoffbedarf zunehmend schlechter gedeckt werden. In Folge dieser Entwicklung wurde der Mineralmangel so gravierend, dass die Hirschbullen ihn auch in der geweihlosen Zeit nicht mehr ausgleichen konnten und an Knochenerweichung (Osteoporose) zu leiden begannen. Dieses Problem betraf vor allem solche Bullen, die die kräftigsten Geweihe hatten und zu denen sich die Kühe hingezogen fühlten. Sie vererbten die Allele zur Ausbildung großer Geweihe an ihre männlichen Nachkommen. Dies und der sehr schnelle Klimawechsel machten den Tieren eine Anpassung in Richtung kleinerer Geweihe offenbar nicht mehr möglich. Die Populationen schrumpften unter eine kritische Grenze, bis die Art schließlich ausstarb.

Biologie (Berlin) – Leistungskurs
Übungsaufgabe 6: Ökologie

Fischerei im Bodensee

Aufgabenstellung

1 Erläutern Sie die Ertragssteigerung der Bodenseefischerei und deren beinahe völligen Zusammenbruch Anfang der 70er-Jahre.

2 Ermitteln Sie aus heutiger Sicht langfristige Möglichkeiten, ausgehend von den geschilderten und durch grafische Darstellungen gezeigten damaligen Verhältnissen, im Bodensee ausgewogene ökologische Verhältnisse zu schaffen und damit der Fischerei eine sinnvolle Basis zu bieten.

3 Bewerten Sie die durch die Ausführung der Möglichkeiten in Teilaufgabe 2 zu erwartenden Schwierigkeiten.

Material

Material 1: Steckbrief: Bodensee

Eingebettet in das nördliche Alpenvorland bildet der rund 65 km lange und bis 14 km breite See einen Teil der Grenze zwischen Deutschland, Österreich und der Schweiz. Der Bodensee ist stark gegliedert. Der größere und tiefere Teil ist der *Obersee*. Er besteht aus dem Hauptbecken, das von Bregenz und Lindau westlich bis zur Konstanzer Schwelle reicht, sowie dem nördlich gelegenen, weit nach Westen vorstoßenden, fjordartigen Überlinger See (vgl. Abb. 1, Abb. 4).

Westlich der Konstanzer Schwelle liegt der kleinere und flachere *Untersee*. Weitere Informationen zum Bodensee entnehmen Sie der nachfolgenden Tabelle (Tab. 1):

	insgesamt	**Obersee**
Fläche	540 km^2	476 km^2
Volumen	$48{,}4 \cdot 109\ m^3$	$47{,}6 \cdot 109\ m^3$
Mittlere Tiefe	75 m	100 m
Fläche der Tiefe	97 km^2	67 km^2
von 0 bis 10 m	= 18 %	= 14 %
Größte Tiefe		252 m

Tab. 1: Wichtige Daten zum Bodensee
Nach: Reichelt, G.: Ökologie exemplarisch: Der Bodensee. Berlin: CVK Cornelsen Velhagen & Klasing, 1978

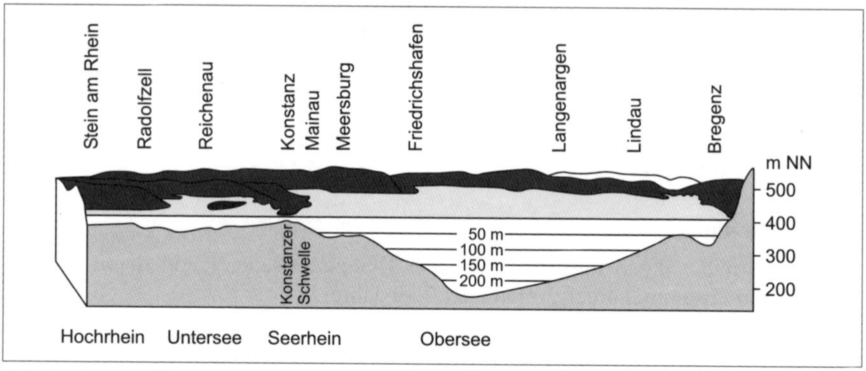

Abb. 1: Grundprofil des Bodensees

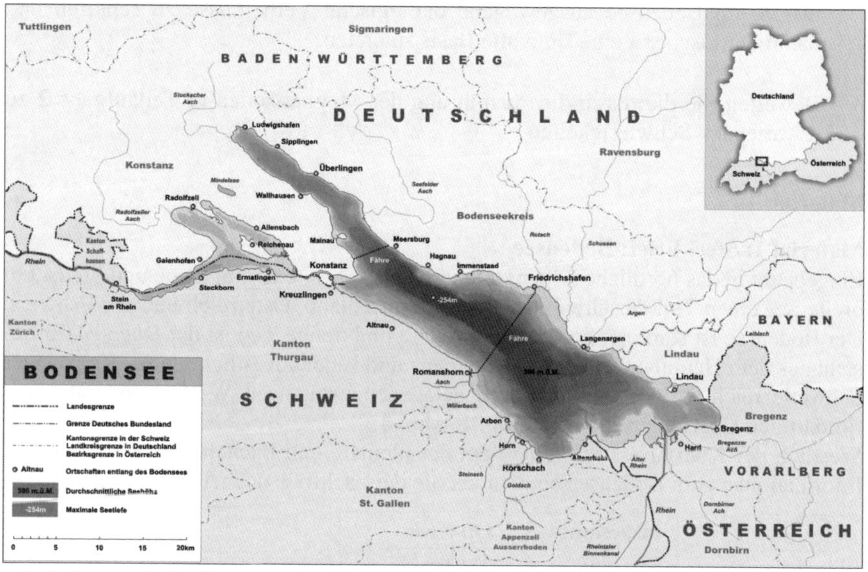

Abb. 2: Topografische Karte Bodensee und Anrainer
Lizenziert unter den Bedingungen der GNU Free Documentation Licence: http://en.wikipedia.org/wiki/GNU_Free_Documentation_License

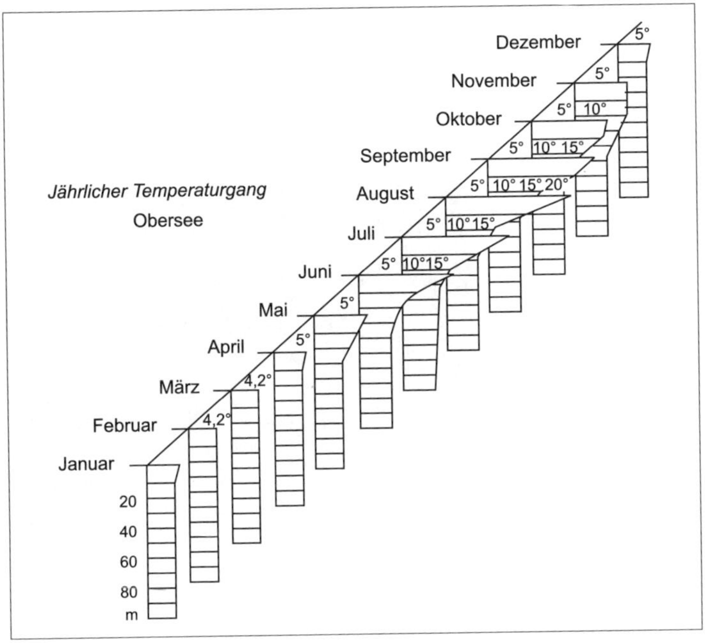

Abb. 3: Temperaturgefälle Bodensee

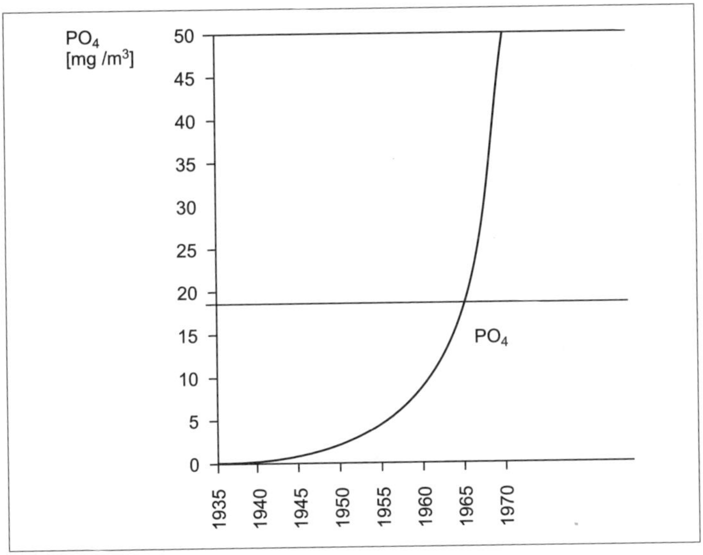

Abb. 4: Phosphatgehalt Bodensee
Nach: Reichelt, G.: Ökologie exemplarisch: Der Bodensee. Berlin: CVK Cornelsen Velhagen & Klasing, 1978

Material 2: Der Blaufelchen

Der Blaufelchen ist einer der typischen Bodenseefische. Er wird der Gattung *Coregonus*, deren Verwandte auch als Maränen im Ratzeburger See zu finden sind, zugeordnet. *Coregonus lavaretus L.*, der Blaufelchen, gehört zu den Schwebfischen, die in der Freiwasserzone leben und sich überwiegend von Zooplankton ernähren.

Die Fische werden im Laufe ihres Lebens im vierten Jahr geschlechtsreif und besitzen dann eine Länge von 40–50 cm. Der Blaufelchen gehört zu den Freiwasserlaichern, das heißt, dass diese Fische ihren Laich im Spätherbst und Winter in das freie Wasser, meist über größeren Tiefen, entlassen. Die Entwicklung des Laiches erfolgt am Gewässerboden, die Larven beginnen dann ins freie Wasser aufzusteigen und sich von Plankton zu ernähren.

Abb. 5: Der Blaufelchen

Blaufelchen werden als der Brotfisch – d. h. die Fischart, die hauptsächlich zum Lebensunterhalt der Fischer beiträgt – der Bodenseefischer im Obersee bezeichnet. Der Fischfang, vorwiegend mit Netzen, lieferte über Jahre steigende Erträge (vgl. Abb. 6). Zu Beginn der 70er-Jahre war eine rapide Abnahme des Blaufelchenbestandes zu verzeichnen, obwohl die Fangquoten der Fischer über Jahre nicht geändert worden sind. Der Blaufelchen hat aufgehört, Brotfisch der Bodenseefischer zu sein.

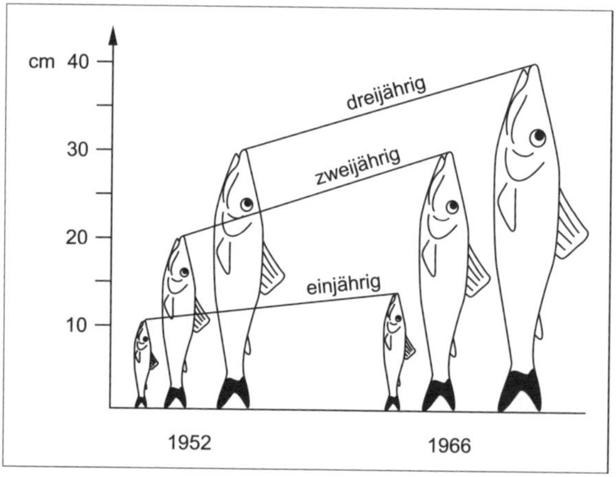

Abb. 6: Längen der Blaufelchen im Bodensee

Lösung

1 *In dieser Aufgabe sollten Sie alle Materialien miteinander in Zusammenhang setzen. Achten Sie bei Ihrer Darstellung der Zusammenhänge auf eine klare Linie, die sich durch die systematische Erarbeitung der Informationen aus den Texten und Abbildungen erreichen lässt. Beginnen Sie am besten zunächst damit, die Veränderung der Phosphatkonzentration im Bodensee und deren Ursachen herauszustellen, bevor Sie diese Ergebnisse dann auf die Entwicklung des Blaufelchens und die davon abhängige Bodenseefischerei beziehen. Bedenken Sie, dass die Fische vorwiegend mit Netzen gefangen werden!*

Der Bodensee liegt in einer relativ dicht besiedelten und landwirtschaftlich genutzten Umgebung. Der Obersee mit seiner Tiefe von 200 m und einer Gesamtfläche von 476 km^2 entspricht aufgrund dieser Dimensionen (Tab. 1, Abb. 1) nicht mehr dem normalen dimiktischen (zwei Zirkulationen) See. Der Obersee des Bodensees ist unter normalen Umständen monomiktisch (eine Zirkulation). Das heißt, in ihm findet nicht – wie im dimiktischen See – der Wechsel zwischen den **Sommer- und Winterstagnationen** und **Herbst- und Frühjahrszirkulationen** statt. Der fehlende Wechsel resultiert aus der großen Tiefe des Sees, die eine dauerhafte Schichtung verursacht (Abb. 3). Der Obersee gefriert nur ausnahmsweise in extrem kalten und lange andauernden Wintern.

Der Phosphatgehalt im Bodensee nahm zwischen 1935 und 1970 um das 50-fache zu (von 0 mg/m^3 auf 50 mg/m^3, Abb. 4). Diese explosionsartige Entwicklung des Nährstoffeintrags verweist auf eine starke Zunahme an Landwirtschaft und Bevölkerungswachstum in diesem Areal in der vorgegebenen Zeit. Auch Abbildung 1 und 2 zeigen eine dichte Besiedlung rund um den Bodensee, die sich in den letzten Jahrzehnten entwickelt hat. Es ist davon auszugehen, dass dadurch eine starke Versorgung des Gewässers durch **Phosphate** aus Abwässern und landwirtschaftliche Entwässerung/Düngung stattgefunden hat. Kläranlagen und Umweltschutzgesetze hatten zur damaligen Zeit noch nicht die heutigen Standards und die mittlerweile allgemein verbreitete Akzeptanz erreicht. Durch den erhöhten Nährstoffeintrag erfolgte eine höhere **Biomasseproduktion** durch die Produzenten (Phytoplankton und Wasserpflanzen). Dies blieb nicht ohne Auswirkungen auf die Nahrungskette und kam schnell bei den Zooplankton fressenden Blaufelchen als Konsumenten 2. Ordnung an (Material 2). Durch die bessere Nahrungsversorgung aufgrund der größeren Individuendichte des Zooplanktons war der Zuwachs (Längenwachstum) bei den Fischen stark ausgeprägt (Abb. 6). Auch die Populationsdichte des Blaufelchens nahm daraufhin vermutlich kurzfristig stark zu, sodass die Fischer gute Fangquoten erzielen konnten.

In diesem Zusammenhang muss die Maschengröße der Netze und die zunehmende Länge der Fische beachtet werden, die in Beziehung zur Geschlechtsreife (Material 2) ergibt, dass vermehrt juvenile Fische gefangen wurden. Denn dadurch, dass die Fische schon vor der Geschlechtsreife eine Größe erreichten, die ihnen nicht mehr erlaubte, durch die Maschen der Fangnetze zu schlüpfen, waren mit der Zeit immer weniger Tiere zur Fortpflanzung fähig. Die sinkende Reproduktionsrate der Blaufelchen führte letzten Endes zum Zusammenbruch der Fischerei, obwohl die Fangquoten nicht gesteigert wurden.

Darüber hinaus spielt in diesem Zusammenhang die Tatsache, dass der Blaufelchen zu den Freiwasserlaichern zählt, ebenfalls eine Rolle bei dem starken Rückgang der Population. Der Laich des Blaufelchen sinkt zur Entwicklung in große Wassertiefen ab. Erhöhtes Auftreten toter abgesunkener Biomasse im Hypolimnion führte zu einem **Sauerstoffschwund**. Dieser wirkte schädigend auf die Entwicklung der Fische; ein weiterer Faktor also, der die Zahl der Blaufelchen verminderte.

2 *Verwenden Sie zur Lösung dieser Aufgabe Ihre Kenntnisse über Maßnahmen, die zur Beseitigung von Gewässerbelastungen anwendbar sind. Bedenken Sie auch, dass die Uferbereiche des Bodensees landwirtschaftlich genutzt werden. Beziehen Sie in Ihre Überlegungen ebenfalls mit ein, dass der Bodensee und seine Randgebiete äußerst beliebte Ziele für Tourismus und Ferien sind. Was kann man weiterhin tun, um die Population der Blaufelchen wieder zur vergrößern?*

Mithilfe von einigen gezielten Maßnahmen kann im Bodensee die Population des Blaufelchen wieder aufgebaut werden:

Minimierung des Phosphateintrages durch Kläranlagen:
Als wichtigste Aufgabe ist die Minimierung des Phosphateintrages zu sehen. Damit wird den Produzenten das im Überfluss angebotene Phosphat entzogen. Hierbei spielen kommunale Kläranlagen mit Phosphatfällstufe die Hauptrolle.
Extensivierung der ufernahen Landwirtschaft:
Zusätzlich muss darauf geachtet werden, in Ufernähe die Landwirtschaft zu extensivieren bzw. Flächen in unmittelbarem Uferbereich aus der Produktion zu nehmen. Damit wird eine Auswaschung von Gülle oder Mineraldünger vermieden.

Änderung der Fischereibedingungen:
Es ist sinnvoll, die Fischerei für einige Zeit völlig einzustellen und anschließend mit Netzen zu fischen, deren Maschenweite der Relation Alter/Körpergröße der Fische entspricht.

Einführung des sanften Tourismus:
Tourismus ist so zu kanalisieren, dass touristisch genutzte Gebiete und Ruhezonen für Pflanzen und Tiere in einem ausgewogenen Verhältnis zueinander stehen (vgl. Tourismus im schleswig-holsteinischen Wattenmeer).
Für die Freizeitschifffahrt muss eine geregelte Fäkalienentsorgung gewährleistet sein (Kontrollen). Linienschiffe sind so umweltgerecht wie finanziell vertretbar zu betreiben.

Einsetzen von Fischbrut:
Als Anschub für eine langfristige andauernde Erholung der Berufsfischerei muss Fischbrut aus Zuchtanstalten ausgesetzt werden. Durch Vermischung mit noch vorhandenen Fischen kann so wieder eine natürliche Population mit entsprechender genetischer Vielfältigkeit aufgebaut werden.

Sanierungsmaßnahmen entlang des Rheins:
Der Rhein durchfließt landwirtschaftlich genutztes und bewohntes Gebiet. Für ihn müssen ebenso Maßnahmen für die Verminderung des Phosphateintrages ergriffen werden.

3 *Schauen Sie sich zur Beantwortung dieser Frage auch die geografische (politische) Lage des Bodensees genauer an und schildern Sie die Problematik, die mit einheitlichen Schutzmaßnahmen einhergeht. Daneben spielen die verschiedenen Interessensverbände wie z. B. Fischereiverbände, Landwirtschaftskammern und Tourismusvereinigungen eine nicht unbedeutende politische Rolle.*

Die Umstellung auf ökologisch vertretbare kommunale Entsorgung und extensivierte Landwirtschaft ist sehr teuer und damit nicht attraktiv. Die neuen Kläranlagen müssen finanziert, die landwirtschaftlichen Einbußen kompensiert werden.

Die Umstellung auf einen „sanften Tourismus" wäre ein langwieriger Prozess. Ganze Gemeinden sind von den jährlichen Urlaubern finanziell abhängig. Doch nicht nur bei den Einheimischen, sondern auch bei den Touristen selber müsste in einer umfangreichen Kampagne das Umweltbewusstsein geweckt werden.

Der See ist von drei Staaten umgeben: Deutschland, Österreich und Schweiz. Der österreichische Anteil ist am kleinsten, besteht jedoch mit Bregenz aus einem äußerst dicht besiedelten sowie touristisch stark genutzten Gebiet. Die größeren Uferanteile liegen auf schweizerischem und deutschem Hoheitsgebiet. In Deutschland ist zu beachten, dass zwei Bundesländer, Baden-Württemberg und Bayern (Lindau) mit unterschiedlicher Gesetzgebung Anrainer sind. Baden-Württemberg ist mit einem hohen Tourismusaufkommen und großen Obstplantagen in den Uferbereichen vertreten. Im bayerischen Lindau ist es in erster Linie die dichte Besiedlung, die Probleme aufwirft.

Schwierigkeiten sind also im Gerangel um die entsprechenden Kompetenzen ebenso zu erwarten, wie bei der Aufteilung der entstehenden Kosten (Kläranlagen, Subventionen für Landwirtschaft und Fischerei). Dies gilt auf der Ebene der deutschen Bundesländer ebenso wie auf der internationalen Ebene.

Thema: Chronische myeloische Leukämie

Die chronische myeloische Leukämie (CML) ist eine langsam fortschreitende Blutkrebserkrankung, bei der im Knochenmark zu viele weiße Blutkörperchen gebildet werden. Die CML kann in jedem Alter auftreten, wird aber in der Regel bei Personen über 50 Jahren festgestellt.
Weiße Blutkörperchen entwickeln sich aus Stammzellen. Bei der CML wird eine Stammzelle im Knochenmark durch einen spezifischen Defekt in ihrem genetischen Material krebsartig. Sie vermehrt sich unkontrolliert und erzeugt in Folge dessen eine große Anzahl an weißen Blutkörperchen.

Aufgabenstellung

1 Erläutern Sie die häufigste genetische Ursache, die der chronischen myeloischen Leukämie (CML) zugrunde liegt (Material 1).

2 Ordnen Sie diese Mutation einem Mutationstyp zu und definieren Sie die Ihnen bekannten Mutationstypen unter Angabe von jeweils zwei Beispielen.

3 Erläutern Sie unter Verwendung von Abb. 2 die molekulargenetischen Zusammenhänge, die zum Krankheitsbild der CML führen (Material 2).

4 Ein an CML erkrankter Mann wird Vater. Erläutern Sie mögliche Auswirkungen auf die Nachkommen.

5 Erklären Sie mithilfe von Abb. 3 die Wirkungsweise der Tyrosinkinase und entwickeln Sie eine Hypothese, wie das Medikament mit dem Wirkstoff Imantinib wirken könnte. Erklären Sie auch die anderen genannten Möglichkeiten der Bekämpfung der CML (Materialien 3 und 4).

Material

Material 1: Karyogramm eines CML-Patienten

Im Jahre 1961 konnte man erstmals die CML auf eine genetische Veränderung zurückführen. Das verkürzte Chromosom 22 wurde nach dem Ort der Erstbeschreibung Philadelphia-Chromosom genannt. In ca. 95 % aller Fälle von CML finden sich in den Körperzellen abweichende Karyogramme.

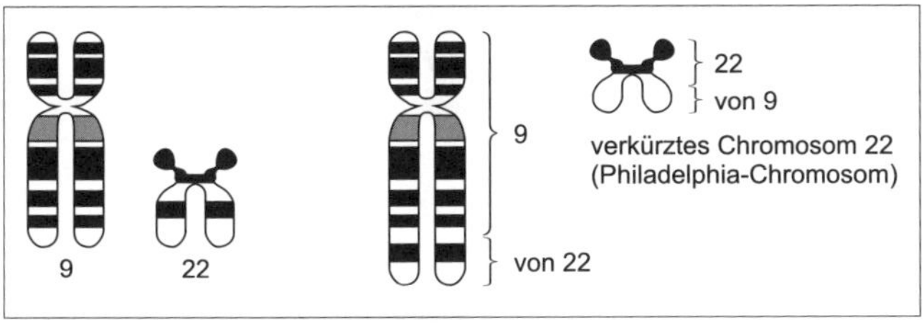

Abb. 1: Darstellung der Chromosomen 9 und 22 eines Patienten mit CML

Feldmann, D., Linder, H.: Linder Biologie, Lehrbuch für die Oberstufe. Arbeitsbuch. Schroedel Verlag

Material 2: Molekulargenetische Zusammenhänge bei CML

In den betroffenen Zellen findet sich ein hoher Gehalt eines Mischproteins, das vom Philadelphia-Chromosom codiert wird.

Der in Abb. 2 dargestellte DNA-Abschnitt des Chromosoms 9 codiert für ein Protein, bei dem es sich um eine Tyrosinkinase handelt. Normalerweise findet sich diese in Zellen, die kurz vor einer mitotischen Teilung stehen. Das dargestellte Gen des 22. Chromosoms codiert normalerweise ein anderes vom Körper ständig gebrauchtes Protein (Immunglobulin). Die weißen Blutkörperchen produzieren dieses Immunglobulin. Bei dem Mischprotein handelt es sich um eine deregulierte Tyrosinkinase.

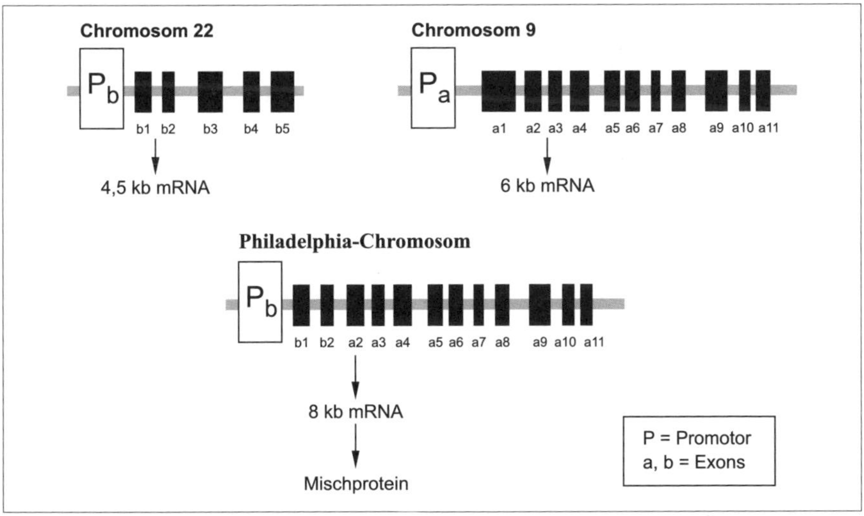

Abb. 2: Realisierung der genetischen Information bei CML-Patienten (1 kb = 1 000 Basen)

nach: Feldmann, D., Linder, H.: Linder Biologie, Lehrbuch für die Oberstufe. Arbeitsbuch. Schroedel Verlag

Material 3: Wirkungsweise von Tyrosinkinasen

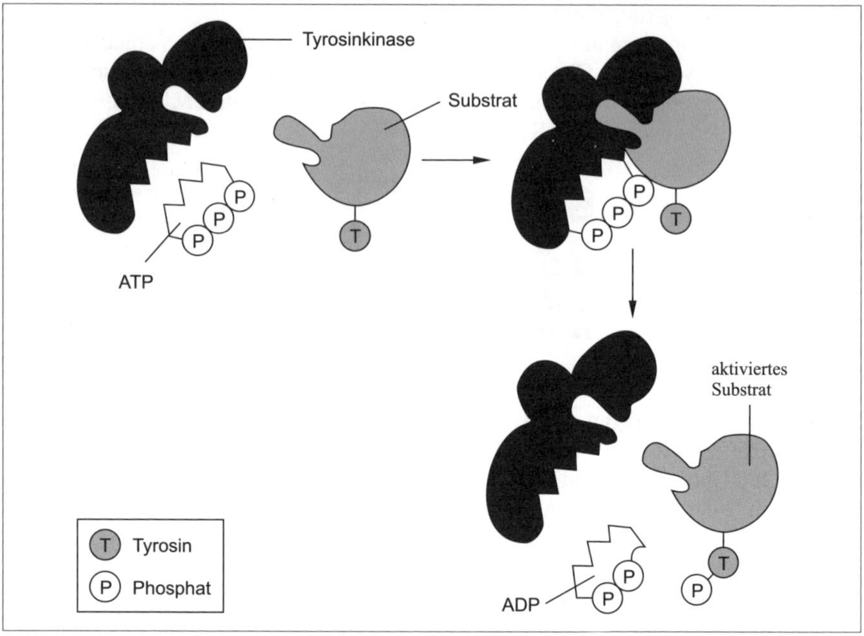

Abb. 3: Schematische Darstellung der Wirkungsweise der Tyrosinkinase
nach: http://elbanet.ethz.ch/wikifarm/Krebsvorlesung 0607/index.php?n=Kurs.212

Material 4: Behandlungsmöglichkeiten der CML

Zur Behandlung der CML stehen verschiedene Möglichkeiten zur Verfügung. Eine Möglichkeit stellt die so genannte Antisense-Technik dar. Des Weiteren werden Patienten durch Stammzellentherapie Erfolg versprechend behandelt.
Eine weitere Möglichkeit ist die Behandlung mit Medikamenten. Sehr erfolgreich im Einsatz gegen CML hat sich ein seit 2001 zugelassenes Medikament mit dem Wirkstoff Imatinib erwiesen. Es ist das erste Medikament, das anhand der molekularen Strukturen am Computer entwickelt wurde. Bei Imatinib handelt es sich um einen Tyrosinkinase-Hemmer.

Lösung

1 Die genetische Ursache dieser Erkrankung ist eine reziproke (wechselseitige) Translokation. Dabei wird ein kleinerer Teil des q-Arms des 9. Chromosoms an das q-Ende des 22. Chromosoms transloziert und ein etwas größerer Teil des q-Arms des 22. Chromosoms an das 9. Chromosom. Die Gesamtmenge des Erbgutes ändert sich nicht (balancierte Translokation).

2 Die Translokation gehört zu den **Chromosomenmutationen**.
Bei Chromosomenmutationen ist die Struktur eines Chromosoms verändert. Ein anderes Beispiel ist die Translokationstrisomie 21/14.

Andere Mutationstypen:
Bei Genommutationen ist die Chromosomenanzahl verändert.
z. B. freie Trisomie 21, Turner-Syndrom

Bei Genmutationen ist die Basensequenz der DNA in einem Gen verändert.
z. B. Phenylketonurie, Mukoviszidose

3 *Erwähnen Sie die in der Abb. 2 dargestellten Prozesse und Ergebnisse sowohl für die Chromosomen 22 und 9 als auch für das Philadelphia-Chromosom. Beziehen Sie dabei auch die im Text (Material 2) enthaltenen Informationen mit ein.*

Normalerweise codieren beide Chromosomen ihre entsprechenden Proteine; das 22. Chromosom codiert unter anderem ein Immunglobulin und das 9. Chromosom eine Tyrosinkinase, die z. B. für Zellteilungen zuständig ist.
Zuerst werden dazu die Gene der DNA in die entsprechende prä-mRNA umgeschrieben (Transkription). Danach wird die prä-mRNA noch der Prozessierung unterzogen. Es entstehen die entsprechenden mRNAs mit den Größen von 4,5 und 6 kb.
Beim Philadelphia-Chromosom wurde durch Translokation der Großteil des Tyrosinkinase-Gens (nur das 1. Exon fehlt) hinter das 2. Exon des Immunglobulin-Gens integriert. Der Promotor des Immunglobulin-Gens bleibt intakt und ermöglicht die Transkription. Nach dem Spleißen der prä-mRNA entsteht eine mRNA von 8 kb. Die Translation führt zu einem Mischprotein.
Aus Material 2 ergibt sich, dass das Immunglobulin-Gen in weißen Blutkörperchen häufig transkribiert wird, das Tyrosinkinase-Gen hingegen normalerweise eher selten (während der Zellteilung).
Durch die Translokation wird der Mechanismus, der die Transkription normalerweise reguliert, aufgehoben. Das Fusionsgen codiert eine Tyrosinkinase mit erhöhter Aktivität. Die Folge der vermehrten Produktion dieses Mischproteins ist eine unkontrollierte Vermehrung der Zelle.

4 Es handelt sich hier um eine somatische Mutation (Stammzelle im Knochenmark). Die Keimbahn ist nicht betroffen. Daher ergeben sich keinerlei Auswirkungen auf die Nachkommen.

5 *Greifen Sie bei der Erklärung der Abb. 3 auf Ihre allgemeinen Kenntnisse zu Enzymreaktionen zurück und übertragen Sie diese auf die Wirkungsweise der Tyrosinkinasen.*
Die offene Aufgabenstellung lässt verschiedene Hypothesen zu.

Wirkungsweise von Tyrosinkinasen
Tyrosinkinasen sind Enzyme, die ATP binden und eine Phosphatgruppe auf die Aminosäure Tyrosin eines anderen Proteins (Substrat) übertragen. Sowohl ATP als auch das Substrat müssen nach dem Schlüssel-Schloss-Prinzip genau zum aktiven Zentrum des Enzyms passen. Es entstehen ein durch eine Phosphatgruppe aktiviertes Substrat und ADP.

Mögliche Wirkungsweise von Imatinib
Imatinib blockiert die ATP-Bindungsstelle der Tyrosinkinase. Dadurch kann ATP nicht an die Tyrosinkinase binden (kompetitive Hemmung). Die Folge ist, dass kein Phosphatrest auf das Substrat übertragen wird. Eine Erhöhung der Zellteilungsrate wird somit verhindert.

Eine mögliche alternative Hypothese wäre, dass Imatinib die Bindungsstelle des Substrats blockiert und damit dessen Aktivierung verhindert.
Auch eine allosterische Hemmung wäre denkbar, wenn Imatinib an einer besonderen Bindungsstelle gebunden werden würde, was zu einer Gestaltveränderung der Tyrosinkinase und damit auch des aktiven Zentrums führen würde. Eine Anlagerung des Substrats wäre dann nicht möglich.

Andere Möglichkeiten der Bekämpfung von CML
- **Antisense-Technik:** Man müsste DNA-Fragmente erzeugen, die komplementär zu der mRNA sind, die die Information für das Mischprotein trägt. Die mRNA und die DNA-Fragmente würden sich aneinander lagern. Dadurch würde eine Translation der deregulierten Tyrosinkinase verhindert.
- **Stammzellentransplantation:** Zuerst werden die Knochenmarkzellen des Patienten durch Chemotherapie oder Strahlenbehandlung zerstört. Das Knochenmark wird danach durch gesundes Gewebe eines Spenders ersetzt. Die Merkmale der Spenderzellen müssen genau mit denen des Gewebes des Patienten übereinstimmen. Die Stammzellentransplantation ist die einzige Therapieform, die zu einer vollständigen Heilung führen kann.

Biologie (Berlin) – Leistungskurs
Übungsaufgabe 8: Ökologie und Nachhaltigkeit

Thema: Die Rosskastanien-Miniermotte

Die Weiße Rosskastanie, einer der häufigsten Allee- und Straßenbäume in Deutschland, wurde seit dem 16. Jahrhundert in Mitteleuropa kultiviert und zählt damit zu den Neophyten. Seit einigen Jahren werden die Kastanienbäume, fast in ganz Europa, massiv von der Rosskastanien-Miniermotte *(Cameraria ohridella)* befallen, der sie als Hauptwirtspflanzen dienen.
Seit 1998 wird *C. ohridella* auch in Berlin in hohen Befallszahlen nachgewiesen.

Aufgabenstellung

1 Benennen und definieren Sie die zwischen *C. ohridella* und Erzwespen zu beobachtende interspezifische Wechselwirkung und grenzen Sie diese unter Angabe von Beispielen gegen eine andere interspezifische Beziehung ab.

2 Diskutieren und bewerten Sie unter Verwendung des gesamten Materials die Mittel zur Bekämpfung von *C. ohridella* aus ökologischer Sicht.

3 Nehmen Sie in Bezug auf das vorliegende Beispiel begründet Stellung zur Aussage: „Die Natur hilft sich selbst."

Material

Material 1: Befall der Weißen Rosskastanie durch die Rosskastanien-Miniermotte

Mit dem Beginn der Blüte der Weißen Rosskastanie im Frühjahr schlüpft die im Vorjahreslaub überwinternde Motte aus ihrem Kokon und legt bis zu 40 Eier auf einem Kastanienblatt ab. Die Larven bohren sich direkt nach dem Schlüpfen in die inneren Blattgewebeschichten, die ihnen als Nahrung dienen. Die dadurch entstehenden Fraßgänge bezeichnet man als „Minen". Die betroffenen Blätter vertrocknen, verbräunen und fallen bei starkem Befall frühzeitig schon im August ab. In einem Jahr bildet *C. ohridella* je nach Witterungsverlauf drei bis vier Generationen aus, wobei die letzte Generation im Puppenstadium ungefähr sechs Monate überwintert.
Untersuchungen zeigen, dass ausgewachsene Rosskastanien bisher wenig in ihrem Wachstum reduziert wurden. Massiv befallene oder jüngere Bäume sind stärker betroffen und produzieren weniger und kleinere Früchte. Insgesamt werden die Bäume durch den Befall geschwächt und sind dadurch anfälliger gegen Krankheiten wie z. B. Pilzinfektionen. Insbesondere ein starker Schädlingsbefall im Frühjahr schränkt die Vitalität der Bäume stark ein. Zudem wurde auch der Befall anderer Baumarten beobachtet (z. B. Ahorn), sodass ein Wirtswechsel langfristig nicht auszuschließen ist.

Material 2: Bekämpfungsstrategien

Eine erfolgreiche Bekämpfung erfordert, gerade im urbanen Bereich, gezielte und nachhaltige Strategien. In Berlin wird im Herbst möglichst flächendeckend Laub gesammelt und anschließend verbrannt. Diese Strategie gilt derzeit als die einzig praktikable Bekämpfungsmaßnahme. Auch der Einsatz von Insektiziden wird immer wieder diskutiert.

Die Suche nach natürlichen Gegenspielern gestaltete sich zunächst schwierig. Räuber aus der Gruppe der Ameisen, Heuschrecken und Vögel (insbesondere Meisenarten) ernähren sich nur begrenzt von *C. ohridella*.

Neuere Untersuchungen zeigen jedoch eine mögliche Lösung des Problems auf. Bislang gibt es in Berlin etwa 16 Arten von polyphagen Erzwespenarten. Diese Insekten legen Eier in ihre Wirtslarven und injizieren zusätzlich ein lähmendes Gift. Eine befallene Larve kann sich danach nicht mehr richtig entwickeln und stirbt ab. Allerdings schlüpfen alle diese Erzwespenarten, die ebenfalls im Puppenstadium im Laub überwintern, fünf Wochen vor *C. ohridella*. Bisher werden etwa 10 % der Miniermottenlarven von den Erzwespen parasitiert. Um eine bestandsregulierende Wirkung zu erzielen, sind Parasitierungsraten ab 36 % erforderlich.

Material 3: Vergleich der Fangzahlen der Kastanienminiermotte zwischen einer vom Herbstlaub beräumten und einer nicht beräumten Fläche

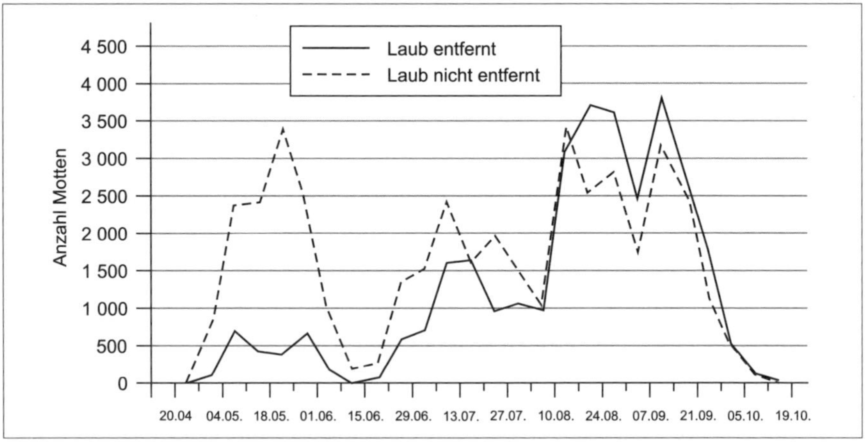

Abb. 1: Fangzahlen von *C. ohridella* an 6 Berliner Standorten zwischen 2003 und 2005 (Mittelwerte)

nach: Senatsverwaltung für Stadtentwicklung Berlin: www.stadtentwicklung.berlin.de/pflanzenschutz/kastanienminiermotte/de/downloads.shtml

Material 4: Untersuchungen zum Parasitierungsverhalten einiger Erzwespenarten bei *C. ohridella*

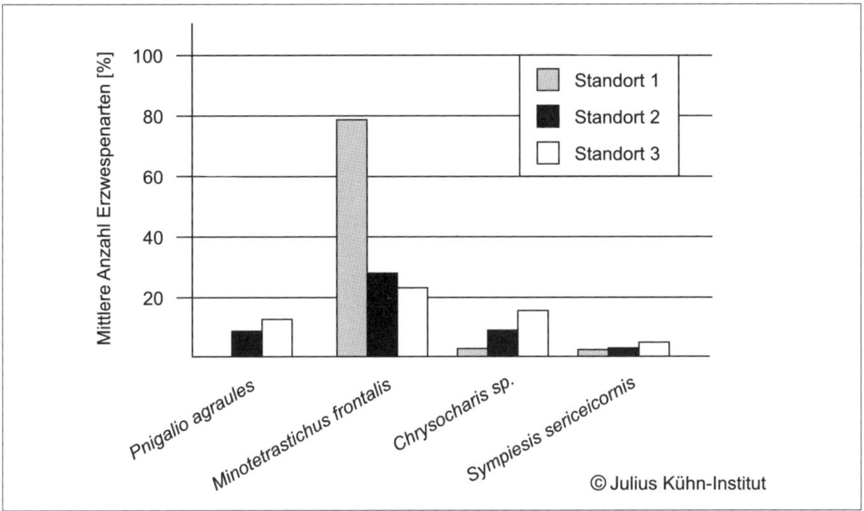

Abb. 2: Parasitierungsverhalten der ersten Miniermottengeneration an drei Standorten in Berlin mit gleicher Befallsdichte (Versuch mit gezielter Erzwespenausbringung mit gekühlt gelagertem Kastanienlaub aus dem Vorjahr und Synchronisation der Puppenschlüpfzeiten mit denen von *C. ohridella*).

© Julius Kühn-Institut; nach: Runte, J., Klug, T., Meyhöfer, R.: Untersuchungen zum Parasitierungsverhalten von Parasitoiden der Kastanienminiermotte Cameraria ohridella Deschka & Demic (Lep., Gracillariidae)
http://oek.fbl.FH-Wiesbaden.de/DGG-neu/fileadmin/Poster-2007/Poster_Julia_Runte.pdf

Lösung

1 Die zwischen *C. ohridella* und den Erzwespen zu beobachtende interspezifische Wechselwirkung bezeichnet man als **Parasitismus**.

Definition und Beispiele: Parasitismus ist eine meist den Nahrungserwerb betreffende Beziehung, die für einen der Partner vorteilhaft ist und für den anderen teilweise oder überwiegend schädigend. Bei Pflanzen unterscheidet man Halbparasiten (Reduzierung der autotrophen Lebensweise, z. B. Mistel) und Vollparasiten (Verlust der autotrophen Lebensweise, z. B. Seiden, Sommerwurz). Bei Tieren kann eine Unterteilung nach dem Aufenthaltsort der Parasiten vorgenommen werden: Ektoparasiten (z. B. Läuse, Zecken) leben auf der Körperoberfläche, Endoparasiten (z. B. Bandwürmer) leben im Körper.
Die dargestellte Form der interspezifischen Beziehung ist eine extrem Form des Parasitismus: Ein Parasit, der seinen Wirt tötet, wird als Parasitoid bezeichnet.

Andere interspezifische Wechselwirkung, z. B.:
Symbiose: Als Symbiose bezeichnet man das Zusammenleben von Arten in engem Kontakt, wobei die Beziehung, im Gegensatz zum Parasitismus, für beide Partner Vorteile bringt. Bei einer Symbiose sind alle Stufen der Vergesellschaftung, vom lockeren Zusammenschluss (z. B. von Insekten und Blütenpflanzen) bis zu engen Verbindungen (z. B. bei Flechten oder Mykorrhiza) zu beobachten.

Die Nennung anderer Beispiele ist möglich. Alternativ können auch Räuber-Beute-Systeme oder Konkurrenz thematisiert werden.

2 *Es wird eine sachgerechte Problematisierung und die Diskussion verschiedener Aspekte erwartet. Informationen aus dem Material sollen sachgerecht entnommen und sinnvoll verknüpft werden, alternative Überlegungen werden akzeptiert.*

Der Einsatz von Insektiziden ist prinzipiell möglich, aber als kritisch einzuschätzen. Aufgrund der großen Befallsfläche wäre der Aufwand sehr umfassend und kostenintensiv. Die ökologischen Folgen wären ohne genaue Analysen nicht absehbar. Durch das gleichzeitig mögliche Abtöten anderer Organismen wird das Ökosystem beeinflusst und die Gefahr, dass das ökologische Gleichgewicht gestört wird, ist groß. Sollten natürliche Gegenspieler der Motten ebenfalls vom Insektizideinsatz betroffen sein, würde dies die Entwicklung von Räuber-Beute-Systemen negativ beeinflussen. Ein weiterer Nachteil ist die Anreicherung des Insektizids in der Nahrungskette. Insgesamt ist bei einem Einsatz chemischer Insektenvernichtungsmittel die ökologische Nachhaltigkeit sehr fraglich (3. Lotka-Volterra-Regel)

Laubsammelaktionen haben Vor- und Nachteile. In der Berliner Öffentlichkeit ist diese Methode bereits publik. Darüber hinaus ist sie kostengünstig und praktikabel. M3 zeigt auf beräumten Flächen eine zu Jahresbeginn zeitlich verzögerte Parasitierung auf. Die 1. Mottenpopulation ist an beräumten (max. 600 Motten) im Vergleich zu unberäumten Arealen (3 500 Motten) im Mai deutlich reduziert, sodass als Folge Rosskastanien ungehindert zum Blühen kommen und ihre Vitalität für die gesamte Laubphase aufbauen und stärken können. Tendenziell gilt dies auch für die 2. Mottenphase. Die Unterschiede sind aber nicht mehr so gravierend und schwächen sich ab (2 500 zu 1 600 Motten). Ab dem 27. Juli überwiegt jedoch die Mottendichte an beräumten Flächen, insbesondere bei der 3. Mottengeneration ab August (3 800 zu 3 200 Motten). Die dichtere Mottenpopulation in der 3. Generation ist ein deutlicher Nachteil dieser Methode. Das wichtigste Argument gegen die Laubsammelaktionen ist jedoch, dass die natürlichen Gegenspieler der Motten im Laub mit verbrannt werden und somit eine Entwicklung von Räuber-Beute-Systemen nicht stattfindet.

Eine aussichtsreiche Bekämpfungsstrategie ist die biologische Kontrolle von *C. ohridella* durch Parasitoide. Rosskastanien sind Neophyten, die Rosskastanien-Miniermotten sind Neozoen. Natürliche monophage Parasitoide als wirksame Gegenspieler haben sich in Deutschland noch nicht entwickelt oder sind noch nicht gefunden. Aus diesem Grund wäre es von Wichtigkeit, den Ursprungsort der Rosskastanie zu ermitteln. Erzwespen als mögliche Gegenspieler von *C. ohridella* sind polyphag, parasitieren also auch andere Miniermottenarten und schlüpfen zeitlich vor der Rosskastanien-Miniermotte. Die Schlüpfzeiten müssten synchronisiert werden. Dies ist im Freiland nur unter sehr speziellen Bedingungen möglich (z. B. durch Kühlung des Vorjahreslaubs).
Aus M 8 lässt sich entnehmen, dass *M. frontalis* eine Parasitierungsrate von knapp 80 % erreichen kann. Die besonderen Bedingungen an Standort 1 sollten untersucht werden, da sich dieses Ergebnis nicht an allen Standorten erzielen ließ. Angedacht werden kann auch eine mögliche künstliche Vermehrung und Ausbreitung von *M. frontalis*. Allerdings sollten vorher genaue Untersuchungen der möglichen Auswirkungen auf das Ökosystem vorgenommen werden.
Die anderen Erzwespenarten erreichen den in M 3 genannten bestandsregulierenden Wert von 36 % nicht (*P. agraules* 15 %, *C. sp.* 18 %, *S. sericeicornis* unter 5 %).

Nach der ausführlichen Darlegung der Vor- und Nachteile der verschiedenen Bekämpfungsmaßnahmen sollte eine persönliche abschließende Bewertung erfolgen (Synthese).

3 Jeglicher Eingriff in das natürliche Wirkungsgefüge der Natur kann nicht abschätzbare ökologische Folgen nach sich ziehen. Evolutionsbiologisch könnte sich langfristig ein natürlicher Gegenspieler entwickeln. Sowohl eine Anpassung der heimischen Parasitoide als auch das Nachwandern von bisher noch nicht in Deutschland heimischen Parasitoiden wäre theoretisch denkbar. Kurzfristig besteht die Gefahr der Reduzierung des Rosskastanienbestandes. Ein Aussterben der Rosskastanie ist zurzeit nicht auszuschließen. Ein weiteres Risiko besteht im Übergreifen von *C. ohridella* auf weitere Baumarten (z. B. Ahorn).

Alternative sachlogische Erklärungen sind ebenfalls möglich

Thema: Ökologie von Ameisenlöwen

Die Larven der Ameisenjungfern (Insekten) werden in der populärwissenschaftlichen Literatur häufig als „Ameisenlöwen" bezeichnet. Bei etwa 10 % dieser räuberischen Insektenarten bauen die Larven Fangtrichter in den Boden, indem sie das sandige Substrat durch ruckartige Bewegungen des Kopfes ausschleudern. In Brandenburg sind die Trichter der Gefleckflügeligen Ameisenjungfer *(Myrmeleon formicarius)* häufig an sandigen Wegen von Kiefernwäldern oder am Rande sandiger Offenflächen zu finden.

Aufgabenstellung

1 Erläutern Sie den Begriff „Toleranzbereich".

2 Beschreiben Sie die im Material dargestellten Ergebnisse der Untersuchungen von KITCHING. Erläutern Sie ökologische Zusammenhänge zwischen Wassergehalt sowie der Temperatur, der Trichterwand und der Trichterbeschaffenheit.

3 Entwickeln Sie ein Experiment zur Überprüfung der Hypothese, die Faktoren Wassergehalt und Temperatur des Bodensubstrates würden das Habitatwahlverhalten der Larven beeinflussen.

Mögliche Zusatzfragen:

4 Erläutern Sie die Grundaussagen des Minimum-Gesetzes.

5 Beschreiben Sie weitere Beispiele von Anpassungen bei Pflanzen und Tieren an ähnlich extreme Standortfaktoren.

Material

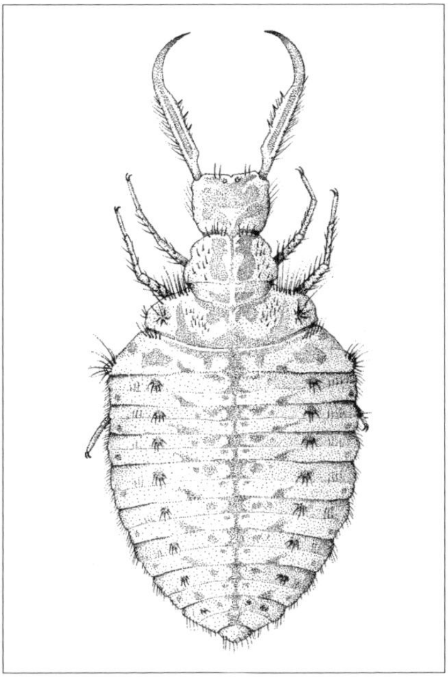

Abb. 1:
Larve von *Myrmeleon formicarius*
Dr. Ole Müller, www.bioscience-art.de

Aufgrund der besonderen Faktoren im Lebensraum sind die Larven sowohl im Verhalten als auch physiologisch und morphologisch hochgradig angepasst. Zwei dieser Anpassungen sind der spezialisierte Beutefang und die Fähigkeit zur aktiven Habitatwahl. Am Grunde der Trichter warten die Larven auf vorbeikommende Beute, die durch Ausschleudern von Sand oder passiv durch das Einrutschen der Trichterwände gefangen wird. Gehäuft werden Insekten, u. a. auch Ameisen, gefangen.

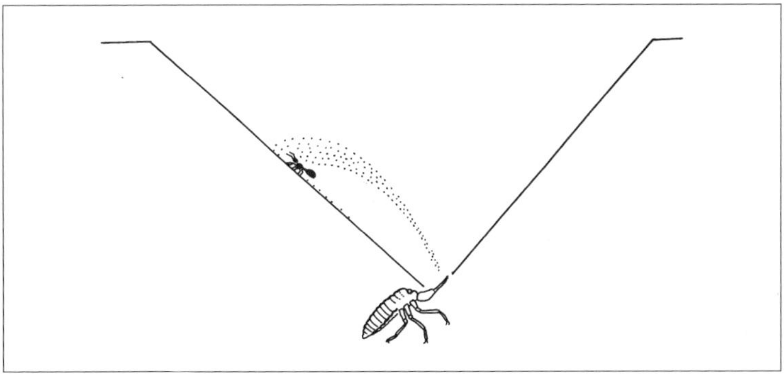

Abb. 2: Larve im Fangtrichter
Dr. Ole Müller, www.bioscience-art.de

Von KITCHING wurde festgestellt, dass die Größe der Trichter von verschiedenen Umweltfaktoren abhängig ist:

Wassergehalt des Sandes der Trichterwand [%]	Trichter-durchmesser / Körperlänge	Temperatur des Sandes des Trichters [°C]	Trichter-durchmesser / Körperlänge
0,0	4,3	15,0	2,0
1,5	4,0	22,5	2,8
3,6	1,1	26,8	5,7
5,6	0,0	31,0	6,6
8,0	0,0	36,0	7,0

Tab. 1: Trichterdurchmesser in Abhängigkeit des Wassergehaltes und der Temperatur des Trichtersubstrates

nach: Kitching: Some biological and physical determinations of pit size in larvae of Myrmeleon pictifrons Gerstaecker (Neuroptera: Myrmeleonidae), J. Austral. ent. Soc. 23/1984, S. 179–184

Lösungen

1 Gegenüber den verschiedenen Umweltfaktoren besitzt jeder Organismus einen spezifischen physiologischen Toleranzbereich. Er kennzeichnet die Grenzen, in denen dieser Organismus Schwankungen des Umweltfaktors ertragen kann. Unterschreitet oder überschreitet die Intensität eines Faktors den Toleranzbereich, kann der Organismus seine Lebensfunktionen auf Dauer nicht mehr aufrechterhalten.

Toleranzbereiche sind durch drei Festpunkte charakterisiert: **Minimum, Optimum und Maximum**. Dabei kennzeichnet das Minimum die untere, das Maximum die obere Grenze der Intensität eines Faktors. Im Optimum wird die Entwicklung und Fortpflanzung (Vitalität) des Organismus am meisten gefördert.

Nähert sich die Intensität des Faktors den Grenzen des Toleranzbereiches, so befindet sich der Organismus in einem ökologischen **Pessimum**. Im Bereich des Pessimums ist der Organismus in vielen Lebensfunktionen eingeschränkt, seine Vitalität sinkt. Er produziert unter diesen ungünstigen Bedingungen weniger oder keine Nachkommen.

Bewegliche Arten, wie die meisten Tiere, können sich einer ungünstigen Faktorenwirkung durch Abwanderung in andere Habitate entziehen und sich somit ihre optimalen Faktorenintensitäten selber wählen **(Habitatwahlverhalten)**.

Toleranzbereiche sind artspezifisch genetisch festgelegt und wie jedes Merkmal individuell verschieden ausgebildet **(Variabilität)**. Sie können sich in Folge unterschiedlicher Genexpression im Laufe der Individualentwicklung verändern.

2 *Da die Trichterdurchmesser generell von der Körpergröße abhängig sind (große Larven bauen unter gleichen Bedingungen größere Trichter als kleine Larven), wurden die Daten von Kitching über den Quotienten Trichterdurchmesser/Körperlänge (T : K) vergleichbar gemacht.**Beschreiben** der Ergebnisse:*

Der Trichterdurchmesser ist abhängig vom Wassergehalt des Bodens sowie von der Temperatur des Trichtersubstrates. Mit steigendem Wassergehalt nimmt der Trichterdurchmesser ab. Bei Bodenfeuchtigkeiten ab 5,6 % können die Larven keine Trichter mehr bauen. Mit steigender Substrattemperatur werden größere Trichter angelegt. Die Daten lassen offen, bei welchen Temperaturen keine Trichter mehr angelegt werden können.

***Erläutern** der ökologischen Zusammenhänge:*

Wirkungen der Bodenfeuchte

In feuchten Sandsubstraten lassen sich nur schwer Trichter anlegen, die ihre Funktion als Fangtrichter erfüllen können. Durch die erhöhte Feuchtigkeit der Substratpartikel verändern sich die physikalischen Eigenschaften in Bezug auf ihren Zusammenhalt. Feuchte Substrate rutschen schwer nach. Das Anlegen von Trichtern in feuchtem Boden wird mit erhöhtem Energieaufwand verbunden sein, da sie ebenfalls durch Ausschleudern von Substratpartikeln angelegt werden. Haften viele Partikel durch erhöhte Feuchte zusammen, ist es für die Larve schwer, sie zu bewegen.
Trichter, deren Substrate feucht sind, rutschen nicht nach, wenn Beute hineingerät. Die Beutetiere können über die festen Wände leichter entkommen. In kleinen, feuchten Trichtern ist die Wahrscheinlichkeit, Tiere zufällig zu erbeuten größer als in tiefen Trichtern, da die Larven nicht so weit vom Trichterrand entfernt sind und durchlaufende Beutetiere schnell erbeuten können. In diesem Kosten-Nutzen-Zusammenhang ist die Anlage kleiner Trichter in feuchten Böden günstiger.

Wirkungen der Temperatur

Insekten sind wechselwarme Tiere, die in den meisten Fällen nur passive Thermoregulation betreiben können. Damit sind sämtliche Stoffwechselvorgänge direkt von der Außentemperatur beeinflusst. Bei geringen Temperaturen sinkt die Aktivität von Insekten. Es ist denkbar, dass niedrige Temperaturen des Trichtersubstrates das Vermögen herabsetzten, Substrat auszuschleudern. Deshalb werden die Trichter bei geringen Temperaturen kleiner sein als bei hohen Temperaturen.
Bei hohen Temperaturen besteht in den von Ameisenlöwen genutzten Habitaten die Gefahr der Überhitzung. Sie können ihre Körpertemperatur in bestimmten Grenzen nur über Verhaltensweisen regulieren. Körperhaltungen und Habitatwahl können Überhitzungen entgegenwirken. Die Erhitzung des Substrates erfolgt vor allem durch direkte Sonneneinstrahlung. Große Trichter sind auch tiefer. Der Grund tiefer Trichter ist in gemäßigten Breiten wegen der schrägen Sonneneinstrahlung im Tagesverlauf länger beschattet als der Grund flacher Trichter. Deshalb sind die Tiere in tiefen Trichtern besser vor Überhitzung geschützt.

In flachen Trichtern müssten sich die Larven tief in das Substrat zurückziehen, um der Überhitzung zu entgehen. Dadurch hätten sie kaum Gelegenheit, Beute zu fangen. Tiefe Trichter sind bei höheren Temperaturen also günstiger.

3 *Einige Larven von Ameisenlöwen werden im Labor unter definierten Bedingungen gehalten. Das Wahlverhalten der Tiere entlang eines sich kontinuierlich verändernden Faktors (Gradient) muss auf experimentellem Wege erfasst werden. Dazu sind verschiedene experimentelle Ansätze geeignet, z. B.:*

Die Faktoren **Bodenfeuchte und Bodentemperatur** wirken unter natürlichen Bedingungen häufig gekoppelt. Bei hohen Temperaturen trocknet das Bodensubstrat schnell aus, während es bei niedrigen Temperaturen länger feucht bleibt. Der Zusammenhang erlaubt deshalb auch eine gemeinsame Betrachtung beider Faktorenwirkungen. Sollen die Wirkungen der einzelnen Faktoren analysiert werden, ist es erforderlich, immer nur einen Faktor zu variieren und alle anderen Faktoren möglichst konstant zu halten.
In ein geeignetes Gefäß (Terrarium) wird gleichmäßig befeuchtetes Substrat aus den Lebensräumen der gefangenen Versuchstiere ausgebracht. In einer Vorbereitungsphase wird mit einer Bodenheizung, die nur einen Teil des Versuchsgefäßes beheizt, ein **Temperaturgradient** ausgebildet. Ist diese Vorbereitungsphase lang genug, verändert sich entlang des Temperaturgradienten auch die **Bodenfeuchtigkeit**. Sind die Gradienten ausgebildet, werden die Larven in die Versuchsanordnung eingeführt. Um den Einfluss biotischer Interaktionen zwischen den Versuchstieren zu senken, ist auf eine angemessene **Besatzdichte** zu achten. Nach einer in Vorversuchen ermittelten Zeit (Expositionszeit) werden die **Trichterbauten** im Terrarium **kartiert** und die Faktoren an den einzelnen Trichtern gemessen. Um statistisch gesicherte Ergebnisse zu erhalten, muss in mehreren Versuchsreihen eine möglichst **große Stichprobe** an Tieren untersucht werden.
Ist die formulierte Hypothese richtig, müssten sich die Trichter in bestimmten **Vorzugsbereichen** innerhalb der Gradienten befinden. Damit wäre die Wirksamkeit dieser Faktoren auf das Habitatwahlverhalten nachgewiesen.

4 Auf den Organismus wirken ständig sehr viele verschiedene Faktoren ein. Dabei wird die Vitalität des Organismus besonders durch den Faktor bestimmt, der sich in seiner Intensität am weitesten im Pessimum des entsprechenden Toleranzbereiches befindet (Minimumgesetz von Justus von LIEBIG).

*Einzelne Faktoren können sich in begrenztem Maße ersetzen, ohne dass sich die Vitalität verändert. Dadurch verhalten sich Organismen nicht immer entsprechend ihrer experimentell ermittelten Toleranzbereiche. Dieses abweichende Verhalten unter der Wirkung aller Faktoren beschreibt man mit dem **ökologischen Präsenzbereich**.*

5 *Die Aufgabenstellung ist sehr offen formuliert. Neben den hier ausgeführten Anpassungen an trockene Standorte könnten auch Anpassungen an andere Faktoren beschrieben werden (Salzgehalt, Licht, Temperatur etc.).*

Um ihren inneren Wassergehalt in trockenen Lebensräumen konstant zu halten, entwickelten landlebende Organismen zahlreiche Anpassungen. Dazu zählen unter anderem: **Verdunstungsschutzeinrichtungen**, besondere Anpassungen des Stoffwechsels zur **Rückgewinnung von Wasser**, spezialisierte **Organe** zur Wasseraufnahme, angepasstes **Verhalten** zur Optimierung des Wasserhaushaltes und Wasserspeicher.

Pflanzen extrem heißer und trockener Standorte müssen so viel Wasser wie möglich zurückbehalten. Dazu schützen sie ihren Innenraum durch dicke, wasserundurchlässige **Kutikulabildungen**. **Versenkte Spaltöffnungen** und Schichten **toter Haare** verzögern den Abtransport des aus den Spaltöffnungen abgegebenen Wassers. Pflanzen, die über längere Zeit Wasser speichern können, werden als **Sukkulenten** bezeichnet.

Der **CAM-Mechanismus** *(Crassulacean acid metabolism)* ist eine physiologische Anpassung an trockene Standorte. Unter anderem ist dieser Mechanismus bei Kakteen und Dickblattgewächsen nachgewiesen worden. Er gestattet diesen Pflanzen, das für die Fotosynthese benötigte Kohlenstoffdioxid ausschließlich in der Nacht aufzunehmen, wenn die Temperaturen am Standort ihre Tiefstwerte erreicht haben. Üblicherweise nehmen Pflanzen dieses Gas am Tag über die Spaltöffnungen auf. An heißen Standorten müssen die Spaltöffnungen aber am Tage geschlossen bleiben, um den Wasserverlust niedrig zu halten.

Bei **Tieren** steht der Wasseraufnahme über die Nahrung und über das Trinkwasser die Wasserabgabe über Kot, Harn, Transpiration sowie über innere und äußere Häute gegenüber. Gibt ein Tier auf Dauer mehr Wasser ab, als es aufnimmt, muss es über Habitatwahl neue Wasserquellen aufsuchen. Verdunstungsschutzeinrichtungen wie **hornhaltige Trockenhäute** (Reptilien), hochkonzentrierter **Sekundärharn** (alle Wüstensäuger), **verschließbare Tracheenöffnungen** (Insekten) oder aktive **Wasserdampfaufnahme** über Schleimhäute (Känguruurratte) sind einige Anpassungen von Tieren an trockene Lebensräume.

Durch die **Nutzung des bei der biologischen Oxidation anfallenden Wassers** können einige Tiere ganz auf die Aufnahme von Wasser verzichten. Die Larven des Mehlkäfers und der Speckkäfer können auf diese Weise lange Zeit von wasserfreien Stoffen leben, ohne dass ihr innerer Wassergehalt stark abnimmt. Auch Säugetiere wie einige Antilopen, Kamele oder Wüstenmäuse sind dazu in der Lage.

Thema: Bänderschnecken

Die Hain-Bänderschnecken *(Cepea nemoralis)* bilden sehr kleine Populationen, deren Individuen durch Häufigkeitsunterschiede bestimmter Merkmale (Morphe) gut gegeneinander abgrenzbar sind. Die Schnecken zeigen einen auffälligen Polymorphismus der Schalenfarbe (gelb, rosa, braun) und der Bänderzahl (0 bis 5).

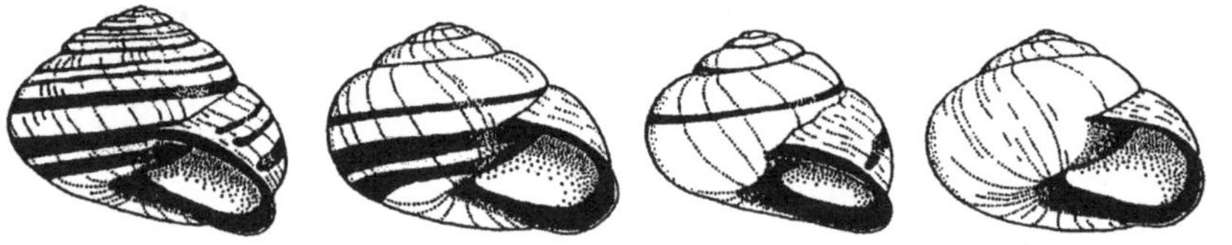

Abb. 1: Polymorphismus der Bänderung bei *C. nemoralis*
verändert nach: Cockburn, A.: An introduction to evolutionary ecology, Blackwell Scientific Publishing, 1991, S. 50

Aufgabenstellung

1 Erläutern Sie die Grundgedanken der Darwin'schen Selektionstheorie.

2 Beschreiben und erklären Sie den im Material dargestellten Zusammenhang zwischen Gehäusetypen und Lebensräumen bei Bänderschnecken.

3 Setzten Sie sich kritisch mit den Aussagen von HUXLEY und MAYR unter Verwendung einer evolutionsbiologischen Argumentation auseinander.

Material

Material 1

In einem Gebiet wurde eine Schneckenpopulation untersucht, deren Lebensraum sich innerhalb von etwa 30 Jahren stark veränderte: Das ursprüngliche Grasland wandelte sich zu einem Lebensraum, in dem der Anteil der Gehölze (Hecken und Bäume) zunahm. Die Hecken boten Singdrosseln, den wichtigsten Fressfeinden von Schnecken, verbesserte Fortpflanzungsmöglichkeiten. Die Bäume hatten Einfluss auf die Bodenvegetation.

Die folgende Tabelle fasst die Ergebnisse der Untersuchung zusammen.

Bänderzahl	**0**	**1**	**2**	**3**	**4**	**5**
A	2	5	5	70	13	5
B	15	30	40	5	5	5

Relative Anteile (%) von Bändermorphen vor (A) und (B) nach dem Einwandern von Singdrosseln in das Heckenhabitat. Die Schalenfarben aller Gehäuse variierten hier nur wenig um die Farbe Gelb.

Material 2

Die große Variabilität der Bänderschnecken innerhalb von Populationen und zwischen Populationen wurde von frühen Vertretern der synthetischen Evolutionstheorie sehr verschieden interpretiert. HUXLEY (1942) behauptete *„the distribution of types appeared to be wholly random"* („die Verteilung der Typen sei anscheinend zufällig") und MAYR (1942) glaubte, die Variation sei *„obviously of very insignificant selective value"* („offensichtlich von sehr geringem selektiven Wert"). Spätere Arbeiten untersuchten die statistische Verteilung der Merkmalsträger in Populationen, die unterschiedliche Habitate bewohnten.

Die Abbildung 2 zeigt die Verteilung von Gehäusetypen in verschiedenen Lebensräumen. Jeder Punkt stellt eine Population dar. Die Wissenschaftler ermittelten den Anteil gelber und „effektiv ungebänderter" Gehäuse in diesen Populationen. Zu effektiv ungebänderten Gehäusen gehören ungebänderte und einfach gebänderte (1 Band) Gehäuse, weil sich Fressfeinde ihnen gegenüber gleich verhalten.

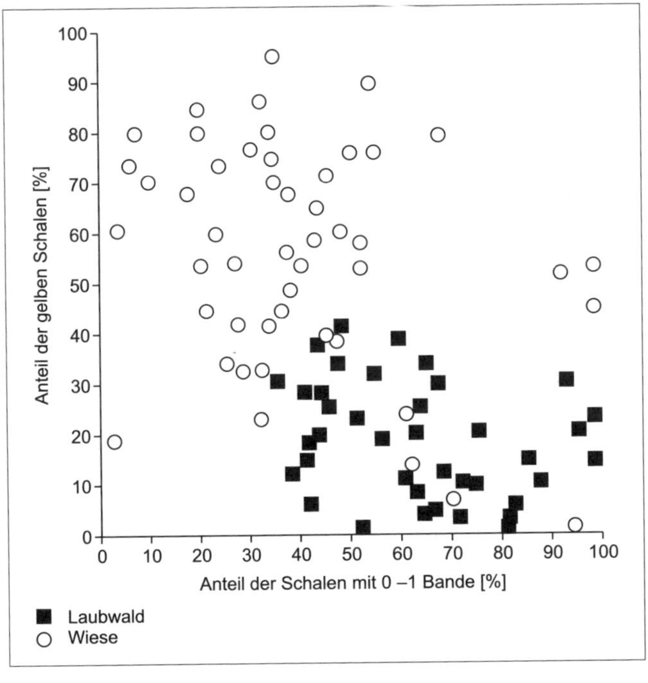

Abb. 2: Verteilung von Gehäusetypen in unterschiedlichen Lebensräumen

Lösung

1 Nach Charles Darwin verändern sich Arten durch einen Auslesevorgang. Der Mechanismus ist mit der Auslese beim Züchtungsvorgang vergleichbar: Ein Züchter wählt diejenigen Individuen für die weitere Zucht aus, die seinem Zuchtziel am nächsten kommen. Die „**natürliche Zuchtwahl**" der Darwin'schen Selektionstheorie basiert auf folgenden Annahmen:

- Eine Art produziert **mehr Nachkommen**, als zur Erhaltung der Art erforderlich sind.
- Die Individuen einer Population unterscheiden sich in ihren Merkmalen **(Variabilität)**.
- Unter den Individuen einer Population herrscht **Konkurrenz** um Ressourcen.
- Individuen, die an die wirkenden Umweltfaktoren **am besten angepasst** sind, bringen besonders viele Nachkommen hervor. Unangepasste Individuen sterben oder bringen weniger Nachkommen hervor.
- Dadurch verändern sich im Laufe vieler Generationen die betreffenden Merkmale innerhalb der Population.

2 Wie aus **Material 1** hervorgeht, können Singdrosseln als natürliche Raubfeinde in relativ kurzer Zeit Schnecken mit bestimmten Merkmalskombinationen (Morphe) selektieren. Im beobachteten Fall veränderte sich der Lebensraum der Schneckenpopulation von Wiesenhabitaten in Richtung Wald. Es ist zu vermuten, dass Falllaub und die Zunahme der Beschattung die Vegetation am Boden veränderten. Außerdem wurde die Population der Singdrosseln durch die aufkommenden Verbuschung (Heckenbildung) begünstigt. Beide Entwicklungen hatten Effekte auf die Schneckenpopulationen. Die gebänderten, gelbschaligen Morphe waren auf dem mit Falllaub und spärlicher Vegetation bedeckten Bodengrund für ihre Fressfeinde viel leichter auffindbar. Die ursprünglich im Grasland vorteilhafte Tarnung gebänderter, gelbschaliger Morphe kehrte sich nun in einen Nachteil um. In Folge der Selektion dieser Morphe veränderte sich in den folgenden 30 Jahren die Zusammensetzung der Schneckenpopulation in Richtung „effektiv ungebänderter" Morphe.
Die Hypothese wird durch die Befunde der Untersuchung aus **Material 2** des Materials gestützt. Populationen, in denen die überwiegende Zahl der Individuen gebänderte (effektiv ungebänderte < 50 %), gelbe Schalen aufweisen, sind vor allem in Habitaten mit Wiesencharakter und in Kräuterbeständen zu finden. Populationen mit effektiv ungebänderten und nicht gelbschaligen (also rosa und braune) Schnecken sind vor allem auf dem Boden von Laubwäldern verbreitet.

3 Betrachtet man die in Material 2 analysierte morphologische Zusammensetzung der Schneckenpopulationen als Resultat einer natürlichen Selektion unter dem Einfluss von Fressfeinden, dann müssen sowohl die Aussage von HUXLEY als auch von die Aussage von MAYR abgelehnt werden.

Wäre die Verteilung, wie Huxley vermutete zufällig, dann sollte sich die prozentuale Verteilung der Bänderung nach den Veränderungen der Rahmenbedingungen (Heckenvegetation, Fressfeinde) nicht verändern. Die Befunde des Material 1 weisen allerdings auf einen Selektionsprozess hin, in dessen Folge die Population genotypisch und phänotypisch verändert wird.
Ungebänderte Morphe werden von den Drosseln offenbar weniger gut erkannt und sind deshalb unter den neuen Bedingungen besser angepasst als stark gebänderte Tiere. Die Aussage von Mayr, die Merkmalsvariation hätte keinen selektiven Wert, ist deshalb nicht zutreffend.

Biologie (Brandenburg): Erhöhtes Anforderungsniveau
Übungsaufgabe zu Prüfungsteil A: Physiologie, Genetik

Thema: Wie werden Menschen homosexuell?

Es wird in ziemlich konstanter Häufigkeit in allen Kulturen beobachtet: In beiden Geschlechtern sind etwa acht Prozent der Menschen nicht eindeutig heterosexuell orientiert, und mindestens eine von fünfzig Personen ist strikt schwul oder lesbisch. Matthias Seilinger, ein Kunsthistoriker aus Österreich, hat beispielsweise zwei homosexuelle Cousins, eine lesbische Cousine und auch sein Bruder ist schwul. Seilingers Familie illustriert eine lange bekannte Beobachtung: Homosexualität häuft sich unter Verwandten. Auch Zwillingsstudien zeigen, dass die Veranlagung genetisch vermittelt wird.

Verändert nach: Ulrich Bahnsen: Muttis Tunte, Papas Lesbe; „Die Zeit" Wissen, 07. 03. 2013

Aufgabenstellung

1 Enzyme sind Eiweiße. Als Referenz erhalten Sie Eiklar, welches selbst Eiweiß (11 %) und auch Enzyme enthält. Geben Sie in 4 Reagenzgläser je ca. 1 cm Eiklar. Versetzen Sie ein Reagenzglas (1) mit Alkohol (Ethanol, Brennspiritus), ein Reagenzglas (2) mit Essigessenz (Essigsäure), ein weiteres (3) mit Wasser und stellen Sie das letzte Reagenzglas (4) einige Minuten in etwa 80 °C heißes Wasser.

a) Erstellen Sie zu diesem Versuch ein Protokoll.

b) Ziehen Sie Schlussfolgerungen hinsichtlich der Funktionalität der Eiweiße bei Veränderungen des Milieus (der Bedingungen).

2 Klären Sie den Widerspruch zwischen Ihren Versuchsergebnissen und der Abbildung in Material 1 auf.

3 Beschreiben Sie die Wirkungsweise von Enzymen unter besonderer Berücksichtigung des Schlüssel-Schloss-Prinzips.

4 Stellen Sie das Wesen der Proteinbiosynthese in einem Fließschema dar und gehen Sie auf die Funktion des Enzyms RNA-Polymerase ein.

5 Erklären Sie anhand von Material 2 die Auswirkung, die methylierte DNA-Abschnitte auf die Funktion der RNA-Polymerase haben.

6 „Na danke, Mutti", titelte eine Zeitung über die sensationelle Nachricht vom „Schwulen-Gen".
Erklären Sie die Entstehung von Homosexualität nach der Theorie von Rice, Gavrilets und Friberg und begründen Sie, dass es kein „Schwulen-Gen" gibt.

7 Beantworten Sie eine weitere im Originalartikel aufgeworfene Frage:
„Wenn […] gleichgeschlechtliche Liebe einer genetischen Veranlagung folgt und Homosexuelle geringere Fortpflanzungsraten haben – warum verschwindet sie nicht im Lauf der Evolution?“

Material 1: Die Aktivität von Enzymen in Abhängigkeit vom pH-Wert

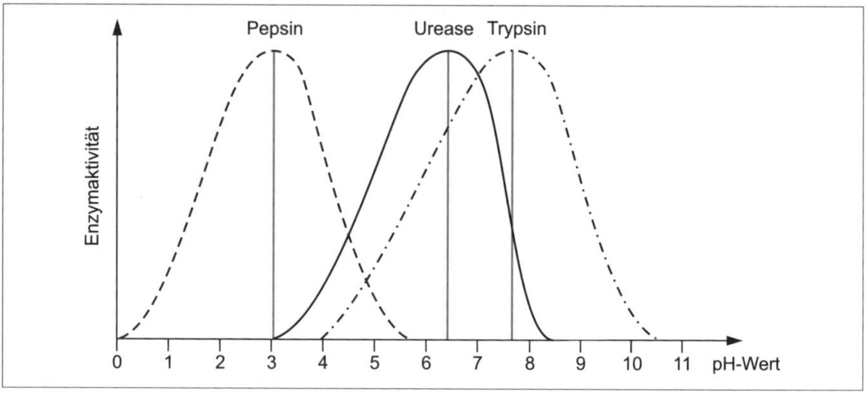

Material 2: Methylierte Gene

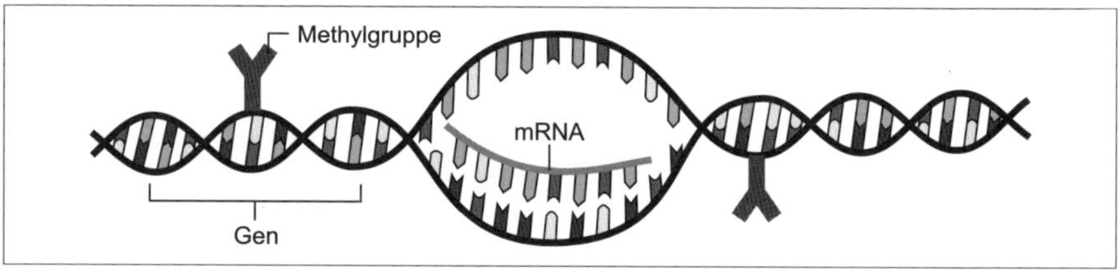

Eigene Darstellung nach: Ulrich Bahnsen: Muttis Tunte, Papas Lesbe; „Die Zeit“ Wissen

Material 3: Muttis Tunte, Papas Lesbe

Ob ein Mensch homosexuell ist, entscheidet sich nach der Theorie der US-amerikanischen Wissenschaftler William Rice und Sergey Gavrilets sowie des Schweden Urban Friberg durch epigenetische Steuerbefehle (sogenannte Epi-Marks*, z. B. methylierte** DNA). Diese biochemischen Markierungen auf der DNA können nicht benötigte Gene in einer Zelle gleichsam in den Tiefschlaf versetzen. Doch die Epi-Marks können zuweilen auf den Nachwuchs vererbt werden, anstatt im Vererbungsprozess gelöscht zu werden, schreiben die Forscher im *Quarterly Review of Biology*. Wenn der vererbte Code Gene betreffe, die an der Realisierung der Sexualität im Gehirn mitwirken, könne es zur „Diskordanz zwischen biologischem Geschlecht und sexueller Orientierung“ kommen. Auf diese Weise würden Mütter ihr sexuelles Interesse an Männern auf epigenetischem Wege an ihre Kinder weitergeben. Ebenso wie die Mütter würden dann die Söhne Männer begehren. Vererbten andererseits Väter ihre sexu-

elle Orientierung, hätte dies Auswirkungen auf die Töchter: Sie fühlten sich, wie der Papa, zu Frauen hingezogen. Die Ursache für die Häufung in Familien, so prophezeit die Theorie, ist eine Genvariante, die oft eine unvollständige Löschung der Epi-Marks bewirkt. Sie fußt auf der keineswegs neuen Erkenntnis, dass sich alle Aspekte der Sexualität getrennt voneinander entwickeln. Dabei entsteht eine Reihe von Sollbruchstellen. An ihnen können genetische, biologische und psychische Prägungen bereits in der frühesten Phase des Lebens auseinanderdriften. Demnach steht nicht nur die Ausbildung der Geschlechtsorgane und des biologischen Geschlechts (weiblicher Körper/männlicher Körper) unter dem Kommando von Androgenen, den männlichen Sexualhormonen. So kann ein verweiblichter genetischer Mann entstehen – wenn diesem das männliche Geschlechtshormon oder dessen Antennenmoleküle fehlen. Schon ganz am Anfang, noch vor der Einnistung in die Gebärmutter, unterscheiden sich männliche und weibliche Embryos im Aktivitätsmuster ihrer Gene drastisch. Danach, noch immer in der frühesten Phase des Lebens, polen hormonelle Botenstoffe das sich entwickelnde Gehirn auf einen männlichen oder einen weiblichen Modus. Zwischen frühester Kindheit und Pubertät manifestieren sich diese sexuellen Prägungen dann unumkehrbar. Dabei bilden sich etwa jene Nervennetze, in denen die sexuelle Identität („ich fühle mich als Mann/als Frau“) wurzelt. Andere Neuronen im Hirn verknüpfen sich zu komplexen Schaltkreisen, in denen das sexuelle Begehren keimt und seine Ausrichtung erhält (sexuelle Orientierung). Selbst geschlechtstypische Verhaltensweisen könnten womöglich auf diese Weise verdrahtet sein. Doch all diese Facetten der Sexualität prägen sich zu verschiedenen Zeiten unabhängig voneinander aus – und eben nicht immer im Gleichtakt. Überformt die mitvererbte Regelmechanik aus den elterlichen Spermien- oder Eizellen kritische Gene, so könnte es, vermuten die drei Forscher, zur Umpolung kommen. Dies geschieht bei der Konstruktion jener Nervennetze, in denen die Sexualität eines Menschen verdrahtet wird. Die Folge: Das Kind wird homosexuell.
Der amerikanische Neuroanatom Simon LeVay berichtete 1991 in der Zeitschrift *Science*, er habe im Gehirn Verstorbener eine sexuell zweigestaltige Struktur entdeckt. Ein Areal im vorderen Hypothalamus (INAH3) sei bei homosexuellen Männern etwa gleich groß wie bei Frauen, besitze bei heterosexuellen Männern jedoch die doppelte Ausdehnung.

Verändert nach: Ulrich Bahnsen: Muttis Tunte, Papas Lesbe; „Die Zeit“ Wissen

* Epi-Marks = epigenetische Merkmale (kurz: Epimarker). Die Epigenetik beschäftigt sich u. a. mit jenen vererbbaren Unterschieden, die sich nicht auf die Veränderungen des Gencodes zurückführen lassen.

** Methylierung = Anlagerung einer Methylgruppe ($-CH_3$)

Material 4: Definition Epigenetik

Die **Epigenetik** ist ein Spezialgebiet der Biologie. Sie befasst sich mit Zelleigenschaften (Phänotyp), die auf Tochterzellen vererbt werden und nicht in der DNA-Sequenz (dem Genotyp) festgelegt sind.

Quelle: http://de.wikipedia.org/wiki/Epigenetik

Lösung

1 a) *Die Form und die Erstellung des Protokolls sollte den an Ihrer Schule festgelegten Regeln folgen. Neben der Überschrift „Protokoll“, Ihrem Namen und dem Datum sollten auch die Aufgabenstellung, die Geräte und Chemikalien sowie die Beobachtungen enthalten sein, anhand derer Sie die Schlussfolgerungen ziehen können.*
Die Aufgabenstellung müssen Sie gegebenenfalls aus dem Kontext der Aufgabe ableiten. Trennen Sie Beobachtung und Schlussfolgerung deutlich voneinander.
Nicht zu vergessen ist Ihre Unterschrift.

Beispiel:

<u>Protokoll</u>

Name:	Max Muster
Datum:	4. 5. 2014
Aufgabe:	Überprüfen Sie, ob Veränderungen des Milieus das Eiklar beeinflussen.
Geräte:	Reagenzglasständer, 4 Reagenzgläser, Wasserbad
Chemikalien:	Eiklar, Ethanol, Essigessenz, Wasser
Durchführung:	In 4 Reagenzgläser wird je ca. 1 cm hoch Eiklar gegeben. Danach wird … – in Reagenzglas 1 Ethanol hinzugefügt. – in Reagenzglas 2 Essigessenz zugegeben. – in Reagenzglas 3 Wasser beigefügt. – Reagenzglas 4 einige Minuten lang in ca. 80 °C heißes Wasser gestellt.
Beobachtung:	Im Reagenzglas 3 setzt sich das Wasser über dem Eiklar ab. In den Reagenzgläsern 1, 3 und 4 wird das Eiklar weiß und fest.
Schlussfolgerung:	Wasser verändert das Eiweiß im Eiklar nicht. Wärme, Alkohol und Säure wirken dagegen verändernd auf das Eiweiß.
Unterschrift:	Max Muster

b) Anhand von Reagenzglas 3 wird nachgewiesen, dass das Eiklar schwerer ist als Wasser und somit eine größere Dichte besitzt. Sollte geschüttelt werden, so vermischt sich das Eiklar mit dem Wasser. Eiweiße können wasserlöslich sein und sind somit abschnittsweise polar. Wasser verändert die Funktionalität nicht.
In den Reagenzgläsern 1, 2 und 4 wird das Eiweiß durch die zugegebenen Substanzen bzw. durch die Wärmebehandlung fest, es denaturiert irreversibel. Der Übergang vom Sol- (solventen) in den Gel-Zustand erfolgt und die Eiweiße werden somit funktionslos.

2 Bei der Zugabe von Essigessenz, die zu einem niedrigen pH-Wert führt, gerinnt das Eiweiß im Eiklar. In der Abbildung wird das Maximum der Aktivität von Pepsin, einem Enzym und damit einem Eiweiß, jedoch bei einem pH-Wert im stark sauren Bereich angezeigt (in etwa pH 3). Nach den Versuchsergebnissen sollte das Eiweiß (Enzym) unter diesen Bedingungen denaturiert und damit inaktiv sein.
Offensichtlich gibt es aber Eiweiße, die aufgrund ihrer Struktur gegen extreme Bedingungen wie beispielsweise sehr hohe oder sehr niedrige pH-Werte resistent sind. Die unterschiedlichen pH-Werte werden in den Zellen durch Kompartimentierung erhalten.
Nach unserem Experiment sollten Eiweiße auch nicht hitzestabil sein. Von der PCR ist jedoch die thermostabile DNA-Polymerase des Bakteriums *Thermus aquaticus* bekannt.

3 Enzyme bestehen aus Ketten von in der Regel 100–500 Aminosäuren und besitzen meist eine hoch komplexe räumliche Struktur. Ihre Aktivität wird erst durch diese Tertiärstruktur entfaltet.
Enzyme beschleunigen als Biokatalysatoren im Wesentlichen biochemische Reaktionen, indem sie die Aktivierungsenergie herabsetzen, um eine Stoffumsetzung herbeizuführen. Die Ausgangsstoffe (Edukte) werden als Substrate bezeichnet. Diese werden im aktiven Zentrum des Enzyms gebunden. Hier bildet sich ein Zwischenprodukt, der Enzym-Substrat-Komplex. Enzyme sind gekennzeichnet durch hohe Reaktions- und Substratspezifität. Nur eine spezifische Reaktion genau definierter Substrate in vorbestimmte Produkte wird katalysiert. Wie alle Katalysatoren liegt das Enzym nach der Reaktion in unveränderter Form und meist wiederverwendbar vor. Theoretisch ist eine enzymatische Umsetzung reversibel.
Als aktive Zentren, die für die katalytische Wirksamkeit von Enzymen verantwortlich sind, werden bestimmte Bereiche im Enzym, meist Spalten oder Höhlungen bezeichnet. Diese Strukturen werden von gefalteten Teilen der Polypeptidkette des Enzymmoleküls gebildet. Das Substrat wird im Zentrum gebunden. Hier kommt es zu Wechselwirkungen zwischen Enzym und Substrat. Die Raumstruktur des aktiven Zentrums bewirkt, dass nur ein strukturell passendes Substrat gebunden werden kann. Die Tatsache, dass nur ein bestimmtes Substrat zum entsprechenden Enzym passt, folgt dem **Schlüssel-Schloss-Prinzip**. Bereits kleinste strukturelle Abweichungen in der Raumstruktur oder in den Ladungsverhältnissen können dazu führen, dass ein dem Substrat ähnliches Edukt vom Enzym nicht als Substrat erkannt wird.

4

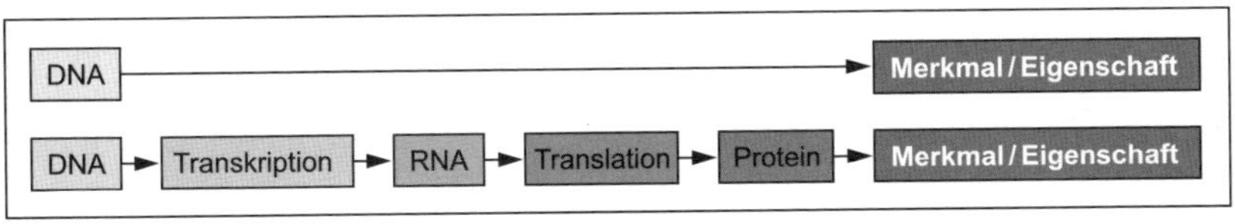

Die RNA-Polymerase führt die Transkription aus (lat. *transcriptio* = Umschrift, Übertragung). Dabei werden die Nukleotid-Sequenzen der DNA (Gene) in RNA-Ketten kopiert. Diese Ketten sind einsträngig und zum codogenen Strang der DNA komplementär. Durch die katalytische Wirkung der RNA-Polymerase wird der DNA-Strang, die Matrize, abgelesen und durch ATP-aktivierte Nukleotide ergänzt. Diese bilden die mRNA, die zur Translation benötigt wird. Diese messenger-RNA (Boten-RNA) ist eine verschlüsselte Syntheseanweisung für die Aminosäuresequenz des Proteins.

5 Durch die methylierten DNA-Abschnitte kommt es zu einer Strukturänderung des DNA-Moleküls. Dies wirkt wie ein Hemmschuh, durch den der RNA-Polymerase die weitere Translation verwehrt wird. Die methylierte DNA passt nicht mehr ins aktive Zentrum der RNA-Polymerase, das Enzym beendet seine Arbeit und wird von der DNA-Matrize gelöst. Somit kann das Gen nicht umgeschrieben werden. Durch die Inhibition der Transkription werden demnach Gene abgeschaltet, wodurch die Ausprägung von Merkmalen verhindert wird.

6 Im Artikel wird ausgeführt, dass die sexuelle Orientierung in einem hoch komplexen Zusammenspiel von zahlreichen Faktoren ausgeprägt wird und damit nicht von einem bestimmten „Schwulen-Gen" abhängt. Neben dem Einfluss des Hormonspiegels findet auch im Gehirn, das für unsere Verhaltensweisen verantwortlich ist, eine neurale Manifestation statt. Durch Methylierung werden dabei Gene ab- oder angeschaltet. Diese Aktivierungen entsprechen einer Genregulation. Wenn die Methylierungen (Epi-Marks) bei bzw. nach der Befruchtung bestehen bleiben, werden bestimmte dadurch bedingte Eigenschaften auf die Nachkommen vererbt. Homosexualität wird nach der Theorie der Wissenschaftler vom gegengeschlechtlichen Elternteil vererbt, wenn die Epi-Marks für die sexuelle Orientierung nicht gelöscht werden. Da es mehrere Manifestierungen der Homosexualität gibt, kann man von einem unterschiedlichen Ausprägungsgrad durch die unterschiedliche Anzahl der nicht gelöschten Epi-Marks ausgehen.

7 Diese Aussage könnte theoretisch zutreffen, wenn es das „eine" Gen für die Homosexualität gäbe. Wenn aber Homosexualität durch ungelöschte Epi-Marks entsteht, kann sie von Generation zu Generation neu auftreten. Die Gene können bei jeder Befruchtung neu reguliert werden und in ihrer Kombination zu unterschiedlichen sexuellen Ausprägungen (z. B. Bisexualität) führen. Dass dies ein allgemeiner Regelmechanismus der Eukaryoten ist, zeigen auch homosexuelle Verhaltensweisen im Tierreich.
Auch wenn die sexuelle Empfindung von Menschen durch nur ein Gen bestimmt werden würde, würde es mit großer Wahrscheinlichkeit nicht zu einem Aussterben bestimmter Veranlagungen kommen, da diese z. B. auch durch Neumutationen spontan auftreten könnten.

Grundkurs Biologie (Berlin): Abituraufgaben 2013
Aufgabe A1: Physiologische Grundlagen ausgewählter Lebensprozesse

Thema: Steigerung der Leistungsfähigkeit des Gehirns

1998 entdeckten Neurobiologen, dass im Gehirn täglich Tausende neuer Nervenzellen entstehen und zeigten damit einen möglichen Weg zur Steigerung der geistigen Fähigkeiten. Aber auch ohne neue Nervenzellen lässt sich die Funktion der Gehirnzellen verbessern – mit neurologisch wirksamen Medikamenten: sogenannten Neuro-Enhancern.

Quellen:
Verändert nach: Shors, T. J.: Sein oder Nicht Sein im Gehirn. In Spektrum der Wissenschaft 8/2010, S. 34–39; © Spektrum der Wissenschaft Verlagsgesellschaft mbH
Stix, G. J.: Doping für das Gehirn. In Spektrum der Wissenschaft, Heidelberg 2010, Heft Januar 2010, S. 50

Aufgaben

1 Beschreiben Sie die Erregungsleitung an einem marklosen Axon und vergleichen Sie diese mit der Erregungsleitung an einem markhaltigen Axon. 12

2 Werten Sie die Versuchsergebnisse zum Überleben der neu gebildeten Nervenzellen bei Ratten aus und erklären Sie die Befunde. 11

3 Erklären Sie – unter der Voraussetzung, dass sich die Versuchsergebnisse auf den Menschen übertragen lassen – unter welchen Bedingungen der höchste dauerhafte Zuwachs an Nervenzellen im Gehirn zu erreichen ist. 7

4 Stellen Sie die Wirkungsweise von Ritalin und Provigil an Synapsen mithilfe von beschrifteten Skizzen dar und erörtern Sie die Vor- und Nachteile der Einnahme von Neuro-Enhancern. 15

5 Entwickeln Sie eine begründete Hypothese, welche den Einfluss von sportlicher Aktivität auf die Neubildung von Nervenzellen erklärt. 5

Material 1: Neubildung von Nervenzellen (Neurogenese)

Um die Neurogenese bei Ratten zu untersuchen, injizierten die Forscher den Tieren eine chemische Substanz, welche sich spezifisch an die DNA von sich teilenden Zellen bindet und diese so markiert. So konnte die Zahl der neu gebildeten Gehirnzellen unter verschiedenen Bedingungen ermittelt werden. Die Forscher fanden heraus, dass das Trinken von Alkohol die Neurogenese deutlich verringert. Durch tägliches Laufradtraining kann die Zahl der neu gebildeten Nervenzellen dagegen verdoppelt werden. Von den neu gebildeten Gehirnzellen überlebt nur ein kleiner Teil, die meisten neuen Zellen sterben schon nach wenigen Wochen wieder ab.

Material 2: Überleben der neu gebildeten Nervenzellen

Die Forscher vermuteten, dass Lernen das Überleben der neu gebildeten Nervenzellen fördert. Um diese Vermutung zu überprüfen und um zu ermitteln, welche Art des Lernens den größten Effekt auf das Überleben der Nervenzellen hat, wurden mit den Ratten zwei verschiedene Experimente durchgeführt:

Versuch A: einfacher Lernvorgang: Die Tiere hören einen kurzen Ton und eine halbe Sekunde darauf löst ein Luftstrom den Lidschlussreflex aus. Lernziel: Die Tiere blinzeln schon beim Erklingen des Tons.

Versuch B: schwieriger Lernvorgang: Es ertönt ein langer Ton, am Ende des Tons kommt der Luftstrom. Die Tiere sollen lernen, erst am Ende des Tons zu blinzeln.

Außerdem wurde untersucht, wie hoch der Anteil der überlebenden Nervenzellen ist, wenn die Ratte nur mühsam lernt, d. h. viele Versuchswiederholungen benötigt, um den Lernerfolg zu erzielen.

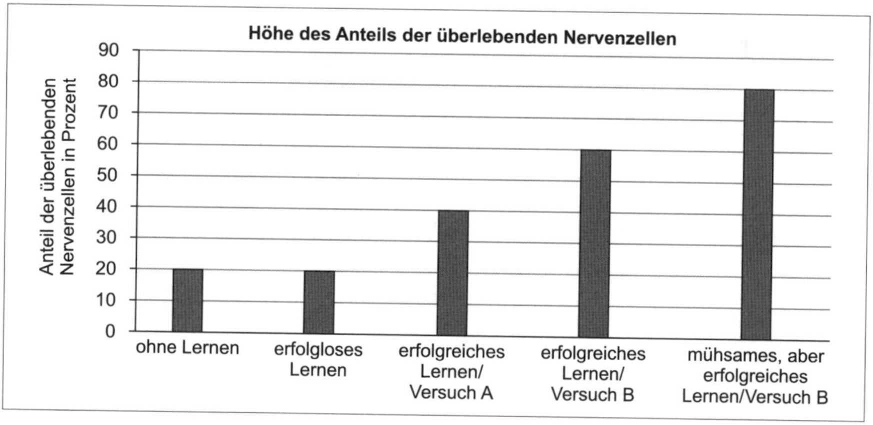

Material 3: Zeitfenster für das Überleben der Nervenzellen

Außerdem wurde bei den Ratten untersucht, in welchem Zeitabstand zwischen Neurogenese und Lernvorgang der Effekt auf die Überlebensrate der Nervenzellen am größten ist.

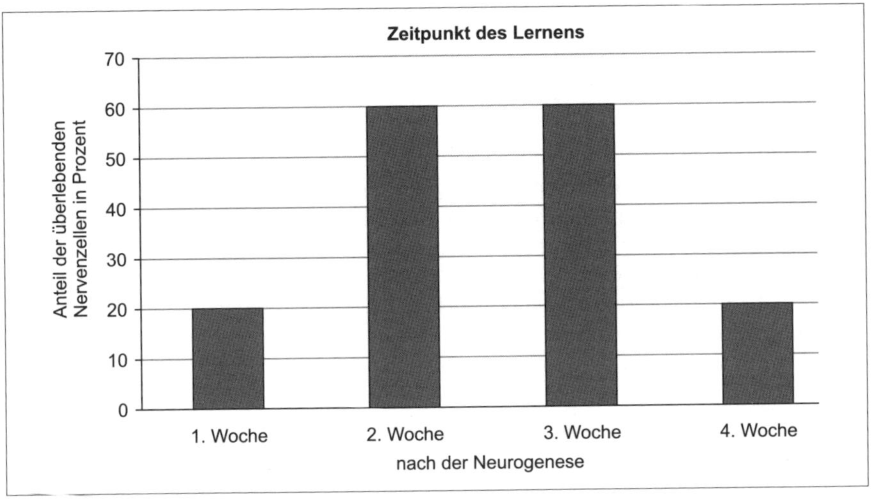

Quelle Material 1–3:
Verändert nach: Shors, T. J.: Sein oder Nicht Sein im Gehirn. In Spektrum der Wissenschaft 8/2010, S. 34–39; © Spektrum der Wissenschaft Verlagsgesellschaft mbH

Material 4: Neuro-Enhancer (englisch, *enhance* = aufwerten, mehren)

Während Honoré de Balzac sein Gehirn noch mit enormen Mengen Kaffee zu Höchstleistungen antrieb, versprechen heutige Neuro-Enhancer eine wesentlich effektivere Verbesserung der Gehirntätigkeit. Zu den bekanntesten Neuro-Enhancern zählen *Ritalin* und *Provigil*. Jeder fünfte Leser des Wissenschaftsblattes „Nature" gab in einer Umfrage an, schon einmal konzentrationsfördernde Medikamente wie *Ritalin* oder Wachmacher wie *Provigil* eingenommen zu haben. Beide Substanzen entfalten ihre Wirkung an Synapsen mit dem Transmitter Dopamin. Während *Ritalin* die Wiederaufnahme von Dopamin blockiert, fördert *Provigil* seine Freisetzung.

Quellen:
Stix, G. J.: Doping für das Gehirn. In: Spektrum der Wissenschaft, Heidelberg 2010, Heft Januar 2010, S. 50
www.zeit.de/2009/43/M-Neuro-Enhancement, 03. 09. 2011

Lösungsvorschläge

1 *Hier ist es sinnvoll, zunächst die Erregungsleitung an einem marklosen Axon zu beschreiben und anschließend die Unterschiede bei der Erregungsleitung an einem markhaltigen Axon kurz herauszuarbeiten. Dabei ist unbedingt der häufig gemachte Fehler zu vermeiden, dass von Reizleitung statt von Erregungsleitung gesprochen wird. Die Entstehung eines Aktionspotenzials muss hier nicht detailliert beschrieben werden, da die Aufgabenstellung dies nicht verlangt. Skizzen sind für die Lösung sicherlich hilfreich, aber nicht gefordert.*

Markloses Axon: Wird an einer Stelle des Axons durch Depolarisation ein Aktionspotenzial ausgelöst, so entsteht an dieser Stelle durch die eingeströmten Natrium-Ionen eine Potenzialdifferenz zur Nachbarstelle am Axon. Durch Ionenwanderungen kommt es zu einem seitlichen Stromfluss (Ausgleichsströmchen), der an der Nachbarstelle ein Überschreiten des Schwellenpotenzials der Membran auslöst. Infolgedessen entsteht auch hier ein Aktionspotenzial. So schreitet die Erregung von Nachbarstelle zu Nachbarstelle nur in eine Richtung kontinuierlich voran, denn ein Zurückwandern der Erregung wird durch die Refraktärzeit verhindert. Beim marklosen Axon spricht man von kontinuierlicher Erregungsleitung. Diese ist relativ langsam.

Markhaltiges Axon: Bei Wirbeltieren sind die meisten Axone durch Myelinscheiden isoliert, die in bestimmten Abständen durch Schnürringe unterbrochen sind. An den isolierten Stellen können keine Ionen durch die Membran wandern, das heißt, Aktionspotenziale können nur an den Schnürringen entstehen. Dies ist von großem Vorteil für die Geschwindigkeit der Erregungsleitung: Da nicht jede direkte Nachbarstelle durch Ausgleichsströmchen depolarisiert werden muss, sondern nur die Membran an den Schnürringen, kann die Erregung viel schneller von Schnürring zu Schnürring springen. Man spricht von einer saltatorischen Erregungsleitung. Diese ist etwa 20–100 Mal schneller als die kontinuierliche Erregungsleitung an marklosen Axonen

2 *Die Beschreibung der Grafiken (M 2 und M 3) sollte nicht zu detailliert ausfallen. Das Aufzählen einzelner Zahlenwerte ist zu vermeiden. Stattdessen sollten Sie eine zusammenfassende Übersicht der Versuchsergebnisse darstellen.*

Auswertung: Aus der Grafik des Materials 2 lässt sich ablesen, dass ein Lernprozess die Überlebensrate der neu gebildeten Nervenzellen sehr deutlich erhöht. Dies gilt jedoch nur unter der Voraussetzung, dass das Lernen erfolgreich ist. Erfolgloses Lernen hat keinerlei positiven Effekt. Aus der Grafik des Materials 3 lässt sich ablesen, dass die Überlebensrate der Nervenzellen besonders hoch ist, wenn das Lernen in der zweiten oder dritten Woche nach der Neubildung der Zellen erfolgt.

Erklärung: Neu gebildete Nervenzellen scheinen nur dann zu überleben, wenn sie auch sehr bald nach der Neubildung durch Aktionspotenziale aktiviert und für Lernprozesse gebraucht werden. Dahinter kann folgender biologischer Sinn vermutet werden: Nervenzellen haben, auch wenn sie nicht gebraucht werden, einen sehr hohen Grundenergiebedarf. Wenn nicht benötigte Nervenzellen wieder zugrundegehen, vermeidet der Organismus also Energieverschwendung.

3 *Hier wird erwartet, dass eine zusammenfassende Interpretation der Ergebnisse aus Material 1, 2 und 3 vorgenommen wird.*

Aus Material 1 lässt sich ableiten, dass die höchste Nervenzellen-Neubildungsrate durch Alkoholabstinenz und durch tägliche körperliche Aktivität erreicht wird. Aus Material 2 und 3 wird ersichtlich, dass die höchste Rate überlebender Nervenzellen durch einen Lernprozess in der 2. oder 3. Woche nach der Neurogenese erreicht werden kann. Außerdem sollten die gestellten Lernaufgaben gleichzeitig herausfordernd schwierig sein, viel Anstrengung erfordern und erfolgreich gelöst werden können.

Es ist berechtigt, sich hier zu fragen, ob der bei Ratten ermittelte sensible Zeitraum (von der 2. bis zur 3. Woche nach der Neurogenese) ohne Weiteres auf den Menschen übertragen werden kann. Zweifelsohne gibt es auch beim Menschen sensible Zeiträume für Veränderungen von Strukturen des Nervensystems. Dass sie aber so kurz sind und so früh liegen, darf angezweifelt werden. Da in der Aufgabe jedoch ausdrücklich davon ausgegangen werden soll, dass sich die Ergebnisse auf den Menschen übertragen lassen, werden entsprechende Einwände bzw. Anmerkungen nicht als Teil der Lösung erwartet.

4

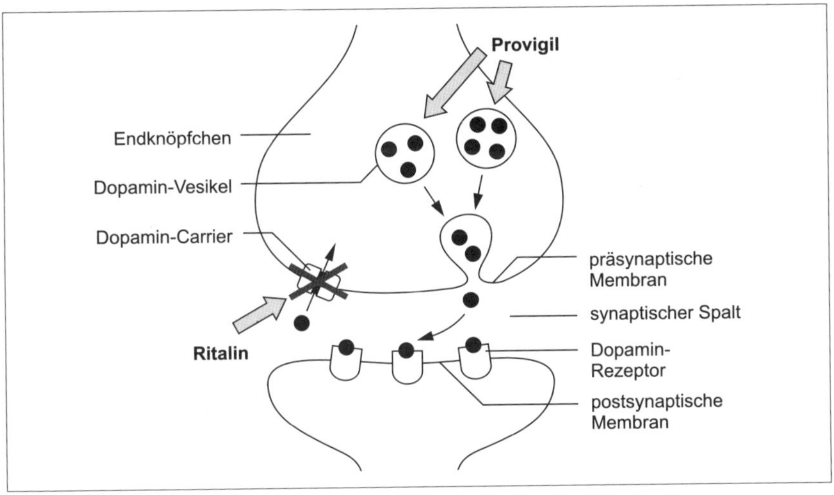

Da im Material keine Hinweise zur genauen Wirkungsweise von Ritalin und Provigil gegeben werden, können hierüber nur Vermutungen angestellt werden, die sich aus der Kenntnis von Synapsengiften, die im Unterricht behandelt wurden, ableiten lassen.

Ritalin
Möglicher Wirkungsort: **Dopamin-Carrier**
Ritalin behindert den Rücktransport des Dopamins in die Vesikel des Endknöpfchens. Dadurch liegt im synaptischen Spalt dauerhaft mehr Dopamin vor, als dies normalerweise der Fall wäre. Das bedeutet also, dass Ritalin eine stimulierende Wirkung auf dopaminerge Synapsen hat, wodurch es für eine Steigerung der Stimmung sorgt.

Provigil
Möglicher Wirkungsort: **Dopamin-Vesikel**
Durch Provigil wird am Endknöpfchen die Exocytose der Transmitterbläschen gefördert. Das bewirkt, dass sich die Vesikel schneller an die präsynaptische Membran anlagern und in den synaptischen Spalt entleeren können. Dies hat zur Folge, dass im synaptischen Spalt mehr Dopamin vorliegt, als dies normalerweise der Fall wäre. Folglich hat Provigil wie Ritalin eine fördernde Wirkung auf dopaminerge Synapsen und sorgt somit für eine Stimmungsaufhellung.

Vorteile: bessere, gelassenere Stimmung ⇒ mehr Erfolg im Beruf und in der Partnerschaft, Verbesserung der Arbeitsleistungen
Nachteil: Gefahr psychischer oder körperlicher Abhängigkeit (Suchtpotenzial)

5 *Im Folgenden wird beispielhaft nur eine von mehreren möglichen Kausalketten angegeben. Die anderen denkbaren Möglichkeiten müssen eine ähnliche sachlogische Abfolge darstellen.*

Sport → erhöhter Stoffwechsel → erhöhte Nahrungsaufnahme → verstärkte Blutzirkulation (höherer Puls, höherer Blutdruck, höheres Schlagvolumen) → bessere Versorgung des Gehirns mit Sauerstoff, Glucose und anderen Nährstoffen → mehr Energie und Baustoffe für Nervenzellbildung und -ernährung stehen zur Verfügung

Grundkurs Biologie (Berlin): Abituraufgaben 2013
Aufgabe A2: Grundlagen und Anwendungsfelder der Genetik

Thema: Entschlüsselung des genetischen Codes

Die unterschiedliche Abfolge der Aminosäuren in Proteinen ermöglicht die große Vielfalt der Lebensformen auf der Erde. Wie ist die Reihenfolge der Aminosäuren auf der DNA verschlüsselt? Seit 1953 die Doppelhelixstruktur der DNA vorgestellt worden war, forschten die Molekularbiologen intensiv an der Entschlüsselung des genetischen Codes.

Quelle: Budisa, N., Weitze, M.-D.: Den Code des Lebens erweitern. In: Spektrum der Wissenschaft, Heidelberg 2009, Heft Januar 2009, S. 42

Aufgaben

1 Beschreiben Sie den Vorgang der Translation. 16

2 Vergleichen Sie RNA und DNA tabellarisch nach selbst gewählten Kriterien. 10

3 Geben Sie die Bedeutung der vier Codons an, die zuerst entschlüsselt wurden.
Erklären Sie, wie man bei der Entschlüsselung vorgegangen ist. 10

4 Beschreiben Sie den Triplettbindungstest unter Verwendung von Fachbegriffen.
Begründen Sie, welches Versuchsergebnis Sie für das in Material 3 dargestellte Beispiel erwarten. 14

Material 1: Die Entschlüsselung der ersten Codons

1955 entdeckte man ein Enzym, welches die Herstellung von RNA im Reagenzglas ermöglicht. Auf diese Weise konnten künstliche mRNA-Moleküle erzeugt werden. Für die Entschlüsselung der ersten Codons stellte man sogenannte Homopolymere her, das sind mRNAs, die nur aus einer einzigen Nucleotid-Sorte bestehen, z. B. aus Uracil 5' UUUUUUUU 3'. Der nächste Schritt war die zellfreie Proteinsynthese: Im Reagenzglas wurden alle Bestandteile der Translation zusammengegeben. Nach Ablauf der Translation wurde untersucht, aus welcher Aminosäure das entstandene Polypeptid bestand – so ermittelte man die Bedeutung der ersten vier Codons.

Quelle: Brown, T.A.: Moderne Genetik: eine Einführung; Übersetzung: Schneider, S.; Spektrum Akademischer Verlag, Heidelberg, Berlin, Oxford 1993, S. 135, S. 138

Material 2: Codesonne

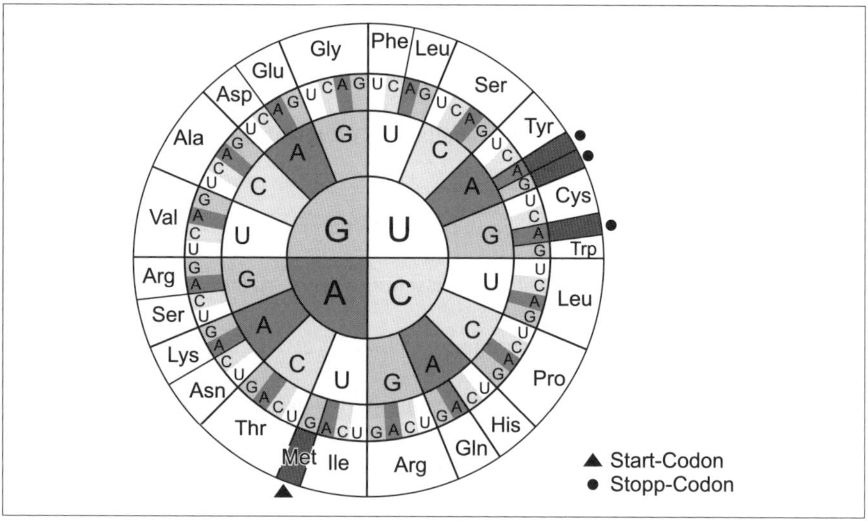

Material 3: Triplettbindungstest

Mit dem Triplettbindungstest konnte man nacheinander die Bedeutung aller Codons ermitteln. Das Reaktionsgemisch enthielt alle Bestandteile, die für die Translation nötig sind. Die verwendete mRNA war extrem kurz: Sie bestand nur aus drei Nucleotiden. Von den 20 Aminosäuren wurde eine radioaktiv markiert. Nach maximal 20 Versuchsdurchgängen hatte man mit dieser Methode die Bedeutung eines Codons ermittelt.

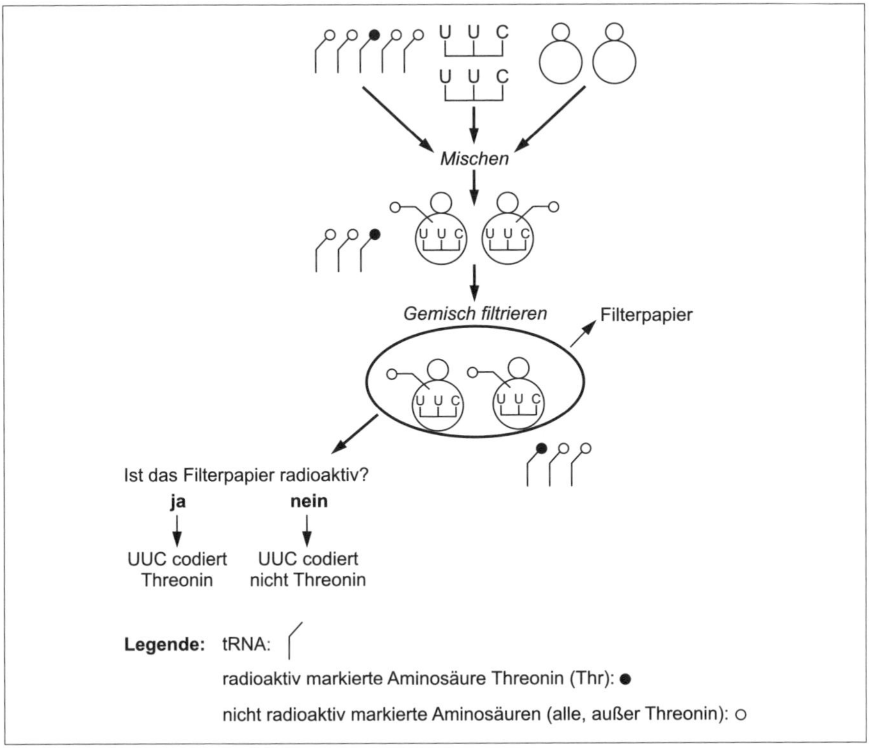

Quelle: Brown, T.A.: Moderne Genetik: eine Einführung; Übersetzung: Schneider, S.; Spektrum Akademischer Verlag, Heidelberg, Berlin, Oxford 1993, S. 135, S. 138

Lösungsvorschläge

1 *In der Aufgabenstellung wird nicht angegeben, wie komplex die Beschreibung der Translation sein soll. Zu detailliert sollten die Ausführungen jedoch nicht ausfallen. So kann auf eine Erklärung der Basenpaarungen, auf die detaillierte Beschreibung der Struktur der tRNA und auf die Darstellung einer Beteiligung von Enzymen verzichtet werden. Eine Skizze ist nicht gefordert, kann aber hilfreich sein. Wichtig ist jedoch auf jeden Fall eine gut strukturierte und präzise Darstellung. Hierfür empfiehlt sich die Anfertigung eines Entwurfs auf dem Konzeptpapier, um die komplexen Zusammenhänge zunächst zu ordnen.*

Startvorgang: Die mRNA wandert im Cytoplasma zur kleineren Untereinheit eines Ribosoms und bindet sich an sie. Nun lagert sich eine Start-tRNA mit ihrem komplementären Anticodon an das Start-Codon der mRNA an und gibt damit das

Signal für die Anlagerung der größeren Ribosomen-Untereinheit. Dadurch wird das Ribosom vervollständigt und funktionsfähig. Die Translation kann beginnen.
Bildung der Polypeptidkette: Nach und nach lagern sich tRNAs, die verschiedene Aminosäuren gebunden haben, an die Codons der mRNA an. Das Ribosom kann maximal zwei tRNA-Moleküle gleichzeitig binden. Die mit der tRNA herantransportierte Aminosäure verknüpft sich durch eine Peptidbindung mit der vorangehenden Aminosäure unter gleichzeitiger Lösung der Bindung zur tRNA. Das Ribosom rutscht drei Basen auf der mRNA weiter. Eine weitere tRNA lagert sich an das nächste Codon an und der beschriebene Prozess wiederholt sich. Auf diese Weise entsteht am Ribosom eine Polypeptidkette. Die von ihren Aminosäuren befreiten tRNAs können im Cytoplasma neue Aminosäuren binden.
Abbruch der Kettenbildung: Gelangt das Ribosom zu einem Stopp-Codon, kann sich hier keine tRNA anlagern, da es keine tRNA mit einem entsprechenden Anticodon gibt. Es kann also keine weitere Aminosäure an die Polypeptidkette gebunden werden und sie löst sich vom Ribosom ab. Das Ribosom zerfällt anschließend wieder in die beiden Untereinheiten.

2 *Die Tatsache, dass für diese Aufgabe insgesamt nur 10 BEs vergeben werden, legt nahe, dass die Inhalte der Tabelle nicht zu ausführlich sein sollten. Der Schwerpunkt der Aufgabenstellung liegt weniger in einer detaillierten Aufzählung als vielmehr in einer selbstständig entwickelten tabellarischen Gegenüberstellung, also in der Art der Darstellung. Der Vergleich von drei bis fünf Kriterien sollte ausreichen. Unter dem Kriterium „Bau und Struktur" wären auch zwei vergleichende Skizzen denkbar.*

	RNA	**DNA**
enthaltene Basen	A, U, G, C (Adenin, Uracil, Guanin, Cytosin)	A, T, G, C (Adenin, Thymin, Guanin, Cytosin)
enthaltene Zuckerbausteine	Ribose	Desoxyribose
Bau und Struktur	– Einzelstrang – kürzeres Molekül – nicht spiralisiert – verschiedene RNA-Arten mit unterschiedlicher Struktur: mRNA, tRNA, rRNA	– Doppelstrang durch komplementäre Basenpaarung: A–T, C–G – rel. langes Molekül – Doppelhelix – relativ einheitliche Struktur
Vorkommen	wandert aus dem Kern ins Cytoplasma; in den Mitochondrien und in den Chloroplasten	im Kern, in den Mitochondrien und in den Chloroplasten
Funktion	z. B. Transport der Information eines Gens vom Zellkern zu den Ribosomen (mRNA)	Speicherung und Verdopplung der Erbinformation, Steuerung der Stoffwechselvorgänge

3 *Die Aufgabe verlangt, aus Material 1 die wichtigen Kernaussagen zur Lösung herauszufiltern und diese mit vorhandenem Wissen aus dem Unterricht zu verknüpfen.*

Im ersten Schritt der Entschlüsselung wurde im Reagenzglas unter Mitwirkung des Enzyms RNA-Polymerase eine RNA gebildet, die z. B. nur die Base Uracil enthielt, also z. B. 5' UUUUUU … 3'. Im zweiten Schritt wurde im Reagenzglas mithilfe dieser RNA unter Zugabe von Ribosomen, von tRNA mit allen 20 Aminosäuren und von entsprechenden Enzymen die Translation durchgeführt. Das entstehende Polypeptid wurde abschließend auf die eingebauten Aminosäuren untersucht. Es enthielt nur eine einzige Aminosäure in mehrfacher Wiederholung. Auf diese Weise konnte man die ersten vier Codons für Aminosäuren ermitteln. Bedeutung der Codons: UUU für Phe, CCC für Pro, GGG für Gly und AAA für Lys.

4 *Hier wird von Ihnen erwartet, dass Sie die komplexen Informationen des Materials 3 genau analysieren und erfassen, mit eigenen Kenntnissen zur Translation und mit Material 2 verknüpfen und die Lösung präzise und strukturiert darstellen.*

Man mischt im Reagenzglas extrem kurze mRNA in Form von Tripletts, z. B. UUC, mit Ribosomen und mit tRNA, die mit den 20 Aminosäuren beladen ist. Von den 20 Aminosäuren ist eine radioaktiv markiert. Im Beispiel handelt es sich hierbei um Threonin. Die tRNA bindet sich an die an den Ribosomen angelagerte mRNA. Anschließend filtriert man das Gemisch: Die Ribosomen mit der tRNA bleiben auf dem Filterpapier zurück (weil sie nicht durch die Poren passen; ungebundene tRNA passt hindurch). Abschließend wird analysiert, ob das Filterpapier radioaktiv ist. In dem in der Abbildung dargestellten Beispiel ist es nicht radioaktiv.
In diesem Fall wiederholt man die Prozedur mit einem neuen Gemisch, in dem eine andere Aminosäure markiert ist, und zwar so lange, bis auf dem Filterpapier Radioaktivität nachzuweisen ist. Ist das Ergebnis positiv (Filterpapier radioaktiv), hat man ermittelt, welche Aminosäure durch das entsprechende Triplett codiert wird. Im vorliegenden Beispiel ist das Filterpapier radioaktiv, wenn man markiertes Phenylalanin verwendet. UUC codiert also für Phenylalanin.

Grundkurs Biologie (Berlin): Abituraufgaben 2013
Aufgabe B: Ökologie und Nachhaltigkeit

Thema: Wale – Gärtner der Meere

Die Giganten der Meere stellen eine besondere Faszination für uns Menschen dar. Allerdings ist durch den Einfluss des Menschen die Zahl der Wale stark zurückgegangen. Das hat gravierende Auswirkungen auf das Ökosystem Antarktis.

Aufgaben

1 Erklären Sie die Begriffe dichteabhängige und dichteunabhängige Faktoren und nennen Sie Beispiele.
Ermitteln Sie, durch welche Faktoren die Populationsdichte der Wale in der Antarktis beeinflusst wird. 16

2 Stellen Sie den Stoffkreislauf des Eisens in der Antarktis schematisch dar. Verwenden Sie dabei die Fachbegriffe für die Glieder eines Ökosystems. 12

3 Erläutern Sie die ökologischen Folgen des Walfangs.
Nehmen Sie zu den Befürchtungen der japanischen Fischer bezüglich des Rückganges der Fischbestände begründet Stellung. 9

4 Diskutieren Sie die Eignung des populärwissenschaftlichen Ausdrucks: „Wale – Gärtner der Meere". 6

5 Erklären Sie das Wanderungsverhalten trächtiger Walkühe – z. B. der Buckelwale – im Zusammenhang mit der BERGMANN'schen Regel. 7

Material 1: Jede vierte Wal- oder Delfinart vom Aussterben bedroht

Gut ein Viertel der Wal- bzw. Delphinarten ist heute vom Aussterben bedroht. Früher haben die Wale jährlich ca. 180 Millionen Tonnen Krill gefressen. Auf diese Weise sorgten die Wale für das Recycling von Mineralstoffen, besonders von Eisen. Dieses lebenswichtige Element ist im Meer häufig der wachstumsbestimmende Faktor. Kommt Eisen in ausreichender Menge vor, so gedeihen üppige Algenfelder (Phytoplankton), von denen viele Kleinstlebewesen (Zooplankton) leben können. Die Krillkrebse weiden das Plankton ab, sie selbst werden von den Walen gefressen. Die Wale legen ihren flüssigen Kot an der Oberfläche ab und düngen so neue Algenfelder – ein perfektes Recycling. Die Wale fehlen aber heute.

Quelle: Redaktion scinexx; www.scinexx.de/wissen-aktuell-8668-2008-08-14.html

Material 2: Wale sind keine Fischkiller

Japanische Walfänger behaupten gerne, dass Wale in direkter Konkurrenz zur Fischerei stehen und Schuld am Rückgang von Fischbeständen sind. Wissenschaftliche Studien zeigen, dass eine komplette Ausrottung aller Großwale in den Forschungsgebieten nur zu einem sehr geringfügigen Anstieg der kommerziell genutzten Fischbestände führen würde. Andererseits konnte nachgewiesen werden, dass schon kleine Veränderungen im Fischereimanagement eine deutliche Vergrößerung der Fischbestände zur Folge hätten.

Japan als vehementer Befürworter des Walfangs wird in der Diskussion vor allem von Politikern aus Nordwestafrika und der Karibik unterstützt. Es handelt sich meist um Küstenländer, die an die subtropischen und tropischen Paarungsgebiete der Bartenwale angrenzen – Gewässer, in denen Bartenwale, z. B. Buckelwale (vgl. Material 3), sich nur während der Paarung und zur Aufzucht ihrer Kälber aufhalten und in denen sie gewöhnlich fast nichts fressen.

Quelle: Redaktion scinexx; www.scinexx.de/wissen-aktuell-9519-2009-02-16.html

Material 3: Jahreszeitliche Wanderungen der Buckelwale

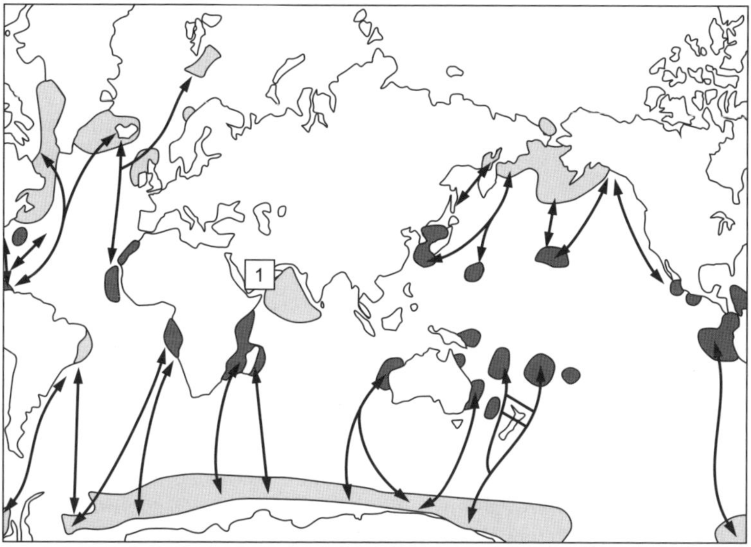

krillreiche Regionen der kalten Gewässer (Aufenthaltsort der Buckelwale während des Sommers)

warme Meeresregionen (Aufenthaltsorte, die von trächtigen Walkühen zur Geburt als erste aufgesucht werden und mit den neugeborenen Walkälbern als letzte verlassen werden)

1 Die Buckelwalpopulation im Persischen Golf wandert offensichtlich nicht

Quelle: Evans, P. G. H.: Natural History of Whales & Dolphins, Opus, Oxford 1987, S. 213

Lösungsvorschläge

1 *Falls die beiden Fachbegriffe dichteabhängige und dichteunabhängige Faktoren nicht im Unterricht besprochen wurden oder sie Ihnen entfallen sind, können Sie sich diese logisch erschließen. Dies ist nicht schwer, wenn man sich klarmacht, welche Umweltfaktoren durch Populationsdichten veränderbar sind und welche nicht. Vielleicht erinnern Sie sich dabei an Regulations- und Regelkreisüberlegungen im Unterricht.*

Dichteabhängige Faktoren sind Umweltfaktoren, die die Dichte einer Population regulieren und deren Effekt auf die Population von der Dichte dieser Population abhängig ist. Es kommen hierfür nur biotische Umweltfaktoren in Frage, also Faktoren, die von Lebewesen ausgehen.
Beispiele: Intraspezifische (innerartliche) Konkurrenz, Parasiten, Krankheitserreger, Räuber, Dichtestress, Abwanderung/Zuwanderung

Dichteunabhängige Faktoren sind Umweltfaktoren, die die Dichte einer Population Regulieren, aber selbst keiner Dichteregulation unterliegen, also abiotische Faktoren.
Beispiele: Alle Klimafaktoren (z. B. Temperatur), nicht ansteckende Krankheiten, Qualität der Nahrung

Die Populationsdichte der Wale wird beeinflusst durch …
- den Menschen als Räuber, das Nahrungsangebot (Krill) und eventuell Parasiten (dichteabhängige Faktoren).
- die Wassertemperatur, den Salz- und Mineraliengehalt des Wassers (insbesondere Eisen-Ionen), Umweltgifte und Meeresströmungen (dichteunabhängige Faktoren).

2 *Die Lösung dieser Aufgabe verlangt, die kompakten Informationen des Materials 1 zu analysieren, zu gewichten und zu ordnen. Ein Markieren zentraler Fachbegriffe im Text ist dabei unerlässlich. Anschließend kommt es auf eine übersichtliche und gut strukturierte Darstellung an. Hierfür ist unbedingt die Nutzung eines Konzeptpapiers anzuraten. Es sollte auf jeden Fall ein Pfeilschema entwickelt werden, das keine ganzen Sätze enthalten sollte.*
Grund- oder Spezialkenntnisse über den Eisenkreislauf werden nicht verlangt, die Aufgabe lässt sich alleine mit den Angaben im Material 1 und allgemeinen biologischen Grundkenntnissen lösen. Es wird nicht erwartet, dass Sie darauf eingehen, durch welche Stoffwechselvorgänge Eisen-Ionen in Organismen eingebaut und wieder freigesetzt werden.
Das Pfeilschema sollte die im Folgenden dargestellten Elemente enthalten. Die grafische Ausgestaltung ist beliebig, darf aber die Übersichtlichkeit nicht beeinträchtigen:

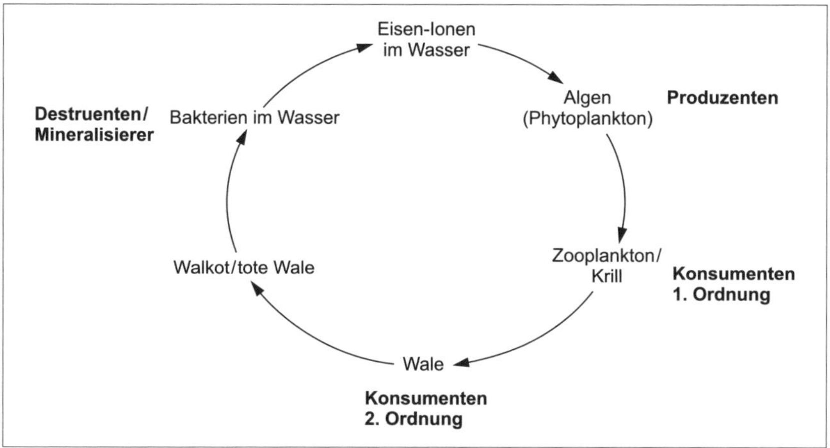

Da der Materialtext nicht ganz eindeutig ist, wäre es ebenfalls denkbar, das Zooplankton und den Krill getrennt zu betrachten und entsprechend als Konsumenten 1. und 2. Ordnung zu benennen. In diesem Fall wären die Wale Konsumenten 3. Ordnung.

3 *Hier sollten Sie eine Synthese der beiden Materialien 1 und 2 vornehmen. Dazu müssen Sie in beiden Materialien die zur Aufgabe passenden Kernaussagen erkennen (eventuell markieren) und mit ihrem Vorwissen aus anderen Naturschutzdiskussionen verknüpfen.*

Die ökologischen Folgen des Walfangs: Wenn es weniger Wale gibt, gibt es auch weniger Walkot bzw. weniger tote Wale. Das hat zur Folge, dass im Wasser weniger Destruenten leben, die sich von der ausgeschiedenen/abgestorbenen organischen Masse ernähren. Folglich ist auch die Konzentration der von den Destruenten ausgeschiedenen Eisen-Ionen geringer, was wiederum begrenzend auf die Populationsentwicklung der Algen wirkt. Es gibt also weniger Algen und damit weniger Zooplankton und Krill. Der Krill fehlt somit als Nahrung für die Meeressäuger. In der Folge gibt es also noch weniger Wale usw.

Die **Befürchtungen der Fischer** sind nicht berechtigt, weil Wale durch ihren Kot Dünger für das Algenwachstum bereitstellen. Die Algen dienen vielen Fischarten als Nahrungsquelle. Somit hätten die Fischer einen Vorteil. Wale unterstützen durch ihre Kotausscheidung also das Nahrungsnetz der Speisefische.
Wale sind für die japanischen Fischer keine Konkurrenz, weil sie in deren Fanggebieten kaum Fisch fressen; denn in den relativ warmen Meeren rund um Japan halten sich die Tiere nur zur Paarung und Jungenaufzucht auf und nehmen fast keine Nahrung zu sich.

4 *Hier geht es darum, einen begründeten Standpunkt zu einer provokanten These zu entwickeln. Die Behauptung muss dabei aus verschiedenen Perspektiven betrachtet werden. Dazu sollten Sie unterschiedliche Argumente vergleichend gegenüberstellen (z. B. in Form von Pro und Contra) und anschließend ein Fazit ziehen.*

Für die These „Wale – Gärtner der Meere“ spricht, dass man Wale mit Gärtnern vergleichen kann. Beide sorgen für den Erhalt eines bestimmten Lebensraumes, indem sie ihn düngen. Der Gärtner düngt die Pflanzen im Garten, die Wale die Algenpopulationen in den kalten Meeren. Die Wale „pflegen“ die Algenfelder wie Gärtner ihre Beete. Der Gärtner erntet aus dem Garten, die Wale „ernten“ den Krill, der sich von den Algen ernährt.

Gegen die These spricht, dass der Gärtner dabei planvoll und bewusst vorgeht, die Wale jedoch mit an Sicherheit grenzender Wahrscheinlichkeit nicht. Der Gärtner düngt und pflegt ein künstliches Ökosystem, bzw. nur einen Ausschnitt daraus; er greift in die natürlichen Stoffkreisläufe ein. Wale dagegen sind Mitglieder eines natürlichen Ökosystems und somit Bestandteil eines komplex vernetzten Beziehungsgefüges. Durch ihre Düngung sorgen sie unbewusst dafür, dass dieses System im Gleichgewicht bleibt.

Fazit: Der populärwissenschaftliche Ausdruck ist demnach nicht ganz treffend.

5 *Sinnvoll ist es, die Lösung zunächst mit der Wiedergabe der Bergmann'schen Regel zu beginnen und sie nicht gleich auf die Wale anzuwenden. Denn diese Anwendung ist eine recht komplexe Transferleistung, bei der man erkennen muss, dass man die aus dem Unterricht bekannte Regel nicht nur starr auf die morphologische Größenbetrachtung anwenden kann, sondern dass hier das Brutpflegeverhalten und die sich je nach Lebensalter wandelnden Größenverhältnisse mit in die Überlegungen einbezogen werden müssen.*

Bergmann'sche Regel: Bei verschiedenen Tierarten eines Verwandtschaftskreises findet man klimabedingte Größenabstufungen. Tierarten aus kälteren Regionen sind durchschnittlich größer als verwandte Arten aus wärmeren Gebieten.

Die Bergmann'sche Regel lässt sich auf das Brutpflegeverhalten der Wale anwenden: Die Walkühe verbringen die erste Zeit nach der Geburt mit ihren Kälbern in den warmen Meeren. Dadurch wird der Wärmeverlust und damit die Gefahr der Unterkühlung der noch relativ kleinen Jungtiere vermindert und somit die Überlebenschance des Nachwuchses erhöht. Erst wenn die Kälber größer sind, beginnt die Wanderung in kältere Meeresregionen, da diese im Allgemeinen einen höheren Krillgehalt aufweisen (unter anderem aufgrund des höheren Sauerstoffgehalts). Dort stellen die Jungen dann vermutlich ihre Ernährung von der Muttermilch auf Krill um.

Grundkurs Biologie (Berlin): Abituraufgaben 2013
Aufgabe C: Evolution und Zukunftsfragen

Thema: Evolution der Läuse

Läuse sind Blut saugende Insekten, die als zwei bis drei Millimeter große Ektoparasiten im Haar ihrer Wirte leben. Die Läuse der Schimpansen und die Kopflaus des Menschen sind kaum voneinander zu unterscheiden und gehören der Gattung *Pediculus* an.

Quelle: Becker, J., Gröne, Ch., Jütte, M., Kloppenburg, J., Wiechern, V.: Biosphäre Sekundarstufe II, Evolution. Cornelsen Verlag, Berlin 2010, S. 38, 39; verändert

Aufgaben

1 Formulieren Sie eine Definition für den Begriff Selektion.
Nennen Sie je drei abiotische und biotische Selektionsfaktoren. 10

2 Belegen Sie die Angepasstheit der Läuse der Gattung *Pediculus* an ihre Wirte. 8

3 Erläutern Sie am Beispiel der Läuse die Koevolution zwischen Wirt und Parasit. 12

4 Vergleichen Sie die Wallaus mit den Läusen der Gattung *Pediculus* nach selbstgewählten Kriterien. Erläutern Sie die Ursachen für die auftretenden Ähnlichkeiten. 15

5 Entwickeln Sie eine begründete Hypothese zur Artaufspaltung in Kopf- und Kleiderlaus beim Menschen vor etwa 100 000 Jahren. 5

Material 1: Merkmale der Läuse

Echte Läuse gehören zur Klasse der Insekten. Weltweit gibt es etwa 500 Arten. Ihr Körper ist relativ abgeplattet und die Beine sind zu Klammerbeinen umgebildet. Die Form dieser Klauen (eine Art Greifzange) entspricht genau dem Querschnitt der Haare, in denen die Läuse leben. Die Mundwerkzeuge sind stechend-saugend.
Die Eier der Läuse (Nissen) werden mit einer Art Klebstoff an den Haaren des Wirtes befestigt. Die Übertragung der Läuse erfolgt durch direkten Kontakt der Wirte oder über Kopfbedeckungen bzw. Kleidung.
Aufgrund der hohen Wirtsspezifität ist das Vorkommen einer Lausart meist auf einen Wirt beschränkt. Diese Wirtsspezifität resultiert aus der Koevolution von Parasit und Wirt. Durch den Parasitenbefall haben sowohl Wirte mit immer wirksameren Abwehrmechanismen einen Selektionsvorteil, als auch Parasiten, welche diese Abwehrmechanismen umgehen können.

Material 2: Die Läuse der Gattung *Pediculus*

Die Kopflaus des Menschen, *Pediculus humanus capitis*, parasitiert ausschließlich beim Menschen, überlebt aber auch auf Schimpansen. In deren Fell findet sich unter natürlichen Bedingungen eine nah verwandte Laus derselben Gattung, *Pediculus schaeffi*.

Gentechnische Untersuchungen belegen, dass sich beide Lausarten seit etwa sechs Millionen Jahren getrennt voneinander entwickeln. Ungefähr zu derselben Zeit lebte der letzte gemeinsame Vorfahre von Schimpansen und Menschen. Deren Entwicklung verläuft seitdem ebenfalls getrennt.

Vor etwa 100 000 Jahren, mit der Verbreitung des Menschen aus dem warmen Afrika in andere Teile der Erde, entwickelte sich die Kleiderlaus, *Pediculus humanus corporis*.

Sie lebt in körpernahen Falten der Kleidung und unterscheidet sich in einigen Merkmalen von der Kopflaus. Sie ist etwas größer und hat kräftigere Klauen als die Kopflaus. Sie legt doppelt so viele Eier und saugt weniger häufig Blut. Im Vergleich zur Kopflaus überlebt sie ohne ihren Wirt doppelt so lange.

Quelle Material 1 und 2: Becker, J., Gröne, Ch., Jütte, M., Kloppenburg, J., Wiechern, V.: Biosphäre Sekundarstufe II, Evolution, Cornelsen Verlag, Berlin 2010, S. 38, 39; verändert

A: *Pediculus schaeffi*

Quelle: http://commons.wikimedia.org/wiki/File:Pediculus_schaeffi.JPG; Foto: Vincent S. Smith; lizensiert unter CC-BY-SA-2.5

B: *Pediculus humanus capitis*

Quelle: http://insects.wikia.com/wiki/Pediculus_humanus_capitis; Foto: SmartOneKg; lizensiert unter CC-BY-SA-3.0

Material 3: Die Wallaus

Walläuse gehören zur Klasse der Krebse. Sie leben auf der Haut von Walen.
Ihr Körper ist sehr stark abgeflacht, der Hinterleib ist weitgehend reduziert. Die Beine, insbesondere die hinteren drei Beinpaare, sind krallenartige Fortsätze, mit denen sich die Tiere an ihren Wirten festklammern können. Die Walläuse sind meistens sehr spezifisch an eine Walart gebunden. Sie bleiben während ihrer gesamten Entwicklung an ihrem Wirt und durchlaufen keine Schwimmphase.
Die Walläuse setzen sich an Stellen des Körpers fest, an denen sie vor Wasserströmungen geschützt sind. So findet man sie vor allem an den natürlichen Körperöffnungen oder an Wundstellen, bei den Bartenwalen vor allem in den Bauchfalten. Als Nahrung dienen den Walläusen vor allem abgestorbene Hautzellen und Algen, die sich auf dem Körper des Wirtes ansiedeln.

Quelle: www.de.wikipedia.org/wiki/Walläuse, 12. 06. 2012, verändert

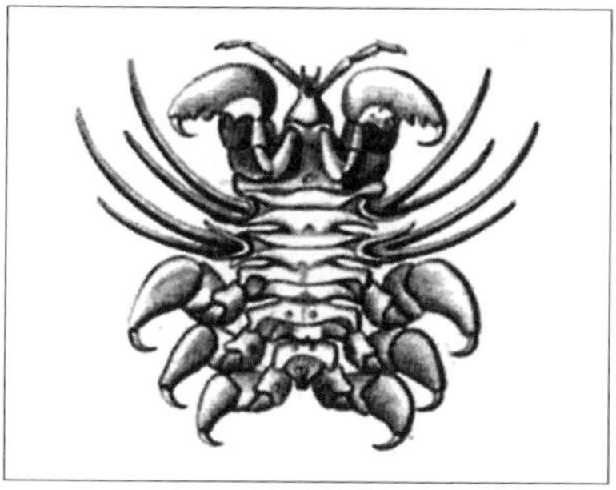

Quelle: http://commons.wikimedia.org/wiki/File:CyamesCyamidaeMale1834.jpg?uselang=de; Foto: Lamiot; lizensiert unter CC-BY-SA-3.0

Lösungsvorschläge

1 *Hier kommt es nur darauf an, im Unterricht erworbenes Fachwissen fachsprachlich und inhaltlich korrekt wiederzugeben. Es sollte eine präzise Strukturierung in die Bereiche „Definition der Selektion" und „Nennung von Selektionsfaktoren" (biotisch/abiotisch) vorgenommen werden.*

Selektion ist ein Evolutionsfaktor. Sie bewirkt, dass aus einer Population mit einer Überproduktion von Nachkommen immer nur die am besten Angepassten überleben *(survival of the fittest)*, das heißt, dass unterschiedlich angepasste Individuen unterschiedlichen Fortpflanzungserfolg haben. Die Selektion ist die Ursache dafür, dass Arten sich langfristig wandeln können.

Selektionsfaktoren:

abiotisch: z. B. Klima, Wasser, Licht, Kohlendioxidgehalt, Sauerstoffgehalt, Nährstoffe

biotisch: z. B. Fressfeinde, Nahrung, Konkurrenten, Parasiten, Erreger von Infektionskrankheiten

2 *Hier reicht es nicht aus, nur die Anpassungen aus dem Material 1 zu erschließen und zu benennen. Der Operator „belegen" fordert dazu auf, auch zu begründen, inwiefern es sich hierbei um Anpassungen handelt.*

- Klammerbeine als Greifzangen mit genau auf den Haardurchmesser angepasster Zangengröße: Ermöglichen ein Festhalten im Fell bzw. an den Haaren des Wirtes.
- Stechend-saugende Mundwerkzeuge: Ermöglichen die Nutzung des Wirtsblutes als Nahrungsquelle.
- Abgeplattete Form: Ermöglicht ein flaches Auflegen auf die Haut und somit ein leichteres Bewegen zwischen den Haaren sowie ein Verstecken im Fell des Wirtes.
- Eier (Nissen) mit Klebstoff: Erhöht den Fortpflanzungserfolg, indem die Eier ohne eigene Fortbewegung auf einen neuen Wirt übertragen werden können bzw. sicher befestigt sind.

3 *Zunächst sollte der Begriff Koevolution definiert werden, um ihn dann auf Parasit und Wirt anzuwenden.*

Koevolution ist die parallele Entwicklung zweier Arten unter dem Einfluss von wechselseitigem Selektionsdruck.

Die **Laus** als **Parasit** hat einen Selektionsvorteil, wenn sie in der Lage ist, die Abwehrmechanismen des Wirtes zu überwinden und so mit geringem Energieaufwand an sein Blut gelangt. Der Selektionsdruck wirkt bei ihr also in Richtung Optimierung der Mundwerkzeuge und der Klammerbeine. Dabei darf sie den Wirt allerdings nicht so stark schädigen, dass er zugrundegeht, denn sonst würde sie sich ja ihrer Nahrungsgrundlage berauben. Hierbei wirkt folgender Selekti-

onsdruck: Die Abwehrstrategien des Wirtes dürfen nicht „zu erfolgreich" überwunden werden, sodass immer nur eine kleine Portion Blut gesaugt werden kann. Die Anpassungen dürfen nicht zu perfekt sein.
Beim **Menschen** oder **Schimpansen** als **Wirt** wirkt der Selektionsdruck in Richtung Optimierung der Abwehrstrategie gegen die Parasiten. Hier spielt vor allem eine Intensivierung der Körperpflege eine Rolle. Aber auch die Entwicklung eines Juckreizes als Folge des Stiches und eine daraus resultierende Abwehrbewegung könnten einen Selektionsvorteil bieten. Der Selektionsdruck beim Wirt wirkt dabei – im Gegensatz zum Parasiten – in Richtung Perfektionierung der Anpassung, denn er ist ja nicht vom Parasiten abhängig.

4 **Vergleich:** Walläuse – Läuse der Gattung Pediculus

Merkmale:	**Gemeinsamkeiten:**	**Unterschiede:**	
		Gattung Pediculus	Walläuse
Beine	krallenartige Klammerbeine	6 Beine	mehr als 6 Beine
Körperbau	abgeflachter Körper		
Lebensweise	Ektoparasiten	schädigen den Wirt	schädigen den Wirt kaum
Wirte	Säugetiere	Mensch, Schimpanse	Wale
Systematische Einordnung		Insekten	Krebstiere
Nahrung		Blut	hauptsächlich abgestorbene Hautzellen, Algen

Ursachen für die Ähnlichkeiten:
Im Laufe der Koevolution haben sich sowohl die Walläuse als auch die Läuse der Gattung Pediculus als Parasiten sehr gut an den Bau und die Lebensweise des jeweiligen Wirtes angepasst. Dies ist die Folge eines ähnlichen Selektionsdrucks aufgrund von ähnlichen Umweltfaktoren. Da die Walläuse und die Läuse der Gattung Pediculus keine direkte stammesgeschichtliche Verwandtschaft aufweisen, handelt es sich hierbei um ein typisches Beispiel für eine **konvergente Entwicklung:** Ähnliche ökologische Nischen führen zu einem ähnlichen Selektionsdruck und somit zur Ausbildung ähnlicher Merkmale, obwohl die Arten nicht näher miteinander verwandt sind.

5 *Aus den Informationen des Materials 2 muss eine Hypothese über mögliche Selektionsfaktoren und Selektionsdrücke abgeleitet werden. Dass für diese Teilaufgabe nur 5 BEs zu vergeben sind, gibt einen Hinweis darauf, dass hier nicht allzu detaillierte Ausführungen erwartet werden. Sie sollten die Antwort also eher knapp und präzise formulieren.*

Da der Mensch seinen Lebensraum veränderte und dadurch in Regionen vordrang, in denen Kleidung erforderlich ist, veränderten sich auch die Umweltbedingungen für die Kopflaus deutlich: Durch die hohen Temperaturen in Afrika hatte die Kopflaus ihr Temperaturoptimum vermutlich bei relativ hohen Werten und wahrscheinlich einen eher kleinen Temperatur-Toleranzbereich. Folglich waren in den kälteren Regionen Mutanten im Vorteil, die entweder einen breiteren Temperatur-Toleranzbereich hatten oder die ihre angeborenen Verhaltensweisen so ändern konnten, dass sie sich nicht mehr in den Haaren, sondern in der Kleidung (neuer Lebensraum) aufhielten; sie hatten den größeren Fortpflanzungserfolg. In der Kleidung waren nun wiederum die Mutanten im Vorteil, die sich beim ständigen Scheuern der Kleidung auf dem Körper besser in dieser festkrallen konnten. So entwickelte sich durch Vermeidung von innerartlicher Konkurrenz mit der Kopflaus bedingt durch ethologische und ökologische Isolationsmechanismen eine neue Unterart mit geringen morphologischen Unterschieden.

Leistungskurs Biologie (Berlin): Abituraufgaben 2013
Aufgabe A1: Physiologische Grundlagen

Thema: Pflanzenwirkstoffe in Medikamenten

Verschiedene Medikamente gegen Halsschmerzen und andere Erkrankungen enthalten *Capsaicin*, den Hauptinhaltsstoff von Peperoni, in Kombination mit Wirkstoffen zweier südamerikanischer Pflanzen, des Pockholzbaumes und der Kermesbeere. Neuere wissenschaftliche Untersuchungen lieferten Erkenntnisse über die neurobiologischen Grundlagen der Wirkungsweise von *Capsaicin*.

Aufgaben

1 Stellen Sie die medizinischen Wirkungen der vorgestellten Pflanzen in einem übersichtlichen Schema dar und nennen Sie für jede Pflanze verschiedene Anwendungsbeispiele. 14

2 Beschreiben Sie unter Einbeziehung einer einfachen Skizze die Erregungsübertragung an einer chemischen Synapse. 12

3 Vergleichen Sie tabellarisch die Vorgänge nach einmaliger und nach wiederholter Einwirkung von *Capsaicin*. 10

4 Diskutieren Sie auf dieser Grundlage die Eignung von *Capsaicin* als Schmerzmittel. 6

5 Begründen Sie, weshalb es sinnvoll ist, die Wirkstoffe der vorgestellten Pflanzen in einem Medikament zu kombinieren. 8

Material 1: Arzneipflanzen

Arzneipaprika *(Capsicum annuum)*
Spanier brachten Arzneipaprika aus Mittelamerika nach Europa, die exotische Pflanze wurde 1514 erstmals schriftlich erwähnt.
Die reifen, getrockneten Früchte des Paprikastrauches enthalten wertvolle Inhaltsstoffe wie Vitamin C, Vitamin B, Flavonoide, Carotinoide und *Capsaicin*. Sie regen die Magensaftsekretion an und wirken – sparsame Dosierung vorausgesetzt – normalisierend auf Verdauungsprozesse. Arzneilich ist vor allem das *Capsaicin* wertvoll, welches auch für die Schärfe der Schoten verantwortlich ist. Es wirkt schmerzstillend und entzündungshemmend.
Zudem fördern die Inhaltsstoffe der Paprikaschote die Durchblutung und lindern Juckreiz. Daher wird es bei verschiedenen Schmerzsyndromen eingesetzt.

Quelle: verändert nach: www.de.wikipedia.org/wiki/Capsaicin

Pockholz ***(Guaiacum officinale)***

Heimisch ist der Baum in Südamerika und auf den Karibischen Inseln.
Berühmtheit errang er als Mittel zur Behandlung von Pocken, die durch eine Virusinfektion hervorgerufen werden. Der Name Pockholz wurde durch diese Verwendung geläufig.
Aus arzneilicher Sicht spielt heute das Harz aus dem Kernholz die wichtigste Rolle. In Europa verwendet man es wegen seiner entzündungshemmenden Eigenschaften auch zur Behandlung von arthritischen und rheumatischen Erkrankungen.
Durch seine harn- und schweißtreibende Wirkung fördert Pockholz außerdem den Abtransport von Giftstoffen und wird bei Gicht eingesetzt.

Quelle: verändert nach: www.de.wikipedia.org/wiki/Pockholz#Arten

Amerikanische Kermesbeere *(Phytolacca americana)*

Die Kermesbeere stammt ursprünglich aus Amerika. Ihre dunkelroten Früchte waren in früheren Zeiten als Färbemittel begehrt, etwa für zu blass geratenen Rotwein, andere Lebensmittel oder Kleidung.
Arzneilich spielen bei ihr vor allem die frischen Wurzeln eine wichtige Rolle. Die nordamerikanischen Indianer fertigten aus ihnen Umschläge für Hauterkrankungen und wunde Stellen. Heute verwendet man Kermesbeere unter anderem bei Halsschmerzen sowie Schleimhautentzündungen der oberen Atemwege sowie fieberhaften Infekten. Auch Ohrenschmerzen oder Kopfschmerzen werden mit Kermesbeere erfolgreich behandelt.
Wichtige arzneiliche Inhaltsstoffe sind u. a. Harze, Schleimstoffe und Proteine, die die Vermehrung von Viren hemmen.

Quelle: verändert nach: www.de.wikipedia.org/wiki/Kermesbeere

Material 2: Wahrnehmung von Schmerz

Die Aufnahme von Schmerzreizen erfolgt nicht durch spezielle Sinneszellen, sondern durch freie Nervenendigungen von afferenten bzw. sensiblen Nervenzellen, deren Somata (Zellkörper) sich im Rückenmark befinden. Mechanische, thermische und chemische Reize lösen in den freien Nervenendigungen Aktionspotenziale aus, welche zum Rückenmark weitergeleitet und dort über chemische Synapsen auf andere, zum Gehirn führende Nervenzellen übertragen werden. Neuropeptide, z. B. Endorphine oder die sogenannte Substanz P, beeinflussen diese Übertragung. Während Endorphine die Erregungsübertragung hemmen, wird sie durch die Substanz P verstärkt.

Quelle: verändert nach: Rimmele, Martina: Bionorica, Sonderausgabe Tonsipret; herausgegeben von Bionorica SE, Neumarkt, 2010

Material 3: *Capsaicin*

Es gibt an Neuronen Rezeptoren für Entzündungsmediatoren (körpereigene Stoffe, die eine Entzündungsreaktion des Körpers einleiten oder aufrechterhalten), deren Aktivierung die Erregbarkeit von Schmerzrezeptoren fördert. *Capsaicin* bindet an den Ionenkanal TRPV1, welcher sich auf den freien Nervenendigungen von afferenten

Nervenzellen befindet. Dadurch wird der Kanal geöffnet, Calcium-Ionen strömen in die Nervenzelle und bewirken die Ausbildung von Aktionspotenzialen. Außerdem veranlassen die Calcium-Ionen die Ausschüttung der Substanz P, sowohl im Bereich der freien Nervenendigung als auch im Soma. An den freien Nervenendigungen führt sie zu einer verstärkten Durchblutung, an den Somata verstärkt sie die Erregungsübertragung.
Bei wiederholter Einwirkung bzw. hoher Dosierung von *Capsaicin* (z. B. durch Anwendung eines capsaicinhaltigen Pflasters) bildet sich ein Komplex aus Calcium-Ionen und dem Protein *Calmodulin*. Dieser Komplex bewirkt über verschiedene Zwischenschritte, dass die Öffnung des Ionenkanals erschwert wird. Außerdem hemmt *Capsaicin* die Wiederaufnahme der Substanz P. Dieser Desensibilisierungseffekt hält bis zu 90 Tage lang an.

Quellen:
verändert nach: Rimmele, Martina: Bionorica, Sonderausgabe Tonsipret, herausgegeben von Bionorica SE, Neumarkt, 2010
verändert nach: www.scharfer-malawi.npage.de/chilis/der-trpv1-kanal.html

Material 4: Wirkungsort von *Capsaicin*

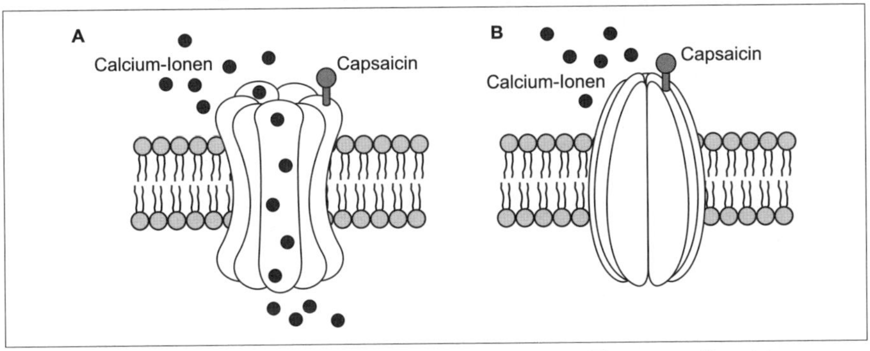

Situation am Ionenkanal beim einmaligen (**A**) bzw. wiederholten (**B**) Einsatz von *Capsaicin*.
(*Hinweis:* Abbildung A zeigt einen Schnitt durch den Ionenkanal, Abbildung B zeigt den Ionenkanal in der Aufsicht.)

Lösungsvorschläge

1

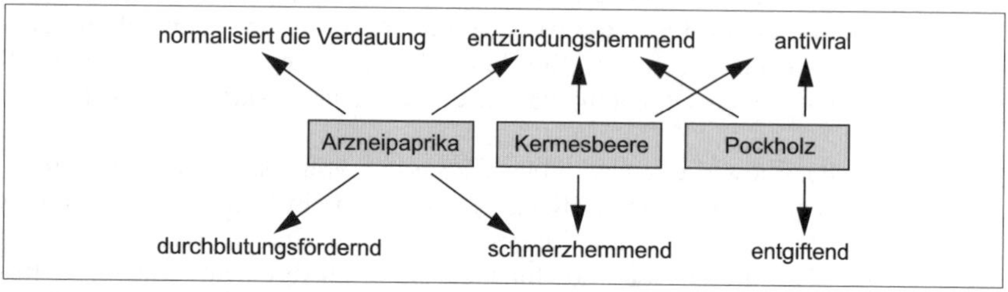

Es gibt verschiedene Anwendungsmöglichkeiten für die einzelnen Pflanzen. Arzneipaprika wird als Schmerzmittel eingesetzt, zur Anregung des Appetits und gegen Juckreiz. Pockholz wird bei Arthritis, Rheuma und Gicht angewendet. Die Kermesbeere findet bei Halsschmerzen, fieberhaften Infekten sowie Ohren- und Kopfschmerzen Verwendung.

2 *Die Skizze sollte alle wichtigen Synapsenelemente enthalten. Sie können z. B. die Ihnen aus dem Unterricht bekannte erregende chemische Synapse mit dem Neurotransmitter Acetylcholin darstellen.*

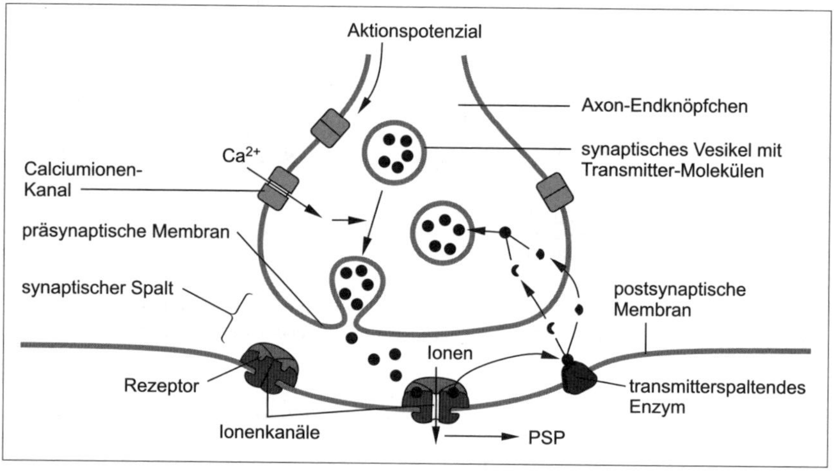

Kommt ein Aktionspotenzial am synaptischen Endknöpfchen an, so öffnen sich die spannungsgesteuerten Calciumionen-Kanäle. Ca^{2+}-Ionen strömen daraufhin in das synaptische Endknöpfchen hinein. Dadurch wird das Verschmelzen der synaptischen Vesikel, die Neurotransmitter enthalten, mit der präsynaptischen Membran ausgelöst, was die Freisetzung der Neurotransmitter in den synaptischen Spalt zur Folge hat (Exocytose).

Die Ca^{2+}-Ionen werden unter Energieverbrauch mit der Calciumionen-Pumpe wieder aus dem Endknöpfchen heraus befördert und die Calcium-Kanäle schließen sich.

Die Neurotransmitter-Moleküle diffundieren durch den synaptischen Spalt und binden nach dem Schlüssel-Schloss-Prinzip an spezifische Rezeptoren in der postsynaptischen Membran. Dadurch werden ligandengesteuerte Ionenkanäle geöffnet, Ionen strömen in die postsynaptische Zelle und depolarisieren die Membran. Ein postsynaptisches Potenzial (PSP) entsteht.
Die Transmitter-Moleküle lösen sich wieder von den Rezeptoren und werden durch Enzyme abgebaut. Die Spaltprodukte gelangen zurück in die präsynaptische Zelle, wo sie zu neuen Transmitter-Molekülen zusammengesetzt werden, die wieder in Vesikeln gespeichert werden.

3 *Vergleichen Sie tabellarisch nach sinnvollen Kriterien. Beachten Sie, dass ein Vergleich Gemeinsamkeiten und Unterschiede beinhaltet.*

	einmalige Wirkung von Capsaicin	**wiederholte Anwendung von Capsaicin**
Capsaicin bindet an …	Ionenkanal TRPV1	
Folge der Capsaicinbindung	Öffnung von Ca^{2+}-Ionen-Kanälen ⇒ Einstrom von Calciumionen	Kanalöffnung gehemmt ⇒ weniger/keine Calciumionen strömen ein
Aktionspotenzial-Bildung	ja	nein/verringert
Ausschüttung der Substanz P	ja	nein/verringert
Wiederaufnahme der Substanz P	ja	nein/verringert
Erregungsübertragung im Rückenmark	wird verstärkt	wird nicht verstärkt

4 Um die Eignung von Capsaicin als Schmerzmittel zu bewerten, müssen Vor- und Nachteile gegeneinander abgewogen werden.
Gegen den Einsatz spricht, dass Capsaicin bei einmaliger Anwendung oder zu niedriger Dosierung den Schmerz verstärkt. Capsaicin bindet an den Ionenkanal TRPV1, wodurch Calciumionen in die Nervenzelle einströmen und als Folge Aktionspotenziale auslösen, die ins Gehirn weitergeleitet werden. Außerdem führen die Calciumionen zur Ausschüttung der Substanz P, die die Erregungsübertragung verstärkt. Diese Gefahr muss durch ärztliche Kontrolle minimiert werden.
Für die Eignung als Schmerzmittel spricht, dass nach wiederholter Anwendung und hoher Dosierung die Aufnahme von Schmerzreizen und die Weiterleitung der Erregung gehemmt werden. Vorteilhaft ist die rasch eintretende und langanhaltende Schmerzlinderung, die z. B. chronischen Schmerzpatienten eine Verbes-

serung der Lebensqualität verspricht. Der Einsatz ist lokal möglich (Pflaster), sodass die Wirkung nur dort einsetzt, wo Schmerzen auftreten.
Fazit: Zusammenfassend lässt sich feststellen, dass Capsaicin aufgrund seiner schmerzlindernden Wirkung gut als Schmerzmittel geeignet ist, solange es wiederholt und in ausreichender Dosierung eingesetzt wird.

5 Es ist sinnvoll, die Wirkstoffe der drei Pflanzen zu kombinieren, da sich ihre Wirkungen durch Kombination verstärken bzw. ergänzen:
- Die Wirkstoffe aller drei Pflanzen haben einen entzündungshemmenden Effekt. So kann z. B. bei fieberhaften Infekten die Heilung gefördert werden.
- Capsaicin aus Arzneipaprika und Kermesbeere haben eine schmerzhemmende Wirkung, die das Allgemeinbefinden verbessert.
- Pockholz und Kermesbeere hemmen die Vermehrung von Viren, sodass sie bei viralen Infekten die Ursache der Erkrankung bekämpfen.

Leistungskurs Biologie (Berlin): Abituraufgaben 2013
Aufgabe A2: Grundlagen und Anwendungsfelder der Genetik

Thema: Das Gen der Schmerzlosen

Ein pakistanischer Junge war ein bekannter Straßenkünstler. Er bohrte sich Messerklingen durch die Arme und lief über glühende Kohlen. Tragischerweise starb er an seinem 14. Geburtstag bei einem Sprung von einem Hausdach.
Der Junge war ein begehrtes Forschungsobjekt, weil er unter der seltenen genetischen Erkrankung *SCN9A-channelopathie* litt. Er fühlte keine Schmerzen.

Quelle: Menke, Kristin: Das Gen der Schmerzlosen. In: Unterricht Biologie, Erhard Friedrich Verlag, Seelze, 365/2011, S. 47

Aufgaben

1 Nennen sie zwei Funktionen von Proteinen im menschlichen Organismus. Beschreiben Sie den Ablauf der Proteinbiosynthese. 14

2 Analysieren Sie den Erbgang der *SCN9A-channelopathie* mithilfe des Stammbaums bei Familie B. Erläutern Sie an diesem Beispiel, warum bei Kindern aus Verwandtschaftsbeziehungen das Risiko für das Auftreten von solchen Krankheiten erhöht ist. 8

3 Ermitteln Sie für beide Familien die genetischen Ursachen der Schmerzfreiheit im DNA-Abschnitt und leiten sie deren Auswirkungen auf das codierte Polypeptid ab. Entwickeln Sie eine Hypothese, wie diese Veränderungen zur Schmerzfreiheit führen. 18

4 Erläutern Sie die biologische Bedeutung der Schmerzwahrnehmung. 5

5 Allein in Deutschland leiden etwa 10 bis 12 Millionen Menschen unter chronischen Schmerzen. Die Entdeckung des *SCN9A*-Gens weckt die Hoffnung auf die Herstellung neuer Medikamente zur Schmerzbekämpfung. Diskutieren Sie die Verwendung solcher Medikamente. 5

Material 1: Stammbäume von Familien, in denen *SCN9A-channelopathie* vorkommt

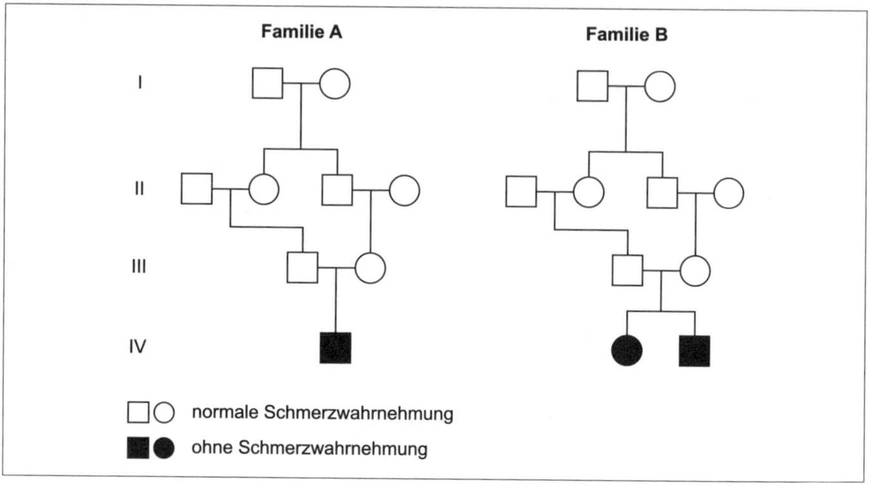

Material 2: Ursachen der Schmerzlosigkeit

Ein Forscherteam aus Cambridge spürte in der Verwandtschaft des pakistanischen Jungen sechs weitere Fälle völliger Schmerzfreiheit auf. Keines der vier- bis vierzehnjährigen Kinder hat je Schmerz empfunden. Ihre Körper weisen zahlreiche blaue Flecken und schlecht verheilte Brüche auf. Zwei der Kinder bissen sich in ihren ersten Lebensjahren die Zungenspitze ab. Außer der Schmerzlosigkeit wurden keine körperlichen, sensorischen und geistigen Einschränkungen festgestellt.

Genetische Analysen zeigten, dass bei den Kindern eine Mutation des Gens *SCN9A* auf Chromosom 2 vorliegt. Diese Mutation hat Auswirkungen auf eine bestimmte Art von spannungsgesteuerten Na^+-Kanälen. Diese Na^+-Kanäle finden sich vor allem in den Membranen sensorischer Nerven, die die Signale der Schmerzrezeptoren über das Rückenmark und den Hirnstamm zur Großhirnrinde leiten. Dort werden die Signale interpretiert und als Schmerz wahrgenommen.

Quellen:
Menke, Kristin: Das Gen der Schmerzlosen. In: Unterricht Biologie, Erhard Friedrich Verlag, Seelze, 365/2011, S. 47
www.welt.de/print-welt/article702421/Das_Gen_der_Schmerzlosen.html

Material 3: Ausschnitte aus dem Gen *SCN9A* der Familien mit schmerzlosen Kindern

Familie A

3' ... –TGC–TAT–AGG–AAA–TTT– ... 5'

DNA-Sequenz, die zur Schmerzwahrnehmung führt

3' ... –TGC–ATA–GGA–AAT–TTT– ... 5'

DNA-Sequenz, die zu keiner Schmerzwahrnehmung führt

Familie B

3' ... –GGC–CTC–TCA–GAG–AGG– ... 5'

DNA-Sequenz, die zur Schmerzwahrnehmung führt

3' ... –GGC–CTC–TGA–GAG–AGG– ... 5'

DNA-Sequenz, die zu keiner Schmerzwahrnehmung führt

Material 4: Code-Sonne

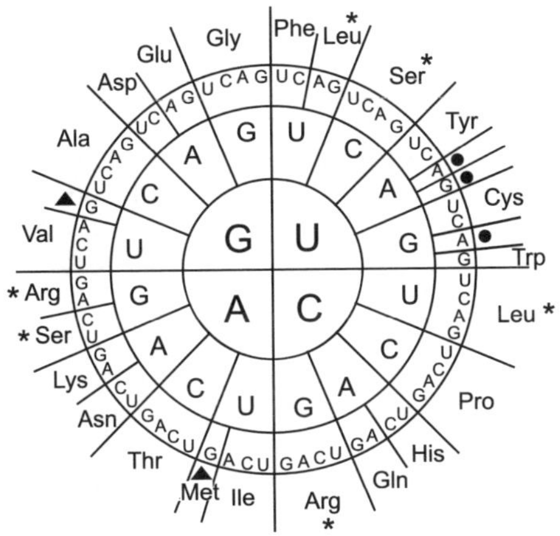

▲ Start-Codon
● Stopp-Codon
* zweimal auftretende Aminosäure

Ala	Alanin
Arg	Arginin
Asn	Asparagin
Asp	Asparaginsäure
Cys	Cystein
Gln	Glutamin
Glu	Glutaminsäure
Gly	Glycin
His	Histidin
Ile	Isoleucin
Leu	Leucin
Lys	Lysin
Met	Methionin
Phe	Phenylalanin
Pro	Prolin
Ser	Serin
Thr	Threonin
Trp	Tryptophan
Tyr	Tyrosin
Val	Valin

Lösungsvorschläge

1 *Beachten Sie, dass Sie zwei Funktionen von Proteinen lediglich nennen sollen. Bei der Beschreibung der Proteinbiosynthese handelt es sich um eine Reproduktionsaufgabe. Es wird eine strukturierte Beschreibung der Vorgänge unter Verwendung der Fachsprache erwartet.*

Proteine erfüllen viele unterschiedliche **Funktionen** im Organismus. Zwei wichtige Funktionen sind …
- die Wirkung als **Enzyme** und
- die Ermöglichung von **Transportvorgängen** über die Zellmembran hinweg (Transportproteine).

Die **Proteinbiosynthese** beginnt mit der **Transkription**, bei der die Information eines Gens der DNA in die RNA umgeschrieben wird. Dabei bindet das Enzym RNA-Polymerase an eine Erkennungssequenz der DNA (Promotor), entwindet die DNA-Doppelhelix und öffnet sie blasenartig. Sie synthetisiert die RNA in 5'→3'-Richtung, indem sie freie RNA-Nukleosidtriphosphate unter Diphosphatabspaltung komplementär zum codogenen Strang der DNA (3'→5'-Richtung) verknüpft. Dabei verbindet sich Cytosin mit Guanin und umgekehrt, Adenin paart sich mit Uracil und Thymin mit Adenin. Die RNA-Polymerase wandert auf dem codogenen Strang der DNA entlang, bis eine Basenfolge das Ende des Gens anzeigt. Ist dies der Fall, löst sich die RNA von der DNA ab, die sich wieder in die Doppelhelix aufwindet.
Bei Eukaryoten wird die entstandene prä-mRNA der **Prozessierung** unterzogen. Das bedeutet, die nicht codierenden Introns werden herausgeschnitten und die codierenden Exons zusammengefügt. Dieser Vorgang wird als Spleißen bezeichnet. Das 5'-Ende wird mit einer Cap-Struktur, das 3'-Ende mit einer Poly-Adenin-Sequenz vor enzymatischem Abbau geschützt.
Die reife mRNA verlässt den Zellkern und wandert in das Cytoplasma zu den Ribosomen. Dort findet die **Translation** statt, bei der die in der mRNA gespeicherten Informationen nach den Regeln des genetischen Codes in die Aminosäuresequenz eines Polypeptids übersetzt werden. Dabei dient die tRNA als Übersetzer zwischen Basencode und Aminosäurecode. Mithilfe von Enzymen, den tRNA-Synthetasen, werden Aminosäuren unter Spaltung von ATP an die jeweils passende tRNA geknüpft. Dabei entstehen mit einer Aminosäure beladene tRNAs (AS-tRNAs). Die mRNA bindet sich zunächst an die kleine Untereinheit des Ribosoms. Am Startcodon der mRNA „AUG" bindet mithilfe ihres komplementären Anticodons eine tRNA, die zuvor mit der passenden Aminosäure Methionin beladen wurde. Anschließend komplettiert die große Untereinheit das Ribosom. Es besitzt nun zwei Bindungsstellen für tRNAs, die A- und die P-Stelle. An die noch nicht besetzte Bindungsstelle (A-Stelle) lagert sich eine weitere passende AS-tRNA an. Zwischen beiden Aminosäuren wird eine Peptidbindung geknüpft. Die entladene tRNA an der P-Stelle wird freigesetzt und kann wiederverwendet werden. Das Ribosom wandert auf der mRNA um ein Basentriplett weiter und der Vorgang wiederholt sich. Dadurch wächst die Aminosäurekette beständig, so-

lange bis ein Stoppcodon erreicht wird. An diesem endet die Translation. Die mRNA wird freigesetzt, das Ribosom zerfällt in die beiden Untereinheiten. Auch das fertige Polypeptid wird freigesetzt und faltet sich anschließend in seine räumliche Struktur.

2 Die im Stammbaum der Familie B auftretende SCN9A-channelopathie folgt einem **monohybriden, autosomal-rezessiven Erbgang**.
Es handelt sich um einen monohybriden Erbgang, da nur ein Merkmal betrachtet wird.
Das Allel für die fehlende Schmerzwahrnehmung muss rezessiv vererbt werden, da die Eltern der Generation III mit normalem Schmerzempfinden schmerzfreie Kinder haben.
Ein X-chromosomal-rezessiver Erbgang ist auszuschließen, da die Tochter in der Generation IV schmerzfrei ist, obwohl ihr Vater eine normale Schmerzwahrnehmung hat.

Einen Lösungshinweis liefert auch das Material 2: Hier wird erwähnt, dass das Gen SCN9A auf dem Chromosom 2, also auf einem Autosom, lokalisiert ist.

Bei diesem Beispiel handelt es sich um eine autosomal-rezessive Vererbung, das heißt, von der Krankheit betroffene Personen weisen zwei rezessive Allele des Gens auf. Bei Verwandten ist die Wahrscheinlichkeit deutlich erhöht, dass beide Eltern das gleiche rezessive Allel haben und dieses an ihre Nachkommen vererben. Damit erhöht sich die Wahrscheinlichkeit, ein homozygot rezessives und damit phänotypisch betroffenes Kind zu bekommen.

3 *Hier wird eine molekulargenetische Analyse erwartet. Geben Sie für beide Familien zuerst die mRNA und dann unter Verwendung der Codesonne die codierten Aminosäuresequenzen an. Benennen Sie die jeweilige Mutation und erklären Sie die Auswirkungen auf das Polypeptid.*
Für das Aufstellen der Hypothese sollten Sie Ihre Neurobiologie-Kenntnisse abrufen.

Familie A

– **schmerzempfindlich:**

DNA:	3'… TGC – TAT – AGG – AAA – TTT … 5'
mRNA:	5'… ACG – AUA – UCC – UUU – AAA … 3'
Aminosäuresequenz:	… Thr – Ile – Ser – Phe – Lys …

– **schmerzfrei:**

DNA:	3'… TGC – ATA – GGA – AAT – TTT … 5'
mRNA:	5'… ACG – UAU – CCU – UUA – AAA … 3'
Aminosäuresequenz:	… Thr – Tyr – Pro – Leu – Lys …

Bei der in der Familie A auftretenden Genmutation handelt es sich um eine Deletion eines Thymin-Nukleotids, an der ersten Position des zweiten dargestellten Basentripletts. Aufgrund der Deletion verschiebt sich das Leseraster, man spricht von einer **Rastermutation**. Diese hat zur Folge, dass sich die nachfolgende Aminosäurenkette komplett verändert.

Familie B

– **schmerzempfindlich:**

DNA:	3'… GGC – CTC – TCA – GAG – AGG … 5'
mRNA:	5'… CCG – GAG – AGU – CUC – UCC … 3'
Aminosäuresequenz:	… Pro – Glu – Ser – Leu – Ser …

– **schmerzfrei:**

DNA:	3'… GGC – CTC – TGA – GAG – AGG … 5'
mRNA:	5'… CCG – GAG – ACU – CUC – UCC … 3'
Aminosäuresequenz:	… Pro – Glu – Thr – Leu – Ser …

Die Genmutation der Familie B besteht darin, dass im dritten Basentriplett das Cytosin (zweite Base) durch Guanin ersetzt ist. Es liegt eine **Missense-Punktmutation** vor. Die dritte Aminosäure der angegebenen Sequenz Serin (Ser) ist aufgrund der Mutation gegen Threonin (Thr) ausgetauscht.

Sowohl bei Familie A als auch bei Familie B führt die Mutation zu einer Veränderung der Primärstruktur (Aminosäuresequenz) von spannungsgesteuerten Na^+-Kanälen.

Hypothese:

Die spannungsgesteuerten Natriumkanäle des Schmerzweiterleitungssystems sind normalerweise an der Übertragung der Signale der Schmerzrezeptoren beteiligt. Ein Verlust der Kanäle verhindert die Signalübermittlung.
Ein Grund dafür könnte sein, dass die Raumstruktur der Kanalproteine durch die Mutation so verändert ist, dass sich die Ionenkanäle nicht mehr öffnen lassen. Natriumionen könnten somit nicht durch den Kanal hindurch gelangen, sodass die Impulse nicht weitergeleitet würden, wodurch die Schmerzwahrnehmung ausgeschaltet wäre.

Eine andere Möglichkeit wäre, dass das Kanalprotein aufgrund seiner Veränderung nicht mehr in die Membran eingebaut werden kann. Auch das würde eine Weiterleitung der Erregung verhindern.

4 Der Schmerz hat eine wichtige biologische Schutzfunktion. Er stellt eine nützliche lebenserhaltende Reaktion auf alle schädlichen Reize dar, die von innen oder von außen auf den Organismus einwirken. Es handelt sich also um ein Frühwarnsystem des Körpers.

Durch Schmerzen wird gelernt, welche Verhaltensweisen vermieden werden sollten, um den Körper nicht zu schädigen. Darüber hinaus tragen Schmerzen dazu bei, veränderte Körperfunktionen wie Krankheiten, Entzündungen oder Verletzungen anzuzeigen.

5 *Stellen Sie Argumente, die für und gegen einen Einsatz von Schmerzbekämpfungsmedikamenten sprechen, einander gegenüber und ziehen Sie ein Fazit.*

Der **positive Effekt** der Verwendung solcher Schmerzmedikamente wäre die wirksame Bekämpfung quälender chronischer Schmerzen bei Schmerzpatienten und von akuten Schmerzen bei Unfällen und Krankheiten.
Ein **Nachteil** solcher Schmerzbekämpfungsmedikamente wäre, dass von ihnen auch Schmerzen unterdrückt würden, die den Körper schützen bzw. warnen sollen. Außerdem spricht gegen den Einsatz, dass es leicht zu einem Missbrauch oder auch zu Abhängigkeiten kommen kann. Mögliche Nebenwirkungen der Medikamente müssten überprüft werden.
Abschließend lässt sich sagen, dass immer eine Einzelfallbetrachtung notwendig ist. Ein durch Ärzte kontrollierter Einsatz erscheint sinnvoll, um die Lebensqualität der betroffenen Menschen zu verbessern.

Leistungskurs Biologie (Berlin): Abituraufgaben 2013
Aufgabe B: Ökologie und Nachhaltigkeit

Thema: Invasion der Dornenkronen-Seesterne

Das Große Barriere-Riff vor der ostaustralischen Küste zählt zu den artenreichsten Ökosystemen unseres Planeten. Wesentlich für die Entstehung und Erhaltung eines Korallenriffs sind dabei die namengebenden Korallenpolypen. Seit Jahren beobachten australische Wissenschaftler in diesem Gebiet einen alarmierenden Korallenschwund.

Aufgaben

1	Beschreiben Sie interspezifische Beziehungen im Großen Barriere-Riff.	10
2	Entwickeln Sie mithilfe von Material 1 ein Fließschema, das die Folgewirkungen und Einflussfaktoren der Ausrottung des Tritonshornes zeigt.	10
3	Erläutern Sie die Populationsdichteschwankungen in einem Räuber-Beute-System mithilfe der LOTKA-VOLTERRA-Regeln.	8
4	Erörtern Sie, inwiefern der Rückgang des Tritonshornes für die Massenentwicklung der Dornenkronen-Seesterne verantwortlich sein kann. Stellen Sie in diesem Zusammenhang eine eigene Hypothese auf.	10
5	Diskutieren Sie Vor- und Nachteile der verschiedenen Maßnahmen zur Eindämmung der Dornenkronen-Ausbreitung.	12

Material 1: Das Große Barriere-Riff

Die Korallenriffe werden durch eine Gemeinschaft winziger Hohltiere, der Korallenpolypen, gebildet. Es handelt sich um räuberische Strudler, die aus dem sie umgebenden Meerwasser Kleinstlebewesen fangen. Jeder Korallenpolyp beherbergt in seinem Körperinneren außerdem Grünalgen, die nicht verdaut, sondern mit Mineralstoffen versorgt werden. Im Gegenzug erhält der Polyp Fotosyntheseprodukte.
Seit mehr als 15 Jahren beobachtet man, dass weite Teile des Großen Barriere-Riffs absterben. Verantwortlich dafür sind Masseninvasionen von korallenfressenden Dornenkronen-Seesternen *(Acanthaster planci)*. Ein Seestern frisst pro Nacht etwa 160 cm^2 Riffoberfläche kahl; pro Jahr sind das rund 6 m^2. Die Kalkskelette der Korallenpolypen werden nach und nach durch Erosion abgetragen. Ohne Korallenpolypen wächst das Riff nicht mehr weiter.
Grund für die ungewöhnliche Massenvermehrung der Dornenkronen-Seesterne ist vermutlich der Rückgang des Tritonshorns *(Charonia tritonis)*, einer seesternfressenden tropischen Meeresschnecke mit bis zu 45 cm hohem Gehäuse. Wegen ihrer Beliebtheit als Souvenir wurden die Schnecken nahezu ausgerottet.

Je mehr Tritonshörner es gibt, desto geringer ist in der Regel die Anzahl der Seesterne.
Zudem ist die Vermehrung der Seesterne begrenzt, denn die Befruchtung findet im freien Meer statt. Bei geringer Populationsdichte ist auch die Wahrscheinlichkeit des Zusammentreffens von Spermien und Eizellen gering. Die aus den befruchteten Eiern schlüpfenden winzigen Seestern-Larven werden häufig Opfer von Korallenpolypen und anderen strudelnden Rifforganismen.
Die überlebenden Dornenkronen-Larven setzen sich als ältere Larven zur Metamorphose mit Vorliebe auf toten Riffabschnitten fest. An diesen korallenfreien Stellen finden die jungen Seesterne ausreichend Algen, von denen sie sich zunächst ernähren. Erst später stellen die Dornenkronen-Seesterne ihre Ernährung auf Korallenpolypen um.
Die kleinflächigen Fraßlücken am Riff, die eine erwachsene Seestern-Population normaler Größe verursacht, regenerieren sich innerhalb von 3 bis 4 Jahren. Dabei siedeln sich zunächst Algen, dann Weichkorallen und zuletzt wieder riffbildende Steinkorallen an. Treten die Dornenkronen-Seesterne jedoch in Massen auf, sind die Fraßlücken wesentlich größer und die Regeneration des Riffs dauert 20 bis 40 Jahre.

Quelle: stark verändert nach: CD-ROM Unterricht Biologie Klausur & Abitur III, Friedrich-Verlag 2003

Tritonshorn *(Charonia tritonis)*

Quelle: David Burdick, NOAA

Dornenkronen-Seestern *(Acanthaster planci)*

Quelle: http://commons.wikimedia.org/wiki/File:Crown_of_Thorns-jonhanson.jpg; Foto: Jon Hanson; lizensiert unter CC-BY-SA-2.0

Material 2: Zweifel an der Tritonshorn-Hypothese

Inzwischen bezweifeln einige Wissenschaftler, dass die starke Dezimierung des Tritonshorn-Bestandes allein für das Massenauftreten des Dornenkronen-Seesterns verantwortlich ist.
Dornenkronen-Seesterne haben noch weitere Feinde im Riff, z. B. Harlekin-Garnelen und Raubfische, die nicht dezimiert wurden.
Darüber hinaus ist bei anderen Seestern-Arten, die ebenfalls von Tritonshörnern gefressen werden, keine ungewöhnliche Vermehrung zu beobachten.

Quelle: stark verändert nach: CD-ROM Unterricht Biologie Klausur & Abitur III, Friedrich-Verlag 2003

Material 3: Bekämpfungsmaßnahmen

Um die weitere Ausbreitung der Dornenkronen-Seesterne einzuschränken, werden mehrere Methoden vorgeschlagen:

Methode I: Taucher sammeln in speziellen Schutzanzügen die Dornenkronen-Seesterne ein oder töten sie gezielt durch Chloroform-Injektionen. Pro Tauchgang kann ein erfahrener Taucher ca. 12 Seesterne einsammeln.

Methode II: Eine Zuchtstation wird aufgebaut. Die gezüchteten Tritonshörner sollen dann in den Korallenriffen ausgesetzt werden. Bis aus Larven aussetzungsfähige Tritonshörner heranwachsen, werden ca. zwei Jahre vergehen.

Methode III: Larven von in Seesternen parasitierenden Rundwürmern werden in großer Zahl ausgesetzt. Solche Larven können mit geringem Aufwand in kurzer Zeit gezüchtet werden.

Lösungsvorschläge

1 *Um diese Aufgabe zu lösen, beschreiben Sie strukturiert alle in den Materialien erwähnten interspezifischen (zwischen verschiedenen Arten bestehenden) Beziehungen.*

Im Großen Barriere-Riff gibt es zahlreiche interspezifische Beziehungen. Dabei handelt es sich hauptsächlich um **Räuber-Beute-Beziehungen**. Korallenpolypen, deren Gemeinschaft das Riff bildet, fressen Kleinstlebewesen sowie Seesternlarven. Die Dornenkronen-Seesterne ernähren sich als Räuber von ihrer Beute, den Korallenpolypen. Das Tritonshorn nutzt Dornenkronen-Seesterne und andere Seesternarten als Nahrung. Auch Raubfische und Harlekingarnelen fressen Dornenkronen-Seesterne.
Als weitere interspezifische Beziehung tritt **Konkurrenz** zwischen den Räubern der Dornenkronen-Seesterne auf. Tritonshörner, Raubfische und Harlekingarnelen konkurrieren um die Beute.
Ein Beispiel für eine **Symbiose**, also eine für alle beteiligten Arten nutzbringende Beziehung, ist das Zusammenleben von Korallenpolypen und Grünalgen.

2 *Werten Sie die Informationen des Materials 1 aus und veranschaulichen Sie diese in einem Schema.*

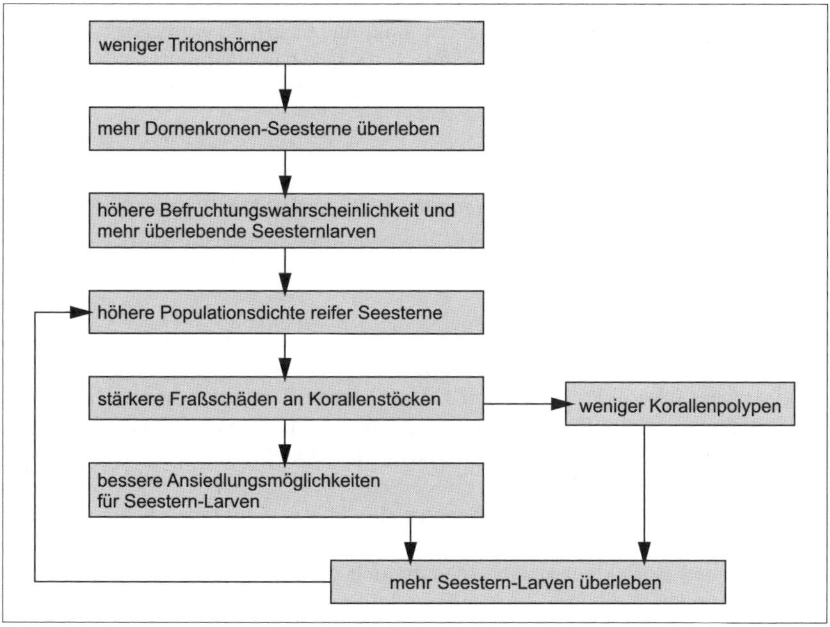

3 *Es bietet sich an, zuerst die 1. und die 2. LOTKA-VOLTERRA-Regel zu definieren und die Voraussetzungen für deren Gültigkeit zu nennen. Erläutern Sie anschließend die Schwankungen der Räuber- und der Beutepopulation.*

Die **1. LOTKA-VOLTERRA-Regel** ist die Regel des periodischen Zyklus. Sie besagt, dass die Individuenzahlen von Räuber- und Beutepopulation auch bei sonst konstanten Bedingungen periodisch schwanken. Dabei sind die Kurven für die Räuber- und die Beutepopulation phasisch verschoben, das heißt, die Räuberpopulation folgt der Beutepopulation mit einer gewissen Zeitverzögerung.
Die **2. LOTKA-VOLTERRA-Regel** beschreibt die Erhaltung der Mittelwerte. Sie besagt, dass unter konstanten Bedingungen die mittleren Populationsgrößen von Räuber und Beute jeweils konstant sind. Der Mittelwert der Räuberpopulation liegt unter dem der Beutepopulation.

Die Regeln gelten nur für isolierte Räuber-Beute-Systeme unter folgenden Voraussetzungen:
- Der Räuber ernährt sich von nur einer Beute.
- Die Beute hat nur einen Fressfeind.
- Alle weiteren Faktoren haben keinen Einfluss und bleiben konstant.

Erläuterung: Erhöht sich die Populationsgröße der Beute, folgt zeitversetzt auch ein Anstieg der Populationsgröße des Räubers, da dem Räuber mehr Nahrung zur Verfügung steht. Dies bedeutet für die Beute eine Verschlechterung der Lebensbedingungen. Ihre Populationsgröße sinkt und es erfolgt zeitversetzt eine Abnahme der Populationsgröße des Räubers, da sich das Nahrungsangebot verringert. Dadurch verbessern sich die Lebensbedingungen für die Beute, sodass ihre Populationsdichte erneut steigt usw.

4 *Es wird erwartet, dass Sie zuerst die im Material gegebenen Hinweise abwägen, die für und gegen den entscheidenden Einfluss des Tritonshorns auf den Bestand an Dornenkronen-Seesternen sprechen, und dann eine eigene Hypothese formulieren. Dazu können Sie das Material nutzen oder sich andere Möglichkeiten überlegen.*

Ein Argument, das **für die These** spricht, dass der Rückgang der Tritonshörner für die Massenentwicklung der Dornenkronen-Seesterne verantwortlich ist, ist die Tatsache, dass Tritonshorn und Dornenkronen-Seestern in einer Räuber-Beute-Beziehung stehen. Da der Fressfeind Tritonshorn durch die Menschen dezimiert wurde, konnte sich die Beutepopulation der Dornenkronen-Seesterne relativ ungestört vermehren.
Zwei Aspekte sprechen jedoch **gegen die These**. Zum einen haben die Dornenkronen-Seesterne außer den Tritonshörnern noch andere natürliche Feinde. Raubfische und Harlekingarnelen ernähren sich ebenfalls von ihnen und diese Arten wurden nicht dezimiert. Zum anderen kommt es bei den anderen Beutetieren des Tritonshorns durch die Dezimierung nicht zu einer Massenentwicklung. Das lässt darauf schließen, dass es zumindest noch eine weitere Ursache für die Massenvermehrung gibt.

Aufstellen einer Hypothese: Ein möglicher Grund für die Massenentwicklung der Dornenkronen-Seesterne ist eine positive Rückkopplung: Mehr Seesterne sorgen durch Fraß für eine stärkere Dezimierung der Fressfeinde ihrer Larven und zusätzlich für mehr abgestorbene Riffbereiche, die den Larven gute Entwicklungsmöglichkeiten bieten. Dies führt zum Auftreten von noch mehr Seesternen.

Beispiele für weitere mögliche Hypothesen zur Massenentwicklung:
- *Der Temperaturanstieg des Oberflächenwassers durch die globale Erwärmung begünstigt das Überleben der Seesternlarven.*
- *Die Verschmutzung der Küstengewässer durch Düngemittel führt zu einem erhöhten Planktonwachstum. Je mehr Plankton vorhanden ist, desto mehr junge Dornenkronen-Seesterne überleben.*
- *Die Populationsgrößen weiterer natürlicher Feinde der Dornenkronen-Seesterne werden durch Überfischung verringert. Dadurch wächst die Seestern-Population.*

5 **Methode I:** Beim Einsammeln der Seesterne handelt es sich um eine mechanische Schädlingsbekämpfung, die zielgenau durchgeführt wird und schonend für das Ökosystem ist.
Nachteilig ist, dass die Methode sehr aufwendig und teuer ist. Außerdem dauert es wahrscheinlich sehr lange, bis die Maßnahme Wirkung zeigt. Es müsste auch sichergestellt werden, dass durch eine Chloroforminjektion keine anderen Lebewesen geschädigt werden.

Methode II: Bei der zweiten Methode werden fehlende Tritonshörner ersetzt, sodass sich wieder eine regulierende Räuber-Beute-Beziehung einstellen kann. Besonders effektiv wäre die Maßnahme, wenn sie mit einem Schutz der Tritonshorn-Schnecke verbunden wäre.
Die Methode ist jedoch wahrscheinlich nur dann erfolgreich, wenn tatsächlich der Rückgang der Tritonshörner der Hauptgrund für die Massenvermehrung der Dornenkronen-Seesterne ist. Dies müsste noch genauer untersucht werden. Außerdem hat dieser Eingriff in das komplexe Nahrungsnetz eventuell nur schwer abschätzbare Folgen für andere Lebewesen. Einen weiteren Nachteil stellt der große Aufwand dar und die Dauer bis eine Wirkung einsetzt.

Methode III: Die dritte Methode hat den Vorteil, dass sie schnell durchzuführen und kostengünstig ist. Bei einer erfolgreichen Parasitierung müssten die Seesterne deutlich dezimiert werden.
Es müsste jedoch sichergestellt werden, dass die Parasiten eine hohe Wirtsspezifität aufweisen und keine anderen Seesternarten befallen. Eine Schädigung anderer Organismen ist wahrscheinlich nie komplett auszuschließen.

Fazit: Abschließend lässt sich feststellen, dass alle Methoden Vor- und Nachteile haben. Bei Eingriffen des Menschen in ein Ökosystem sollten die Auswirkungen im Vorfeld genau abgeschätzt werden.

Leistungskurs Biologie (Berlin): Abituraufgaben 2013
Aufgabe C: Evolution und Zukunftsfragen

Thema: Evolution der Pferdeartigen

Ohne Pferde wären die Mongolen nicht nach Europa vorgedrungen. Die Ritter des Mittelalters hätten sich in ihren Rüstungen zu Fuß dahinschleppen, Bauern und Händler ihre Lasten auf den eigenen Rücken packen müssen. Kaum ein Tier hat den Lauf der Geschichte so stark geprägt wie das Pferd.

Aufgaben

1 Vergleichen Sie tabellarisch die Körperbaumerkmale des Pferdes mit denen seiner fossilen Verwandten.
Erklären Sie die Veränderungen im Körperbau in Bezug auf den jeweiligen Lebensraum. 16

2 Beschreiben Sie das äußere Erscheinungsbild der Pferdeartigen und deren Verbreitung unter Berücksichtigung der Tsetsefliege in Afrika. 8

3 Nennen Sie mindestens vier Evolutionsfaktoren.
Erklären Sie die Entstehung der Streifen bei Zebras auf Basis der synthetischen Evolutionstheorie. 12

4 Formulieren Sie eine Hypothese, die erklärt, wie das Quagga als Unterart des Steppenzebras entstanden ist, und wie es bis zur Ausrottung durch den Menschen als eigenständige Unterart weiterbestehen konnte. 8

5 Erklären Sie die Entstehung der ähnlichen Streifenmuster von Zebra und Gnu unter Verwendung entsprechender Fachbegriffe. 6

Material 1: Evolution der Pferde

Im Oligozän wuchsen dichte Wälder auf sumpfigem Boden. Im frühen Miozän wurde es kühler und trockener. Nun breiteten sich auf dem festen Untergrund Grassteppen mit Sträuchern und Bäumen aus. Gräser haben feste Zellwände mit eingelagerten Oxalatkristallen, die zu einer starken Abnutzung der Zähne führen.

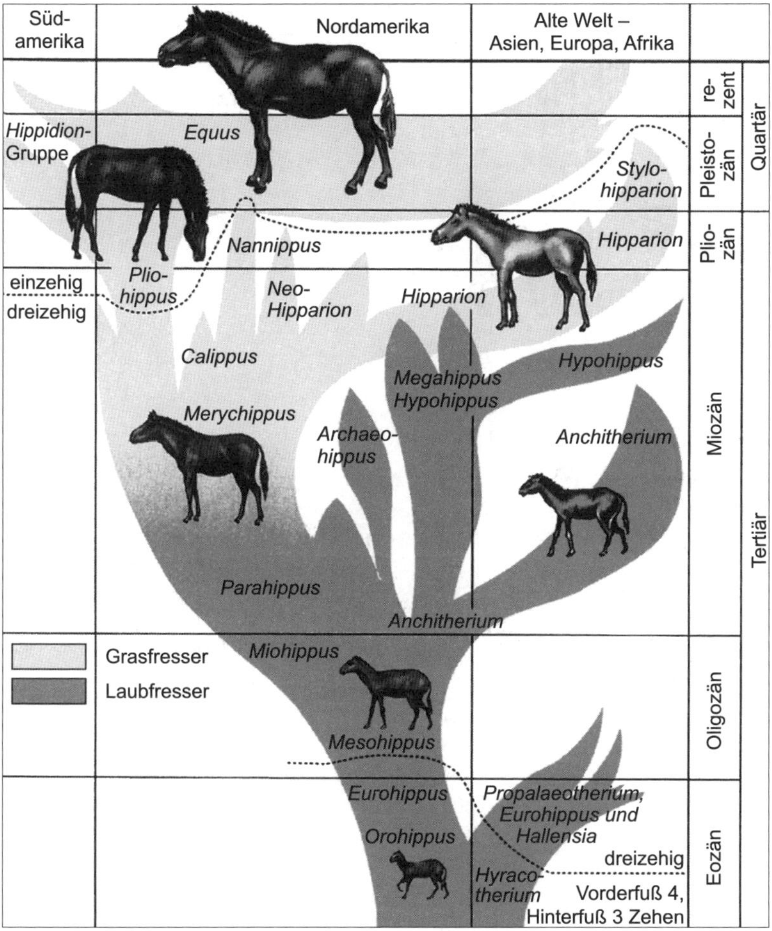

Stammbaum der Pferde

Quelle: verändert nach: Linder Biologie; Hrsg.: Bayrhuber, H., Kull, U.; 2005, Bildungshaus Schulbuchverlage Braunschweig, S. 282

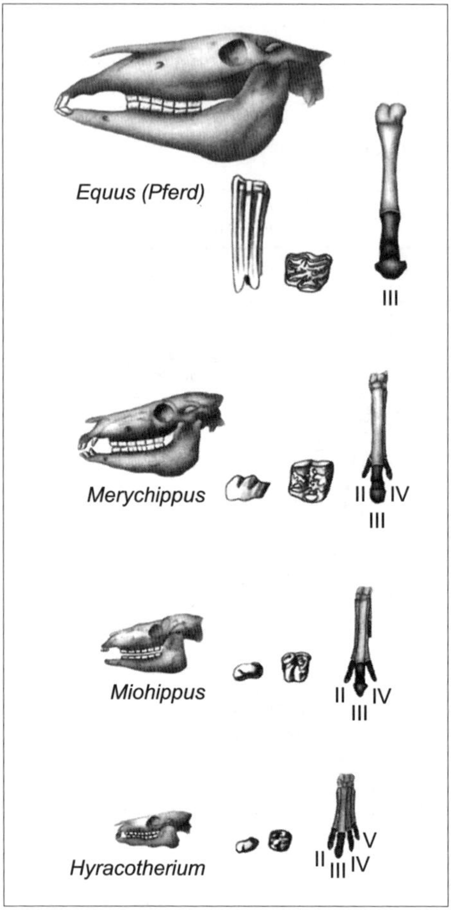

Körpermerkmale der Pferde: Schädel, Backenzähne (Seitenansicht und Aufsicht) Vorderextremität

Quelle: verändert nach: Schroedel Biologie; Hrsg.: Bayrhuber, H., Kull, U.; 2005, Bildungshaus Schulbuchverlage Braunschweig, S. 282

Material 2: Verbreitungsgebiete von Pferdeartigen und Tsetsefliege

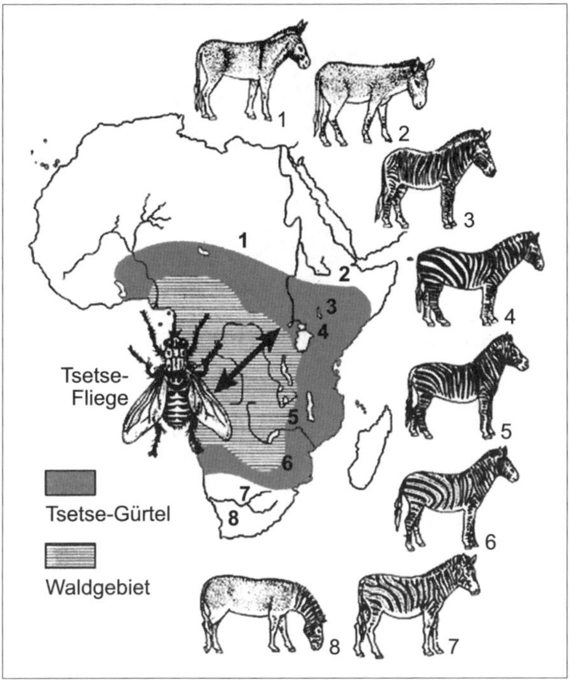

1–2: Afrikanischer Wildesel
3: Grevy-Zebra
4–6: Steppenzebra
7: Bergzebra
8: Quagga

Quelle: verändert nach: Abitur-Prüfungsaufgaben Biologie, Gymnasium Bayern; 2001–9; STARK Verlagsgesellschaft mbH & Co. KG

Material 3: Verbreitungsgebiete von Pferdeartigen und Tsetsefliege

Zebras und Wildesel gehören zur Ordnung der Unpaarhufer und dort zur Gattung der Pferde. Es gibt die drei Arten Grevy-, Berg-, und Steppenzebra. Zebras sind vor allem durch die charakteristischen Streifen bekannt und an das Leben in der Savanne angepasst. Die durch eine einheitliche Fellfärbung gekennzeichneten Vorfahren der heute in Afrika lebenden Wildesel und Zebras wanderten vom Norden her in den Kontinent ein. In der Folge entstand eine Reihe verschiedener Wildesel- und Zebraformen.

Im Blut afrikanischer Säugetiere fand man parasitische Einzeller, welche bei Antilopen, Rindern, Pferden und Zebras die meist tödlich verlaufende Nagana-Seuche verursachen. Diese Erreger werden von der Tsetsefliege übertragen. Tsetsefliegen kommen sowohl in Waldgebieten, als auch in der Savanne des tropischen Afrikas vor. Ihr Opfer nimmt die Tsetsefliege aus der Ferne überwiegend mit ihren Facettenaugen wahr. Facettenaugen können Längsmuster schlecht auflösen. Im Verbreitungsgebiet der Tsetsefliege fand man die parasitischen Einzeller häufig im Blut von Elefanten, Büffeln, Löwen, Gnus und vielen Antilopenarten. Bei Zebras und Streifengnus fand man sie hingegen nur relativ selten.

Quelle: verändert nach: Abitur-Prüfungsaufgaben Biologie, Gymnasium Bayern; 2001–9; STARK Verlagsgesellschaft mbH & Co. KG

Material 4: Das Quagga – ein ausgestorbenes halbgestreiftes Zebra

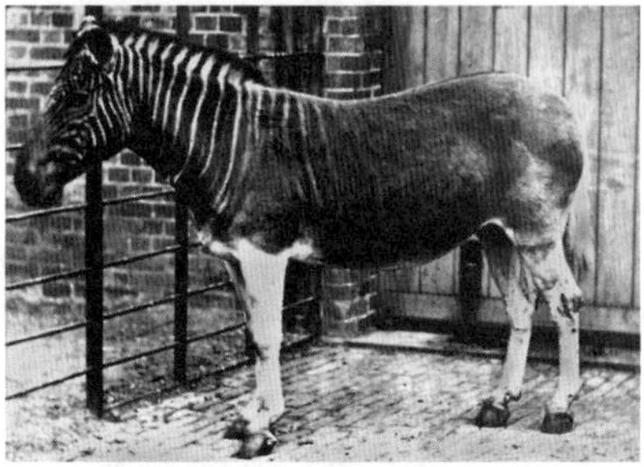

Beim ausgestorbenen Quagga *(Equus quagga quagga)* handelt es sich um die südliche Unterart des Steppenzebras. Kopf und Hals des Quaggas waren kräftig braun-weiß gestreift, zum Rumpf hin wurden die Streifen blasser und die Zwischenräume dunkler und verschmolzen zu einem einfarbigen Rotbraun. Das Quagga war in Südafrika weit verbreitet und soll bis ins 17. Jahrhundert einer der häufigsten Großsäuger gewesen sein. Durch exzessive Bejagung rottete der Mensch es bis zum Ende des 19. Jahrhunderts aus. Ein Einzeltier lebte noch bis 1883 im Amsterdamer Zoo.
Ursprünglich nahm man an, dass es sich beim Quagga um eine „Mischform aus Pferd und Zebra" handelte. Die US-amerikanische Wissenschaftlerin Jennifer Leonard hat mithilfe von molekularbiologischen Untersuchungen jedoch herausgefunden, dass das Quagga eine Unterart des Steppenzebras ist. Es hat sich wahrscheinlich vor etwa 120 000 bis 290 000 Jahren während der vorletzten Eiszeit vom Steppenzebra abgespalten.

Quelle:
Text: www.wikipedia.org/wiki/Quagga

Material 5: Das Streifengnu

Das Streifengnu ist eine Antilope und kommt im Osten Afrikas vor. Streifengnus gehören zur Ordnung der Paarhufer. Sie bevorzugen Savannenlandschaften in Ebene und Hügelland bis in über 2 000 m Höhe. Sie leben in großen Herden, die Zehntausende von Tieren umfassen können. Das Haarkleid ist bräunlich oder bläulich schillernd dunkelgrau. Vom Hals bis zum Hinterteil befinden sich dunkle Streifen.

Quelle:
Text: www.world-of-animals.de/Tierlexikon/Tierart_Streifengnu.html
Abb.: http://commons.wikimedia.org/wiki/File:Streifengnu_(en._Wildebeest).JPG;
Foto: Lukas Kaffer; lizensiert unter CC-BY-SA-3.0

Lösungsvorschläge

1 *Beachten Sie, dass ein Vergleich immer Gemeinsamkeiten und Unterschiede umfassen sollte.*

Merkmal	Gemeinsamkeit	Unterschied
Körper	ähnliche Form	Körpergröße nimmt im Laufe der Evolution zu
Schädel	ähnliche Form	Größe nimmt zu
Kiefer	ähnliche Form	Zahnlücke vor den Backenzähnen wird länger; Kiefer wird insgesamt länger
Backenzähne	Reibefläche	Höhe der Zähne und Größe der Kaufläche nehmen im Laufe der Evolution zu
Vorderextremität	homologe Strukturen der Extremitäten	Zahl der „Finger" nimmt ab; „Mittelfinger" wird immer kräftiger

Erklärungen der Befunde: Während die ursprünglichen Pferdeformen hauptsächlich in warmen, dichten Wäldern vorkamen, lässt sich der Körperbau des heutigen Pferdes mit der Anpassung an das Leben in einer offenen, kühleren Grassteppe erklären. Die Körpergröße nahm zu, weil ein größerer Körper in kühlen Gebieten besser vor Wärmeverlust schützt. Im Laufe der Evolution entwickelten sich aus den mehrstrahligen Vorderextremitäten, die an die Fortbewegung auf sumpfigem Waldboden angepasst waren die einstrahligen Vorderextremitäten des heutigen Pferdes. Diese ermöglichten den Tieren auf trockenem Untergrund in einer offenen Landschaft eine schnelle und stabile Fortbewegung. Die Nahrung der Pferde veränderte sich von Laub zu Gras, was eine Anpassung der Zähne zur Folge hatte. Die stark strukturierten Zahnoberflächen ermöglichen das Zermahlen der oxalathaltigen Gräser und die zunehmende Länge der Zähne kompensiert deren verstärkte Abnutzung.

2 *In dieser Aufgabe wird ausschließlich eine Beschreibung und keine Erklärung erwartet.*

Der Afrikanische Wildesel lebt nördlich des Tsetse-Gürtels. Er ist kaum gestreift. Das Steppen- und das Grevy-Zebra leben in der Savanne Ostafrikas. In diesem Gebiet kommt die Tsetse-Fliege vor. Bei ihnen ist die für Zebras typische Fellzeichnung zu erkennen. Der Lebensraum des Bergzebras befindet sich am südlichen Rand des Tsetse-Gürtels. Auch diese Art trägt das Streifenmuster. Das Quagga, welches kaum gestreift war, lebte am südlichen Ende Afrikas unterhalb des Tsetse-Gürtels.
Die Pferdeartigen sind in den Gebieten auffällig gestreift, die sich mit dem Verbreitungsgebiet der Tsetse-Fliege überschneiden.

3 Zu den **Evolutionsfaktoren** gehören Mutation, Rekombination, Selektion, Isolation und Gendrift.

Nur vier Faktoren sind verlangt.

Nach der **synthetischen Evolutionstheorie**, die die Veränderungen der Allelhäufigkeiten in Populationen als Folge der Einwirkung der Evolutionsfaktoren beschreibt, lässt sich die Entstehung des Streifenmusters der Zebras folgendermaßen erklären:
Demnach sind ungestreifte Vorfahren des heutigen Zebras aus dem Norden in den Tsetse-Gürtel eingewandert. Diese erzeugten mehr Nachkommen, als zur Erhaltung der Art notwendig waren. Durch zufällige Mutation entstanden auch Nachkommen mit gestreiftem Fell (Varietäten). Diese längs gestreiften Tiere waren vor den Angriffen der Tsetse-Fliegen besser geschützt als ihre ungestreiften Artgenossen. Dies liegt daran, dass die Insekten mit ihren Facettenaugen Längsmuster schlecht auflösen und die gemusterten Tiere dadurch weniger gut erkennen können. Das Streifenmuster erwies sich also als Selektionsvorteil. Folglich hatten die gestreiften Individuen eine höhere Überlebenschance und konnten sich häufiger fortpflanzen (erhöhte Fitness) und somit die Gene für das gestreifte Fell verstärkt in den Allelpool der Folgegenerationen einbringen.

4 *Es wird erwartet, dass Sie die Hypothese auf der Basis Ihrer Kenntnis der Artbildungsformen formulieren.*

Es ist anzunehmen, dass sich von der Ursprungspopulation des Steppenzebras eine Teilpopulation abgespalten hat. Diese wurde **geografisch** von der Ursprungspopulation **isoliert**, sodass kein Genaustausch zwischen den Teilpopulationen mehr möglich war. In beiden Teilpopulationen fanden zufällige Mutationen statt und es wirkten verschiedene Selektionsdrücke. Entstanden bei den Vorfahren des Quaggas nun durch Mutations- und Rekombinationsvorgänge Tiere, die weniger Streifen aufwiesen, hatten diese in den südlichen Gebieten Südafrikas keinen Selektionsnachteil mehr. Dort kommen keine Tsetse-Fliegen vor, sodass der Selektionsdruck in Richtung des Streifenfells wegfiel. Folglich setzten sich die weniger gestreiften Tiere durch.
Den beschriebenen Vorgang bezeichnet man als **allopatrische Unterartbildung**.

*Denkbar wäre auch eine **parapatrische Unterartbildung**. Dabei hätte die ursprüngliche Steppenzebra-Population einen Lebensraum mit verschiedenen ökologischen Bedingungen besiedelt. Die Quagga-Vorfahren wurden durch Mutation, Rekombination und Selektion an eine tsetsefliegenfreie Umgebung angepasst. Zwischen den Unterarten bildeten sich reproduktive Isolationsmechanismen aus. Möglicherweise hatten entstehende Bastarde eine geringere Fitness.*

Die Quaggas konnten wahrscheinlich aufgrund von Isolationsmechanismen, die den Genaustausch behinderten, als eigenständige Unterart weiterbestehen. Denkbar wären z. B. geografische Barrieren oder eine ethologische Isolation.

5 Bei den Streifengnus, die im Osten Afrikas vorkommen, und den Zebras findet man eine Ähnlichkeit in Bezug auf die Streifenmusterung des Fells. Diese Arten sind nicht enger miteinander verwandt, da das Streifengnu zu den Paarhufern und das Zebra zu den Unpaarhufern zählt, das heißt, sie gehören unterschiedlichen Säugetierordnungen an. Das Streifengnu ist wie das Zebra ein potenzielles Opfer der Tsetse-Fliege, da deren parasitische Einzeller auch bei Antilopen die Nagana-Seuche verursachen. Aufgrund von ähnlichen Selektionsdrücken haben sich bei Streifengnu und Zebra ähnliche Merkmale entwickelt. Die Streifen der Tiere sind also **analoge Merkmale**, die sich unabhängig voneinander entwickelt haben, was man als **konvergente Entwicklung** bezeichnet.

Grundkurs Biologie (Berlin): Abituraufgaben 2014
Aufgabe A1: Physiologische Grundlagen ausgewählter Lebensprozesse

Thema: *Clostridium botulinum* – ein Bakterium macht Karriere

Bis vor einigen Jahren war das Botulinus-Toxin, das Gift des Bakteriums *Clostridium botulinum*, nur einigen Mikrobiologen und Ärzten ein Begriff. Bereits in kleinen Mengen aufgenommen, handelt es sich um ein tödliches Gift, das z. B. in verdorbenen Fleischkonserven auftritt.
Es findet aber seit einiger Zeit unter der Bezeichnung „Botox" auch Anwendung in der medizinischen Kosmetik als Inhaltsstoff einer lukrativen Anti-Falten-Spritze.
Das Botulinus-Toxin beeinflusst in spezifischer Art und Weise die neuromuskuläre Funktionseinheit, bestehend aus Nerv, Synapse und Muskelfaser.

Aufgaben

1	Beschreiben Sie mit Hilfe einer beschrifteten Skizze den Ablauf der Erregungsübertragung an einer neuromuskulären Synapse.	18
2	Erläutern Sie die Zusammenhänge zwischen den in den Diagrammen dargestellten Messgrößen für den Normalfall und beim Einsatz von Botulinus-Toxin. Entwickeln Sie eine Hypothese zum Wirkmechanismus des Botulinus-Toxins.	13
3	Leiten Sie die Wirkung von E 605 begründet ab. Beurteilen Sie, ob eine Verabreichung von E 605 als Gegenmaßnahme bei einer Botulinus-Vergiftung sinnvoll ist.	9
4	Beschreiben Sie die Entstehung von Falten und erläutern Sie die Wirksamkeit von lokalen, dicht unter die Haut erfolgenden Botox-Injektionen als Anti-Falten-Mittel.	10

Material 1: Wirkung verschiedener Gifte auf die neuromuskuläre Synapse

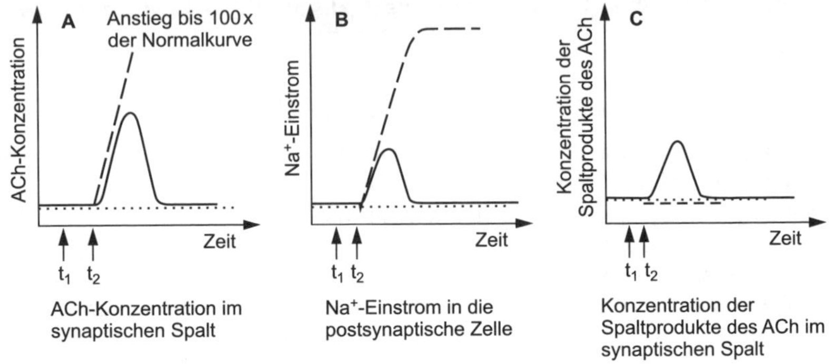

ACh	= Acetylcholin
E 605	= ein Synapsengift, wirkt ausschließlich im synaptischen Spalt
Botulinus-Toxin	= Gift des Bakteriums *Clostridium botulinum*
t_1	= Zeitpunkt der Giftzugabe
t_2	= Ankunft des erste Aktionspotenzials nach Giftzugabe
———	= Normalwert
— — —	= E 605
·········	= Botulinus-Toxin

Hinweis: Die Zeitpunkte t_1 und t_2 sind für die Erläuterung der Normalkurve bedeutungslos.

Quelle: Feldermann, D. (Hrsg.): Linder Biologie – Arbeitsbuch; Bildungshaus Schulbuchverlage, Braunschweig 2005, S. 69

Material 2: Gesichtsmuskulatur und Gesichtshaut

Die Abbildung zeigt die Gesichtsmuskulatur und typische Injektionsstellen für Botox-Behandlungen. Die mimische Gesichtsmuskulatur stellt eine Besonderheit dar, da sie nicht von Knochen zu Knochen über Gelenke zieht, sondern direkt in die Haut ausstrahlt und dort endet. Bei Kontraktion verursacht sie durch zeitweilige Bildung von Furchen, Falten und Grübchen das Mienenspiel (Mimik). Entspannt sich die Gesichtsmuskulatur, so gehen diese Hautverformungen je nach Elastizitätsgrad wieder zurück.
Der Elastizitätsgrad der Haut hängt von vielen Faktoren ab, große Bedeutung hat z. B. der Kollagenanteil in der mittleren Schicht der Haut (Lederhaut).

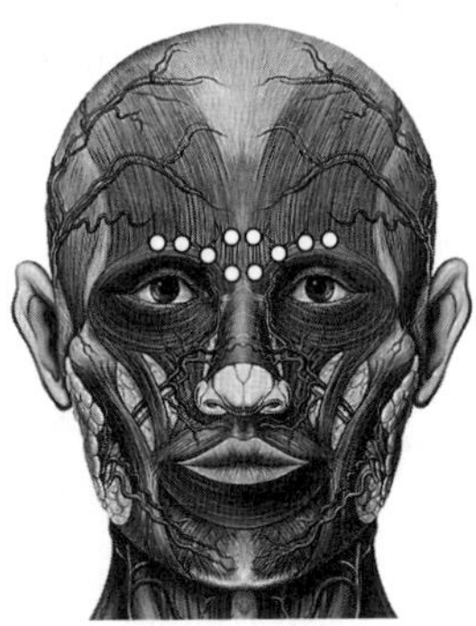

○ typische Injektionsstellen für Botox-Spritzen

Kollagene sind reißfeste, flexible Faserproteine, die in die gallertige, wasserreiche Grundsubstanz der Lederhaut eingebettet sind. Der Kollagenanteil hängt neben genetischen Faktoren auch vom Alter und einer Vielzahl von Umwelteinflüssen ab.
Mit zunehmendem Alter nimmt der Gewebebestand zahlreicher Organe deutlich ab, bereits ab dem 25. Lebensjahr vermindert sich der Kollagenanteil in der Haut und auch der Wassergehalt des Hautgewebes sinkt.

Quellen: Abbildung verändert nach: Patrick J. Lynch, medical illustrator; C. Carl Jaffe, MD, cardiologist. http://creativecommons.org/licenses/by/2.5/
Text: zusammengestellt nach: Sommer, K. (Hrsg.): Der Mensch; Verlag Volk und Wissen, Berlin 1989, S. 669 und Czihak, G., Langer, H., Ziegler, H. (Hrsg.): Biologie; Springer, 4. Auflage, Berlin/Heidelberg, 1990, S. 37, 173, 521

Lösungsvorschläge

1 *Hier geht es im Wesentlichen darum, gelerntes Wissen grafisch und in Textform darzustellen.*
Zunächst soll eine beschriftete Skizze einer Synapse angefertigt werden. Die Zeichnung sollte nicht zu detailliert sein, aber alle Elemente enthalten, die zur Erläuterung der Funktionsweise einer Synapse absolut notwendig sind.
Im Text muss deutlich werden, dass an der Synapse die elektrische Erregungsleitung auf dem Axon durch eine chemische Übertragung unterbrochen wird. Dabei ist unbedingt der häufig gemachte Fehler zu vermeiden, dass von Reizleitung statt von Erregungsleitung gesprochen wird. Die Entstehung und Weiterleitung eines Aktionspotenzials muss nicht detailliert beschrieben werden, da die Aufgabenstellung dies nicht fordert.
Die Grafiken in Material 2 können als Erinnerungshilfe für die Erläuterung der Vorgänge an der Synapse genutzt werden.

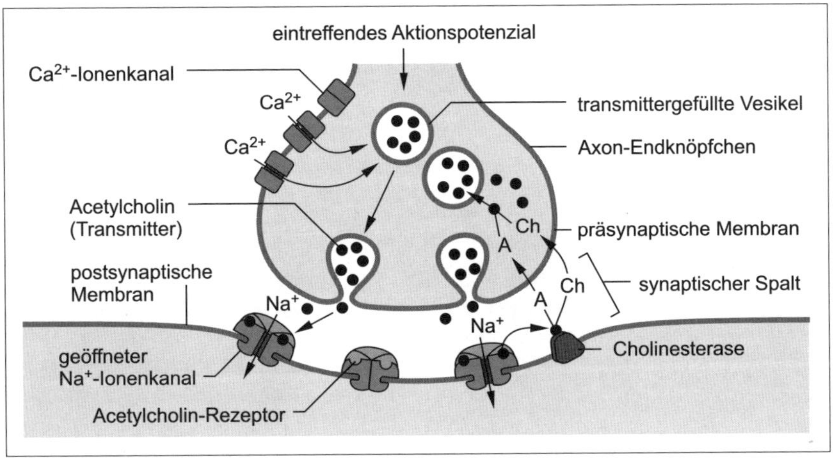

Für die volle BE-Zahl sollten in der Skizze mindestens die folgenden Strukturen benannt werden:
- *Axon-Endknöpfchen mit synaptischen Bläschen*
- *Ca^{2+}-Kanäle*
- *Transmitter (z. B. Acetylcholin)*
- *präsynaptische Membran*
- *synaptischer Spalt*
- *postsynaptische Membran*
- *Na^{+}-Kanäle*
- *transmitterabbauendes Enzym (z. B. Cholinesterase)*
- *Na^{+}-Ionen*

Beschreibung der Erregungsübertragung:

Ankunft eines Aktionspotenzials (AP) am Axonendknöpfchen

⇒ Öffnung der Ca^{2+}-Kanäle, Einstrom von Ca^{2+}-Ionen

⇒ Ausschüttung von Transmittermolekülen (z. B. Acetylcholin ACh) aus den synaptischen Bläschen in den synaptischen Spalt

⇒ Diffusion des Transmitters durch den synaptischen Spalt und Anlagerung an die Transmitter-Rezeptoren, die mit den Na^{+}-Kanälen verbunden sind

⇒ Öffnen der Na^{+}-Kanäle und Einstrom von Na^{+}-Ionen

⇒ Auslösung eines neuen APs (postsynaptisches Potenzial)

⇒ Ablösen des Transmitters von den Rezeptoren

⇒ Schließen der Na^{+}-Kanäle, keine weiteren APs

⇒ Enzym spaltet Transmitter

⇒ Spaltprodukte des Transmitters werden wieder in die synaptischen Bläschen aufgenommen

2 *Die Beschreibung der Grafiken muss nicht zu detailliert ausfallen, da hierfür üblicherweise nur wenige BEs vergeben werden. Außerdem sollte vermieden werden, einzelne Zahlenwerte aufzuzählen, sondern die kurze Beschreibung sollte sofort in die in der Aufgabenstellung geforderte Erläuterung der Zusammenhänge münden. Die Situation, die den Normalkurven zugrundeliegt, deckt sich mit den in Aufgabe 1 beschriebenen Sachverhalten.*
Die Entwicklung einer Hypothese zum Wirkmechanismus von Botox entspricht dem Anforderungsbereich III.

Erläuterung des Normalfalls:

Nach der Ankunft des APs an der Synapse steigt die ACh-Konzentration im synaptischen Spalt schnell und deutlich an (Abb. A).
Dies führt zu einem schnellen Einstrom von Na^{+}-Ionen in die postsynaptische Membran (Abb. B).
Dies wiederum hat zur Folge, dass die Konzentration der Spaltprodukte des ACh im synaptischen Spalt schnell zunimmt (Abb. C), da sich das ACh schnell wieder von den Rezeptoren ablöst und gespalten wird (um in den synaptischen Bläschen wieder zu ACh resynthetisiert zu werden, damit es schnell wieder für eine neue Übertragung zur Verfügung steht).

Erläuterung der Wirkung von Botox:

Obwohl ein AP an der Synapse ankommt, wird kein Transmitter in den synaptischen Spalt ausgeschüttet (Abb. A).
Die Folge ist, dass die Na^{+}-Kanäle nicht geöffnet werden und somit keine Na^{+}-Ionen in die postsynaptische Membran einströmen können (Abb. B).
Folglich sind im synaptischen Spalt auch keine Spaltprodukte des ACh zu finden (Abb. C).

Hypothese zum Wirkmechanismus von Botox:

Botox verhindert eine Ausschüttung von ACh in den synaptischen Spalt und damit eine Weiterleitung des AP.

Als Ursache dafür wäre denkbar, dass Botox zu einer Veränderung der präsynaptischen Membran führt, sodass sich die synaptischen Bläschen nicht mehr anlagern und mit ihr verschmelzen können.

Alternative z. B.:
Als Ursache dafür wäre denkbar, dass Botox die Einwirkung der Ca^{2+}-Ionen auf die synaptischen Bläschen verhindert.

3 *Hier wird nicht nur erwartet, dass Sie aus den drei Grafiken A–C neue Informationen über den Ihnen wahrscheinlich unbekannten Stoff E 605 ableiten, sondern auch, dass Sie eine zusammenfassende Interpretation der Erkenntnisse aus dem Material vornehmen. Somit ist diese Teilaufgabe dem Anforderungsbereich II und III zuzuordnen.*

E 605 bewirkt, dass unmittelbar nach Ankunft eines AP die Konzentration des ACh im synaptischen Spalt stark ansteigt (Abb. A). Infolgedessen werden viele Na^{+}-Kanäle geöffnet und sehr viele Na^{+}-Ionen strömen in die Postsynapse ein (Abb. B). E 605 wirkt also prinzipiell genau entgegengesetzt zu Botox. Insofern ist die Frage berechtigt, ob E 605 als Mittel gegen eine Botulinus-Vergiftung eingesetzt werden kann.
Aus Abb. C geht aber hervor, dass das E 605 bewirkt, dass im synaptischen Spalt keine ACh-Spaltprodukte produziert werden. Dadurch sind die hohe ACh-Konzentration (Abb. A) und der starke Na^{+}-Einstrom (Abb. B). zu erklären. Die Wirkung von E 605 beruht also vermutlich auf einer Blockade des transmitterspaltenden Enzyms (Cholinesterase).
E 605 wirkt also auf die postsynaptische Membran und hat keinerlei Einfluss auf die präsynaptische Membran, wo Botox wirkt. Deshalb ist es **als Gegenmittel ungeeignet**.

E 605 ist ein Insektizid, das das Enzym Cholinesterase irreversibel blockiert und somit auch die Erregungsübertragung an Synapsen hemmt. Es wirkt aber nicht nur bei Insekten als sehr starkes Nervengift, sondern auch beim Menschen. Daher ist sein Einsatz in der EU seit 2001 verboten.

4 *Aus dem Material 2 müssen Fakten zur Faltenbildung und zum Alterungsprozess abgeleitet werden. Dies ist an sich nicht schwierig, da der Text und die Abbildung nicht besonders komplex sind.*
Wenn Sie die Aufgaben 2 und 3 ansatzweise gelöst haben, sollte Ihnen auch die Ableitung der Wirkung von Botox-Spritzen nicht besonders schwer fallen.

Entstehung von Falten:
Die Kontraktion der Gesichtsmuskeln führt zur kurzzeitigen Entstehung von Falten, Furchen und Grübchen. Dies bezeichnet man als Mienenspiel oder Mimik. Dabei handelt es sich um eine wesentliche Grundlage menschlicher Kommunikation, weil wir dadurch im Gesicht viele emotionale Regungen ablesen können, ohne dass diese verbalisiert werden müssen. Die Falten verschwinden sofort wie-

der, wenn sich die Gesichtsmuskulatur entspannt und das Gewebe noch elastisch ist. Mit zunehmendem Alter nimmt der Elastizitätsgrad der Haut aber ab, weil ihr Kollagen- und Wassergehalt sinkt. Dadurch erzeugt die Kontraktion der Gesichtsmuskulatur tiefere Falten, und die durch Wiederholung bestimmter Gesichtsausdrücke oft erzeugten Falten und Furchen bleiben dauerhaft erhalten (Alterungsprozess).

Wirkungsweise von Botox-Spritzen:
Botox-Spritzen verhindern gezielt eine Kontraktion bestimmter Bereiche der Gesichtsmuskulatur, die besonders stark an der Faltenbildung beteiligt sind. Dadurch wird die Faltenbildung stark und länger anhaltend minimiert. Allerdings hat dies zur Folge, dass sich wichtige Teile der Gesichtsmuskulatur nicht mehr kontrahieren können und somit ein Mienenspiel nur noch eingeschränkt möglich ist. Dadurch wirken „Botox-Gesichter" oft maskenhaft.

Thema: Mondscheinkinder

Mondscheinkinder werden Menschen genannt, die an *Xeroderma Pigmentosum* (XP) leiden. Dies ist eine erblich bedingte Hautkrankheit, bei der Sonnenlicht zu Veränderungen am Erbgut führt und dadurch Hautkrebs hervorrufen kann. Die Erforschung von XP liefert wichtige Erkenntnisse zur Entstehung von Hautkrebs, die auf Probleme bei der DNA-Replikation zurückzuführen sind.

Quelle: Dr. Ellen Katz, Universitätsklinikum Tübingen; www.idw-online.de/de/news84269

Aufgaben

1 Beschreiben Sie den Ablauf der DNA-Replikation bei nicht Erkrankten. 13

2 Erklären Sie den DNA-Reparaturmechanismus nach UV-Schäden in menschlichen Hautzellen. 10

3 Stellen Sie die Ursachen und Folgen für die Entstehung des Krankheitsbildes von *Xeroderma Pigmentosum* (XP) mithilfe eines Fließschemas dar. 9

4 Nennen Sie Maßnahmen hinsichtlich der Lebensgestaltung, die das Leben der an *Xeroderma Pigmentosum* Erkrankten erleichtern und deren Lebenserwartung erhöhen können.
Begründen Sie diese. 8

5 Stellen Sie die Wirkung der therapeutischen Sonnencreme dar.
Diskutieren Sie den Einsatz dieses Mittels. 10

Material 1: DNA-Reparatur mithilfe des NER-Systems

Gesunde Hautzellen besitzen das Nucleotid-Exzisions-Reparatur-System (NER), um entstandene DNA-Schäden zu beheben. Die DNA-Endonuklease ist eines der vielen Enzyme zur DNA-Reparatur, die nach einer ersten Korrektur durch die DNA-Polymerase arbeiten.

Quelle: zusammengestellt nach: www.bmub.bund.de/fileadmin/bmu-import/files/pdfs/allgemein/application/pdf/schriftenreihe_rs686.pdf

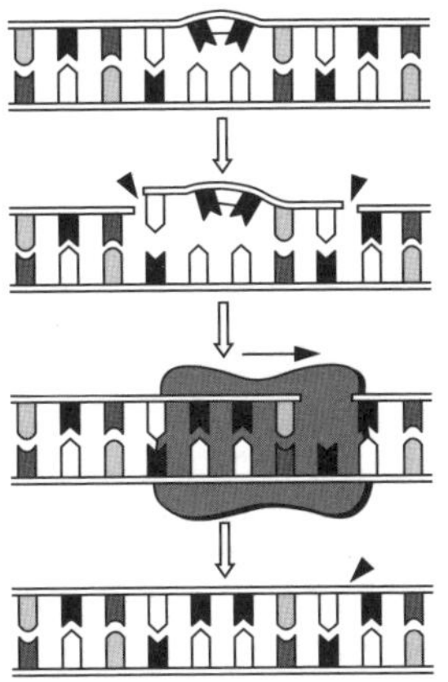

Quelle: Biologie Oberstufe, Gesamtband; 2. neu bearbeitete Auflage; Cornelsen Verlag, Berlin 2009, S. 167

Material 2: *Xeroderma Pigmentosum*

Xeroderma Pigmentosum (XP) ist eine seltene autosomal-rezessiv vererbte Krankheit. Weltweit gibt es ungefähr 2 000 Betroffene, in Deutschland leben etwa 50 Erkrankte. Schon in frühester Jugend entstehen Entzündungen der Haut, aus denen sich zunächst zahlreiche bräunliche Pigmentflecken und später Tumore entwickeln. Unbehandelt können diese Tumore Tochtergeschwülste (Metastasen) bilden, die dann auch in anderen Organen zu Krebs führen. Die Prognose für XP-Patienten ist ungünstig: Bei mehr als zwei Dritteln der Betroffenen verläuft die Erkrankung bereits im Kindesalter tödlich.

Quelle: zusammengestellt nach: www.med-serv.de/medizin-buch-hautkrankheiten-0-13-7.html

Material 3: DNA-Schäden durch Sonnenlicht

Der ultraviolette Strahlungsanteil des Sonnenlichts, besonders das sehr energiereiche UV-B-Licht, schädigt die Erbsubstanz, indem es fotochemische Reaktionen zwischen den Thymin-Basen der DNA auslöst. Dabei verbinden sich in einem Polynukleotidstrang zwei benachbarte Thymin-Basen, es entstehen sogenannte Thymidin-Dimere. Die beiden Thymin-Basen in einem Thymidin-Dimer haben einen geringeren Abstand als zwei normal benachbarte Thymin-Basen. Thymidin-Dimere führen daher zu Fehlern bei der Replikation und bei der Transkription.

Quelle: zusammengestellt nach: www.innovationsreport.de/html/berichte/biowissenschaften_chemie/bericht-40743.html

Material 4: Untersuchungen zur Enzymaktivität

Bei der Untersuchung der Enzymaktivität in den Zellen einer Gruppe von XP-Patienten und Gesunden ergab sich folgender Befund:

	Enzymaktivität von	
	Gesunden	XP-Patienten
DNA-Endonuklease	100 %	ca. 5 %
andere Enzyme zur DNA-Reparatur	100 %	100 %

Quelle: zusammengestellt nach: www.innovationsreport.de/html/berichte/biowissenschaften_chemie/bericht-40743.html

Material 5: Therapeutische Sonnenmilch

Einige Zeit erprobte das amerikanische Unternehmen Applied Genetics mit der sogenannten T4N5 Liposomlotion eine neue Behandlung von XP-Patienten. Bei dieser Behandlung wird den Betroffenen das fehlende DNA-Reparaturenzym T4 Endonuklease (T4N5) von außen zugeführt. In Liposomen verpackt wird es als Sonnenmilch täglich auf die Haut aufgetragen. Bei dieser Methode kommt es darauf an, den Wirkstoff in die tiefer liegenden lebenden Hautzellen einzubringen. Bei den dafür verwendeten Liposomen handelt es sich um Mikrokügelchen, die in ihrem Inneren den Wirkstoff enthalten. Die Herstellung solcher Liposomen ist aufwändig. Die T4N5-Reparaturenzyme sind in der Herstellung ebenfalls sehr teuer. In den Hautzellen soll das Enzym die vorhandenen DNA-Schäden reparieren. Untersuchungen konnten bestätigen, dass die Behandlung von XP-Patienten mit T4N5 Liposomlotion die Reparatur solcher DNA-Schäden tatsächlich verbessert und die Anzahl der Thymidin-Dimere in der DNA verringert haben. Die Tests wurden nicht fortgeführt.

Quellen: zusammengestellt nach:
www.bmu.de/files/pdfs/allgemein/applcation/pdf/schriftenreihe_r686.pdf und
www.xerodermapigmentosum.de/wasistxp/forschung/index.html

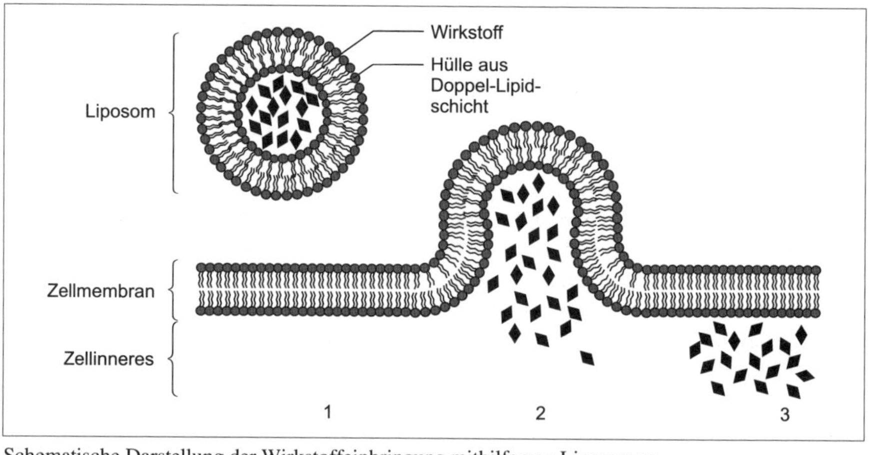

Schematische Darstellung der Wirkstoffeinbringung mithilfe von Liposomen

Lösungsvorschläge

1 *In dieser Aufgabe geht es um die Darstellung von bekanntem Fachwissen in gut strukturierter Form.*
In der Aufgabenstellung wird nicht erwähnt, wie komplex die Erläuterung sein soll. Die Angabe von 13 BE deutet jedoch darauf hin, dass die Darstellung nicht zu oberflächlich ausfallen darf.
Da keine Skizze gefordert ist, können Sie auf die Anfertigung verzichten. Wichtig ist aber, dass die Darstellung der Sachverhalte gut strukturiert und präzise erfolgt. Um die komplexen Zusammenhänge zunächst sinnvoll zu ordnen, empfiehlt sich das Anlegen eines Entwurfs auf dem Konzeptpapier.

Replikation bedeutet Verdopplung bzw. Vervielfältigung der DNA unter Mitwirkung von Enzymen.
Zunächst muss die DNA durch das Enzym Helicase entspiralisiert und in zwei Einzelstränge aufgetrennt werden. Dabei werden die Wasserstoffbrückenbindungen zwischen den komplementären Basenpaaren getrennt. Es entsteht eine Replikationsgabel. Primer dienen an den Einzelsträngen als Startpunkte für die Anlagerung und Verknüpfung von einzelnen komplementären Basen bzw. Nukleotiden, die sich frei im Plasma bewegen. Die Verknüpfung der Nukleotide zu neuen Strängen in 5'-3'-Richtung wird durch das Enzym DNA-Polymerase vorgenommen. Nur an einem der beiden Mutterstränge (Leitstrang) kann die Replikation kontinuierlich stattfinden, am anderen Strang (Folgestrang) werden Okazaki-Fragmente gebildet, die anschließend durch Ligasen zu einem kompletten Strang verbunden werden.

2 *Die Darstellungen in Material 1 sollen unter Anwendung der Fachsprache in eine gut strukturierte Textform übersetzt werden. Da die abgebildeten Vorgänge über weite Strecken dem Vorgang der Replikation entsprechen und dabei auch die beteiligten Enzyme genannt werden, kann das Material gleichzeitig als Erinnerungshilfe für die Beschreibung in Aufgabe 1 verwendet werden.*

Der Fehler besteht in der Längsverknüpfung von zwei nebeneinander liegenden Thymin-Basen (Thymidin-Dimer). Die DNA-Endonuklease (bzw. ein Restriktionsenzym) erkennt die fehlerhafte Stelle, schneidet den einen Strang vor und hinter dem DNA-Schaden auf und entfernt das Bruchstück. An dem dadurch entstandenen kurzen Einzelstrangabschnitt lagern sich komplementäre freie Nukleotide über Wasserstoffbrückenbindungen an und werden durch eine DNA-Polymerase verknüpft. Die Verbindung zwischen den Strangenden übernimmt die Ligase. Auf diese Weise ist mithilfe des unbeschädigten Einzelstrangs eine fehlerfreie Wiederherstellung der Basensequenz vorgenommen worden.

3 *Die Aufgabe verlangt, aus den Informationen des Materials die Kernaussagen bzw. Schlüsselbegriffe herauszufiltern, mit eigenen Kenntnissen über die Tumorentstehung zu ergänzen und alles mit Pfeilen sinnvoll zu verknüpfen.*

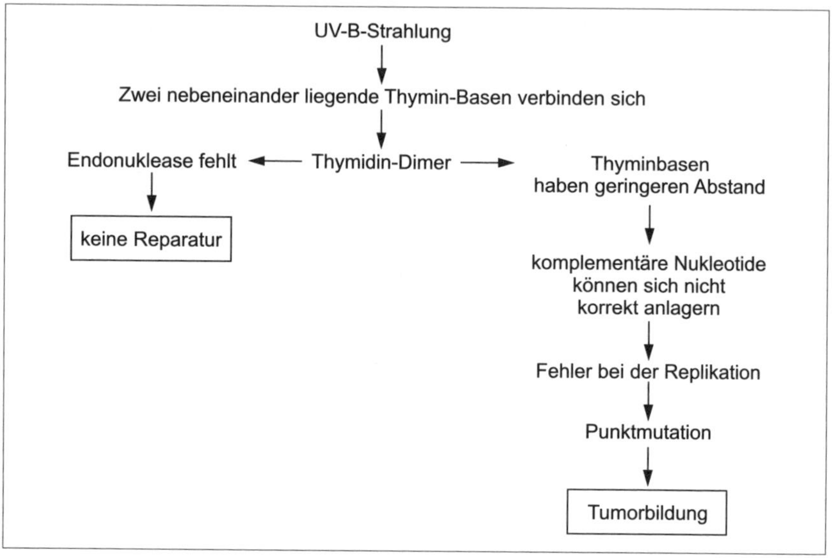

4 *Der Operator „nennen" zeigt an, dass die geeigneten Maßnahmen auch stichwortartig aufgezählt werden können. Die Begründungen müssen natürlich in ganzen Sätzen formuliert werden.*

Die betroffenen Personen dürfen sich nicht der **UV-B-Strahlung** aussetzen, d. h., sie müssen sich durch **geeignete Maßnahmen** schützen:
- Schutzkleidung tragen
- An sonnigen Tagen gar nicht nach draußen gehen (auch im Schatten gibt es UV-B-Strahlung)
- Sonnenschutzcreme mit extrem hohem Lichtschutzfaktor auftragen
- Häufige Kontrolle der Hautbeschaffenheit auch an schwer zugänglichen Stellen, am besten durch einen Arzt
- Ggf. Entfernung von charakteristischen, „verdächtigen" Pigmentflecken

Begründung:
Die mutagene UV-B-Strahlung des Sonnenlichts kann beim Menschen Mutationen hervorrufen. Diese DNA-Schäden können bei gesunden Personen in der Regel weitgehend repariert werden. Bei Menschen, die an XP leiden, ist dies aber kaum möglich, weil bei ihnen ein Reparaturenzym-Mangel vorliegt. Deshalb sind für die XP-Patienten entsprechende Schutzmaßnahmen und Kontrollen überlebensnotwendig.

5 *Der Operator „diskutieren“ verlangt in der Regel eine Gegenüberstellung von Vor- und Nachteilen und möglichst ein Fazit.*

Wirkung der Sonnencreme:
Liposomen kommen auch als natürliche Bestandteile der Zelle vor. Bei den T4N5-Liposomen der Sonnenmilch handelt es sich also um eine Kopie einer natürlichen Struktur (Bionik). Hier macht man sich die Eigenschaft von Liposomen zunutze, dass sie mit Membranen verschmelzen und ihren Inhalt in den membranumgrenzten Raum entleeren können: Unter hohem Kostenaufwand synthetisierte Endonuklease-Moleküle werden in zuvor aufwändig hergestellte Liposomen verpackt. Die Liposomen werden als Sonnenmilch auf die Haut aufgetragen. Die Endonukleasen werden in die Hautzellen geschleust und können dort mutierte DNA reparieren.

Diskussion:
- **Vorteile:** Die Mutationsrate wird verringert. Das Risiko für Tumorneubildungen sinkt.
- **Nachteile:** Das Risiko wird nicht beseitigt, sondern nur verringert. Nach dem Gießkannenprinzip werden die Hautzellen bis zu einer bestimmten Tiefe mit Endonukleasen versorgt. Dabei können aber wahrscheinlich nicht alle betroffenen Zellen erreicht werden, da die Enzymmenge dafür vermutlich nicht ausreicht. Außerdem ist es möglich, dass auch Hautzellen in Schichten betroffen sind, die für die Sonnencreme zu tief liegen (UV-B-Strahlung kann ziemlich tief eindringen). Die Sonnenmilch muss daher vermutlich sehr häufig und regelmäßig aufgetragen werden. Wird die Behandlung vergessen, kann dies direkte Folgen haben.
  Die Herstellungskosten der Creme sind außerdem sehr hoch und stehen anscheinend in keinem Verhältnis zum Erfolg.
- **Fazit:** Wie man an dieser Gegenüberstellung sieht, überwiegen die Nachteile anscheinend die Vorteile. Ansonsten wäre anzunehmen, dass die Sonnenmilch auf den Markt gebracht worden wäre.

Grundkurs Biologie (Berlin): Abituraufgaben 2014
Aufgabe B: Ökologie und Nachhaltigkeit

Thema: Ökosystem Stausee

Menschen greifen durch wirtschaftliche Nutzung in Gesetzmäßigkeiten des Ökosystems See ein. Durch den Bau von Talsperren werden in vielen Ländern neue limnische Lebensräume geschaffen sowie die Versorgung mit Wasser und Energie sichergestellt. Es gibt zwei grundsätzlich unterschiedliche Möglichkeiten, durch den Talsperrenbau in bestehende Ökosysteme einzugreifen und neue Lebensräume zu schaffen.

Aufgaben

1	Beschreiben Sie den Stoffkreislauf und Energiefluss in einem Ökosystem.	12
2	Erläutern Sie die Phytoplanktonentwicklung im Jahresverlauf.	14
3	Erläutern Sie den Einfluss des Einsetzens von Raubfischen auf einen Stausee.	6
4	Beschreiben Sie die Sommerstagnation in einem See der gemäßigten Breiten. Vergleichen Sie Temperatur, Nährstoff- und Sauerstoffgehalt in den Stauseen, die durch unterschiedliche Talsperren gebildet werden.	10
5	Diskutieren Sie die Vor- und Nachteile von Stauseen unter besonderer Berücksichtigung der beiden Talsperrentypen.	8

Material 1: Einfluss verschiedener Faktoren auf die Phytoplanktonentwicklung in Seen

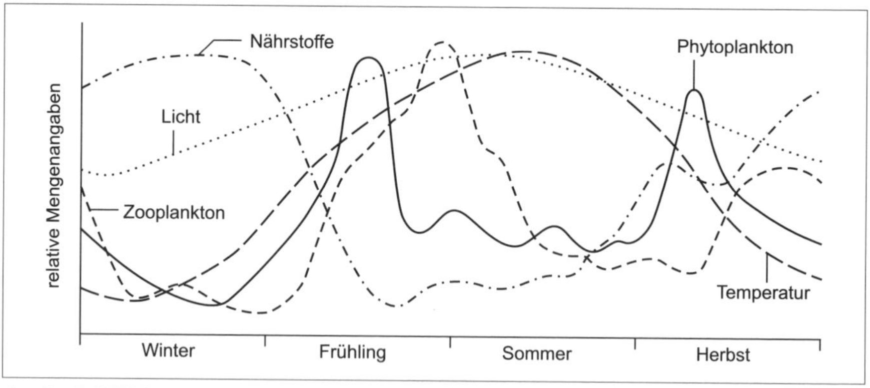

Quelle: © LFU Bayern; www.lfu.bayern.de/wasser/seen_in_bayern/index.htm

Material 2: Folgen des Einsetzens von Raubfischen in einen Stausee

Zur Sicherung der Wasserqualität werden Maßnahmen zum Schutz der Gewässer ergriffen. Auch Stauseen werden solchen Maßnahmen unterzogen, beispielsweise durch die gezielte Veränderung der Menge an Raubfischen.

Parameter	**Einsetzen von Raubfischen**	**kein Einsetzen von Raubfischen**
Raubfischbiomasse	hoch	niedrig
Friedfischbiomasse	niedrig	hoch
Struktur des Zooplanktons	große Formen	kleine Formen
Phytoplanktonbiomasse	niedrig	hoch
Sichttiefe	hoch	niedrig
O_2-Gehalt	ausgeglichen	schwankend
Phosphatgehalt	niedrig	hoch

Material 3: Stauseen und Talsperren

Stauseen werden zur Energiegewinnung und als wichtige Reserven zur Wasserversorgung angelegt. In Deutschland werden auf diese Weise 10 % des Trinkwassers gesichert. Eine Trinkwasserversorgung aus Stauseen bietet sich dort an, wo sehr unterschiedliche Niederschlagsaufkommen durch den Stausee ausgeglichen werden können.
Ein übliches Verfahren zur Schaffung dieser Systeme ist der Bau von Talsperren, sodass das Wasser aus den Bergen aufgefangen und gestaut wird. Günstige Standorte für Stauseen sind daher in Tälern niederschlagsreicher Gebirge.
Die entstehenden Stauseen dienen der Regulation des natürlichen Wasserkreislaufs, als wertvoller ökologischer Landschaftsbestandteil der Naherholung und dem Hochwasserschutz. Im Flachland werden oft künstliche Speicherbecken zur Sicherung der Wasserversorgung geschaffen.

Quelle: Odum, Eugene P.: Grundlagen der Ökologie; 2. Auflage, Thieme, Stuttgart 1983, S. 501

Material 4: Stauseen und Talsperren

Um z. B. Flüsse zu stauen, werden Staumauern durch einen Talquerschnitt gebaut, sodass das kühle Gebirgswasser über einen längeren Zeitraum aufgestaut einen Stausee bildet. Dieser neue künstliche Lebensraum wird durch das nachfließende Wasser kontinuierlich durchwirbelt.
Beim Bau der Talsperren gibt es zwei verschiedene Bauweisen. Zum einen werden Abflüsse in die Dammkrone gebaut, sodass das Wasser aus der durchlichteten Schicht abgeleitet wird. Zum anderen gibt es den Abfluss im Dammfuß, sodass das nährstoffreiche Wasser abfließt.

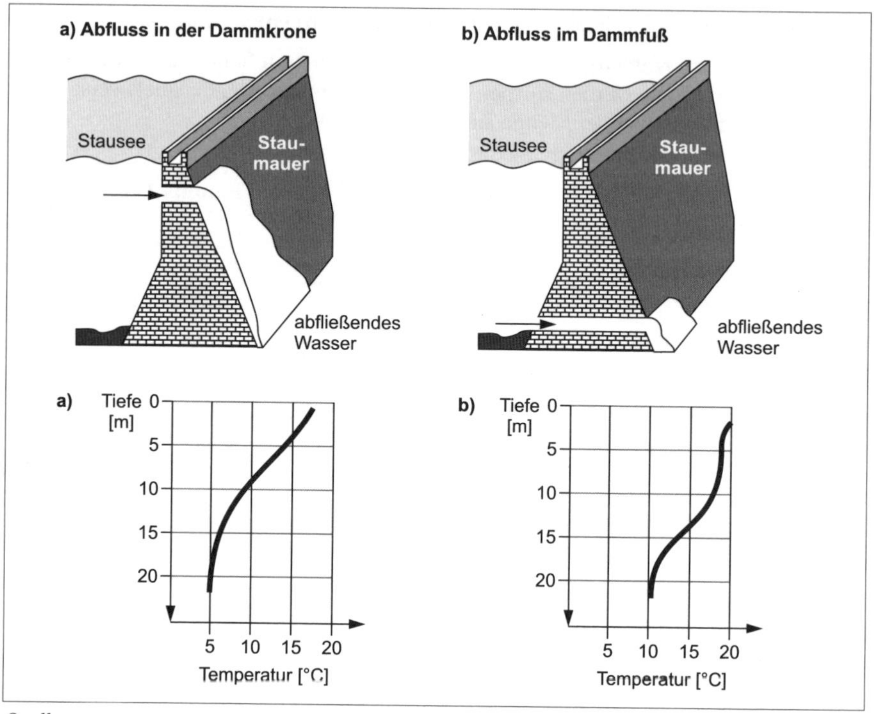

Quellen:
Linder Arbeitsbuch: Bildungshaus Schulbuchverlage, Braunschweig 2006, S. 49
Willmitzer, H.: Thüringer Fernwasserversorgung, o. J.

Lösungsvorschläge

1 *Die Aufgabenstellung ist sehr allgemein gehalten und gibt nicht vor, ob die Lösung in einem Schema oder als Text dargestellt werden soll. Insofern können Sie Ihre Art der Ausführung frei wählen. Die Angabe von 12 BE legt jedoch nahe, dass die Darstellung auf keinen Fall zu detailliert sein und sich nicht auf konkrete Beispiele beziehen sollte. Wenn Sie sich für die Darstellung anhand eines Schemas entscheiden, sollten Sie auf jeden Fall das Konzeptpapier für einen Entwurf nutzen.*

Stoffkreislauf durch die Trophieebenen eines Ökosystems:

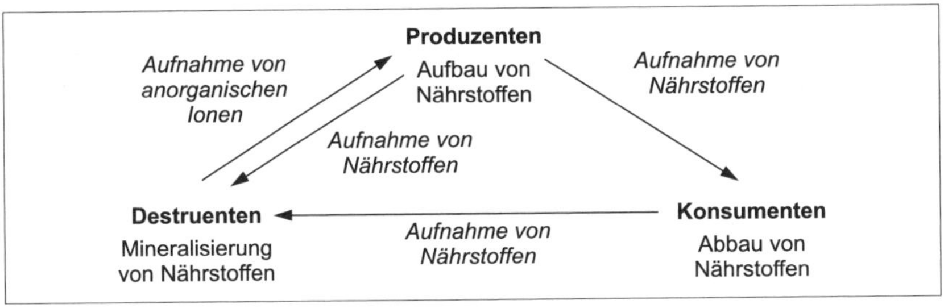

Energiefluss durch die Trophieebenen eines Ökosystems:

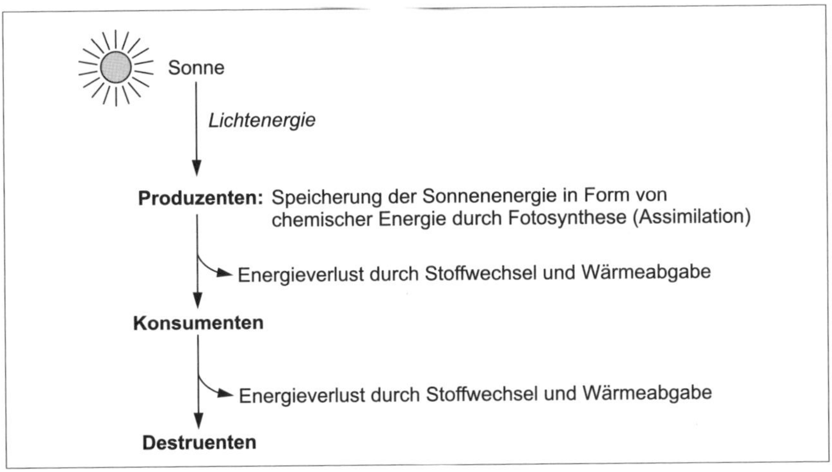

2 *In der Aufgabenstellung wird nicht direkt erwähnt, dass sich die Aufgabe auf einen See bezieht. Das Material stellt aber den entsprechenden Bezug her.*

Im **Frühling** vermehrt sich das Phytoplankton (Algen) stark, weil die Temperatur und die Lichtintensität ansteigen und weil durch die Frühjahrszirkulation des Sees genügend Nährstoffe zur Verfügung stehen.

Im **Sommer** geht die Populationsdichte zurück, weil der abnehmende Nährstoffgehalt als limitierender Faktor wirkt und weil das Phytoplankton vermehrt durch Zooplankton gefressen wird. Die leichten Schwankungen der Populationsdichte ergeben sich wahrscheinlich durch die Schwankung der Nährstoffkonzentration.
Im **Herbst** findet wieder ein starkes Populationswachstum statt, weil die Nährstoffe durch die Vollzirkulation des Gewässers aus der Tiefe an die Oberfläche gelangen.
Im **Winter** ist wegen der geringen Lichtintensität und der niedrigen Temperatur eine deutliche Abnahme der Populationsdichte zu erkennen.

3 *Hier wird erwartet, dass Sie die tabellarisch aufgelisteten Informationen des Materials 2 zusammenhängend umformulieren und durch einige Hintergrundinformationen über Nahrungsketten im Ökosystem See erläuternd ergänzen. Die Lösung kann in ganzen Sätzen formuliert oder alternativ auch als Pfeilschema dargestellt werden.*

Mögliches Pfeilschema:

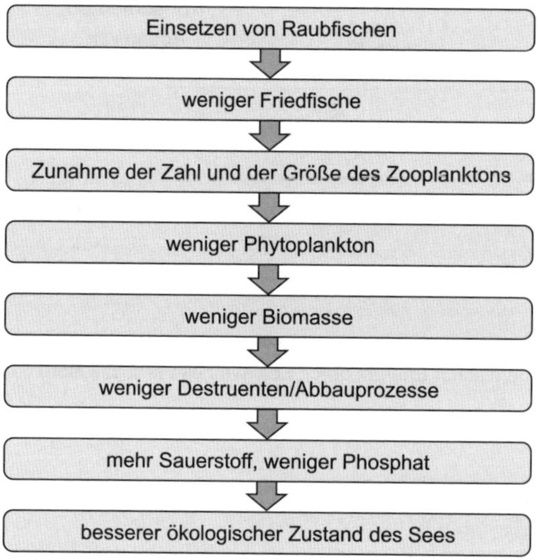

Textform:
Durch das Einsetzen von Raubfischen wird die Anzahl ihrer Beutetiere, also der Friedfische, verringert. Die Friedfische ernähren sich von Zooplankton. Da Ihre Fressfeinde dezimiert werden, nimmt die Anzahl und Größe der Zooplankton-Organismen deutlich zu. Zooplankton ernährt sich von Phytoplankton (Algen), folglich nimmt dessen Dichte ab.
Dies führt insgesamt dazu, dass im See weniger Biomasse gespeichert ist, die durch Destruenten wieder mineralisiert wird. Dadurch nimmt der Phosphatgehalt im Stausee ab.

Das Einsetzen von Raubfischen hat demnach einen deutlichen Wandel des Ökosystems bewirkt: Da im Gewässer weniger Phosphat und allgemein weniger Nährstoffe vorhanden sind, kann sich weniger Biomasse und dadurch auch weniger totes organisches Material bilden. Sichttiefe und Sauerstoffgehalt erhöhen sich dadurch deutlich.

4 *Hier geht es darum, Material 4 auszuwerten und durch im Unterricht erworbene Kenntnisse über das Ökosystem See zu ergänzen.*
Erschwert wird die Lösung dadurch, dass im Material eine Information darüber fehlt, ob die Temperaturmessung nur bis 22 m Tiefe vorgenommen wurde oder ob der See insgesamt 22 m tief ist. Im folgenden Lösungsvorschlag wird von Letzterem ausgegangen.

Sommerstagnation in einem mitteleuropäischen See:
Es bildet sich eine stabile Temperatur-Schichtung aus. Die Aufteilung in Epilimnion (Oberflächenwasser), Sprungschicht und Hypolimnion (Tiefenwasser) wird durch die unterschiedliche Dichte von Wasser bei unterschiedlichen Temperaturen verursacht: Im Sommer erwärmt sich die obere Wasserschicht. Das warme Wasser schwimmt aufgrund seiner geringeren Dichte auf dem kälteren und damit dichteren Tiefenwasser. Eine Durchmischung findet nicht statt, da der Wind dazu im Sommer zu schwach ist.

Zustände in den Stauseen:
Legende: a: Abfluss Dammkrone b: Abfluss Dammfuß

- **Temperatur:** Im Hypolimnion von See a herrschen tiefere Temperaturen als im Hypolimnion von See b. Dies liegt daran, dass bei b kaltes Tiefenwasser abgelassen wird und wärmeres Oberflächenwasser nachfließt, während bei a das warme Oberflächenwasser abgelassen wird und das Tiefenwasser verbleibt. Dadurch ist der See b wahrscheinlich insgesamt besser durchmischt und dadurch wärmer.
- **Nährstoffgehalt:** Bei a liegt ein niedrigerer Nährstoffgehalt vor als bei b, weil durch den Abfluss in der Dammkrone ein Teil des Phytoplanktons aus dem Epilimnion ausgespült wird. Dadurch sinkt auch die Menge der im See verbleibenden toten Biomasse. Folglich verringert sich die Zahl der Destruenten und somit auch der Nährstoffgehalt im Wasser.

Alternativ ist auch folgende Lösung denkbar: Bei a liegt ein höherer Nährstoffgehalt vor als bei b, da bei b das nähstoffreichere Tiefenwasser entfernt wird. Zusätzlich findet im gesamten Stausee eine stärkere Durchmischung statt, weil unten ablaufendes Wasser durch nachfließendes Wasser ersetzt wird. Dies führt zu einem Transport des nährstoffreicheren Tiefenwassers in die oberen Seeschichten, wo die Nährstoffe verbraucht werden.

- **Sauerstoffgehalt:** Bei a liegt der Sauerstoffgehalt höher als bei b, weil hier weniger Destruenten vorhanden sind und dadurch weniger Sauerstoff verbraucht wird.

Im Fall der Alternative: Bei a liegt der Sauerstoffgehalt niedriger als bei b, weil hier mehr Destruenten vorhanden sind und dadurch mehr Sauerstoff verbraucht wird.

5 *Der Operator „diskutieren" sollte in der Regel eine Gegenüberstellung von Vor- und Nachteilen und möglichst ein Fazit nach sich ziehen.*

Vorteile: Talsperren sind, unabhängig vom Typ, zentrale Einrichtungen mit großer Bedeutung für die Trinkwasserversorgung und die ökologische Energiegewinnung. In Zukunft wird ihre Bedeutung aufgrund von Pumpspeicherkraftwerken, die der Energiespeicherung dienen, noch zunehmen. Der Bau von Talsperren schafft darüber hinaus neue Biotope und Ökosysteme. Dies ist vor dem Hintergrund der Zerstörung von Biotopen durch Industrie und Landwirtschaft politisch gewünscht. Auch der touristische Aspekt darf nicht vergessen werden: So dienen viele Stauseen als Naherholungsgebiete.

Nachteile: Beide Seetypen bedeuten massive Eingriffe in natürliche Ökosysteme. Große Landschaftsräume werden nachhaltig verändert. Der Abfluss am Dammfuß führt zusätzlich zur Eutrophierung des ableitenden Flusses.
Der ökologische Nutzen der neuen „Ökosysteme" ist oft fraglich.

Fazit: Insgesamt scheinen die Vorteile zu überwiegen. In Industrieländern mit hohem Energieverbrauch stellen Stauseen eine nachhaltige Form der Energiegewinnung dar und auch die touristischen Aspekte sind nicht zu vernachlässigen. Trotzdem sollte immer eine gründliche individuelle Prüfung der Bauvorhaben stattfinden um mögliche ökologische Risiken besser abschätzen und vermeiden zu können.

Grundkurs Biologie (Berlin): Abituraufgaben 2014
Aufgabe C: Evolution und Zukunftsfragen

Thema: Verbreitung des Fuchses

Füchse gehören zu den hundeartigen Raubtieren. Sie sind nahezu weltweit verbreitet. Neben bekannten Fuchsarten wie dem Polarfuchs rückte in letzter Zeit auch der Insel-Graufuchs in den Blick der Evolutionsbiologen.

Aufgaben

1 Nennen Sie je drei abiotische und biotische Selektionsfaktoren.
Erläutern Sie die Angepasstheiten von Kit- und Polarfuchs an ihre Umwelt. 17

2 Erklären Sie die Entstehung der Insel-Graufuchs-Unterarten. 8

3 Geben Sie Definitionen für die Begriffe „Art“ und „adaptive Radiation“ an.
Vergleichen Sie die evolutive Entwicklung des Insel-Graufuchses mit der der Darwin-Finken. 12

4 Begründen Sie, welcher Selektionstyp zur Entstehung der geringen Körpergröße der Insel-Graufüchse geführt hat.
Stellen Sie den zutreffenden Selektionstyp grafisch dar. 7

5 Diskutieren Sie die zukünftige Entwicklung der Insel-Graufuchs-Unterarten. 6

Material 1: Merkmale von Kit- und Polarfuchs

Name	Kopf-Rumpf-Länge/Fellfarbe	Verbreitung	Biotop	Nahrung
Kitfuchs	40–50 cm, rötlich-gelb bis sandfarben, große Ohren	Südkanada bis Norden der USA	Steppe, Halbwüste, in tiefen unterirdischen Bauten, in sehr großen Revieren	Kleinsäuger, auch Wirbellose, Beeren
Polarfuchs	50–70 cm, im Winter weißes, im Sommer braunes Fell, kleine Ohren	Arktis	Tundra, Eisfelder, in tiefen Höhlen oder Schneelöchern	Allesfresser (Kleinsäuger, junge Robben, Beeren, Aas)

Quelle: Unterrichts-Materialien Biologie Sek. II, I.2.16, S. 77ff.; Stark Verlag, 2010

Material 2: Insel-Graufüchse

Insel-Graufüchse leben endemisch auf den kalifornischen Kanalinseln. Die einzelnen Populationen sind relativ klein und weisen eine geringe genetische Variabilität auf. Die Insel-Graufüchse sind wesentlich kleiner (48–50 cm) als die Festland-Graufüchse (53–73 cm). Es werden heute insgesamt sechs Unterarten des Insel-Graufuchses unterschieden. Jede dieser Unterarten ist auf einer der sechs kalifornischen Kanalinseln beheimatet und hat sich unabhängig von den anderen entwickelt. Jede Unterart unterscheidet sich äußerlich von der anderen. Die Inselvegetationen unterscheiden sich, dennoch ist das Nahrungsspektrum aller Insel-Graufuchs-Unterarten sehr ähnlich. Es besteht aus Kleinsäugern, Vögeln, Insekten und Früchten.

Insel-Graufuchs *(Urocyon littoralis)*

1. *U. l. littoralis*
2. *U. l. santarosae*
3. *U. l. santacruzae*
4. *U. l. catalinae*
5. *U. l. clementae*
6. *U. l. dickeyi*

Verbreitung der Unterarten des Insel-Graufuchses

Quelle: http://de.wikipedia.org/wiki/Insel-Graufuchs (Foto: U.S. National Park Service, public domain; Karte: Lencer;via wikipedia, cc-by-sa; Textauszüge: wikipedia, cc-by-sa)

Material 3: Darwin-Finken auf den Galapagos-Inseln

Der Galapagos-Archipel ist eine Inselgruppe im Pazifik, die ca. 1 100 km westlich des südamerikanischen Festlandes liegt. Die Inseln wurden vom Festland aus von einer Finkenart besiedelt. Heute findet man auf diesen Inseln 14 Finkenarten, die zum Teil auch gemeinsam auf einer Insel vorkommen. Die Darwinfinken unterscheiden sich in Größe, Schnabelform und Ernährungsweise.

Quelle: Eckebrecht, D.: Natura Oberstufe, Lehrerband, Ernst Klett-Verlag GmbH, Stuttgart, 1997, S. 63

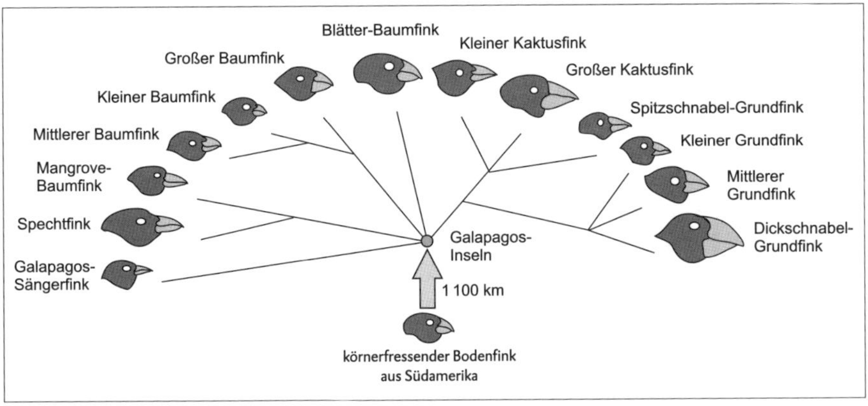

Entstehung der Darwinfinken-Arten

Material 4: Die Entstehung der Insel-Graufuchs-Unterarten

Forscher gehen davon aus, dass die Festland-Graufüchse vor etwa 10 400 bis 16 000 Jahren auf die drei nördlichen Inseln San Miguel, Santa Cruz und Santa Rosa gelangten, da diese Inseln während der letzten Eiszeit offenbar leicht vom Festland aus zu erreichen waren. Zu den Inseln San Nicolas, Santa Catalina und San Clemente bestand keine Festlandverbindung und man vermutet, dass Chumash-Indianer, die die damaligen Festland-Graufüchse als heilige Tiere betrachteten, diese als Haustiere auf die Inseln brachten.

Quelle: http://de.wikipedia.org/wiki/Insel-Graufuchs; cc-by-sa

Lösungsvorschläge

1 *Hier kommt es nur darauf an, im Unterricht erworbenes Fachwissen und Informationen aus Material 1 fachsprachlich und inhaltlich korrekt und gut strukturiert wiederzugeben. Der Operator „nennen" impliziert, dass nur kurze Stichworte ohne Erläuterung genannt werden sollen.*

Abiotische Faktoren: z. B. Wind, Temperatur, Licht
Biotische Faktoren: z. B. Beute, Fressfeinde, Parasiten

Erläuterung der Angepasstheiten:

- **Polarfuchs:** Der Polarfuchs lebt in den Eisfeldern der Tundra, also in einem sehr kalten Lebensraum.
  Anpassungen:
  - Sinken die Temperaturen zu weit ab, sucht er Schutz in tiefen Höhlen und Schneelöchern.
  - Er ist relativ groß, da er so ein günstiges Oberfläche-Volumen-Verhältnis hat und somit weniger Wärme an die Umgebung verliert als kleinere Tiere. Dass er größer ist als der Kitfuchs folgt der Bergmannschen Regel, nach der die Körpergröße nahe verwandter gleichwarmer Tiere zu den Polen hin ansteigt.
  - Seine Ohren sind relativ klein. Auch dies ist eine Anpassung, die die Wärmeabstrahlung minimiert. Dass seine Ohren kleiner sind als die des Kitfuchses, ist mit der Allenschen Regel zu erklären, nach der die relative Größe der Körperanhänge nahe verwandter gleichwarmer Tiere zu den Polen hin abnimmt.
  - Um sich zu tarnen, ist sein Fell im Winter weiß und in Sommer braun.

- **Kitfuchs:** Der Kitfuchs lebt in wärmeren Regionen.
  Anpassungen:
  - Das Aufsuchen von unterirdischen, tiefen Bauten schützt die Tiere vor zu hohen Temperaturen.
  - Er ist kleiner als der Polarfuchs (Bergmannsche Regel), da ein Wärmeverlust in seinem Lebensraum weniger bedrohlich und im Sommer eventuell sogar gewünscht ist.
  - Aus demselben Grund verfügt er auch über größere Ohren (Allensche Regel).
  - Seine gelbe Fellfarbe dient ihm in der Steppe und Halbwüste als Tarnung.

2 *Da im Material zwar erwähnt wird, dass die sechs Unterarten des Insel-Graufuchses sich äußerlich voneinander unterscheiden, es jedoch keine Schilderung dieser Unterschiede gibt, soll die Entstehung der Unterarten nur ganz allgemein und spekulativ interpretiert werden.*

Kleine Populationen des Festland-Graufuchses konnten während der letzten Eiszeit ihr Stammgebiet verlassen und gelangten zeitlich und räumlich unabhängig

voneinander auf verschiedene Inseln, zum Teil als Haustiere der Indianer. Da es sich jeweils um sehr kleine Populationen handelte, ist davon auszugehen, dass der Evolutionsfaktor Gendrift gewirkt hat und sich die Populationen folglich genetisch vom Mittelwert der Ausgangspopulation unterschieden. Die Inseln hatten untereinander keine Verbindung und nach dem Ende der Eiszeit auch keine Verbindung zum Festland mehr. Infolgedessen konnte kein Genaustausch zwischen den Inselpopulationen stattfinden. Es kam zu einer geographischen Isolation.
Folglich setzt eine getrennte Entwicklung des durch die Gendrift schon etwas unterschiedlichen Genpools der einzelnen Populationen ein. Dabei wirkten die Evolutionsfaktoren Mutation, Rekombination und Selektion. Der unterschiedliche Selektionsdruck ergab sich wahrscheinlich durch die Unterschiede in der Vegetation der Inseln. Infolgedessen entwickelten sich die Populationen schließlich zu verschiedenen Unterarten.

Über die Kriterien, nach denen hier von verschiedenen Unterarten gesprochen wird, könnte nur spekuliert werden. Wahrscheinlich hat bereits eine ethologische Separation bzw. Isolation begonnen, wodurch die Paarung zwischen den Populationen nicht mehr problemlos möglich ist.

3 *Die Lösung zum zweiten Teil der Aufgabe muss aufgrund der spärlichen Informationen des Materials wiederum im Spekulativen bleiben.*

Definition „Art“: Individuen einer Art können untereinander fortpflanzungsfähige Nachkommen zeugen.
Definition „Adaptive Radiation“: Artbildungsprozess, bei dem sich aus einer Ursprungsart auf engem Raum und endemisch durch Isolationsmechanismen neue Arten entwickeln.

Vergleich der evolutiven Entwicklungen:
- **Gemeinsamkeiten:** Durch adaptive Radiation haben sich sowohl bei den Finken als auch bei den Füchsen auf den unterschiedlichen Inseln mehr oder weniger deutliche Unterschiede im äußeren Erscheinungsbild entwickelt. Dies könnte durch die unterschiedliche endemische Einnischung und unterschiedliche Selektionsdrücke begründet werden.
- **Unterschiede:** Die adaptive Radiation der Finken auf den Galapagos-Inseln findet seit langer Zeit statt und hat zu echten neuen Arten geführt.
  Bei den Füchsen auf den Kanalinseln ist vermutlich der Beginn einer adaptiven Radiation zu beobachten. Da die Entwicklung aber noch ganz am Anfang steht, kann man noch nicht von einer echten Isolation, sondern nur von einer Separation sprechen. Ob in Zukunft echte Arten entstehen, die untereinander nicht mehr fortpflanzungsfähig sind, ist aus heutiger Sicht nicht zu sagen.

4 *Auch bei dieser Aufgabe kann nur begründet spekuliert werden.*

Es handelt sich um die **transformierende (gerichtete) Selektion**. Als mögliche Selektionsdrücke kämen beispielsweise ein geringeres Nahrungsangebot, das Fehlen von Konkurrenz oder auch eventuell höhere Temperaturen auf den Inseln infrage. Der Selektionsdruck wirkte in Richtung Auslese der kleineren Individuen.

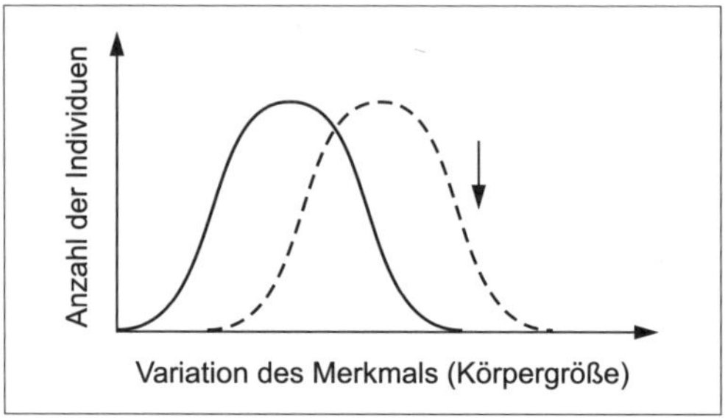

5 *Auch dies ist wieder eine rein spekulative Aufgabenstellung. Somit lässt sich fast jede gut begründete Argumentation verfolgen.*

Die Unterarten könnten sich aufgrund von lang anhaltender Separation/Isolation und unter dem Selektionsdruck unterschiedlicher Umweltbedingungen zu neuen Arten entwickeln.
Eine andere Möglichkeit wäre, dass die Populationen noch zu wenig separiert/isoliert und genetisch noch nicht sehr unterschiedlich sind, sodass durch menschliche Einflüsse oder sonstige Annäherungen der Populationen deren Genpools wieder zu einem Gesamt-Genpool verschmelzen könnten. Damit würden die Unterarten wieder in der Stammart aufgehen und quasi aussterben.

Leistungskurs Biologie (Berlin): Abituraufgaben 2014
Aufgabe A1: Physiologische Grundlagen ausgewählter Lebensprozesse

Thema: Kugelzellenanämie

Die Eisschnellläuferin CLAUDIA PECHSTEIN gehört zu den erfolgreichsten deutschen Sportlerinnen. 2009 wurde sie wegen Verdachts auf Blutdoping für zwei Jahre gesperrt, da ihr Blut wiederholt eine erhöhte Konzentration von Vorläuferzellen der Erythrozyten aufwies. PECHSTEIN erhob Klage gegen den Dopingvorwurf. Nach weiteren Blutuntersuchungen stellte man fest, dass sie an einer milden Form einer erblich bedingten Blutanomalie, der Kugelzellenanämie, leidet.

Quelle: © dpa sid/fb; www.welt.de/sport/article6736588/blut-Spezialiste-entlasten-Claudia-Pechstein.html; 10.03.2010

Aufgaben

1 Fertigen Sie eine beschriftete Skizze zum Aufbau einer Biomembran an. Erklären Sie die Transportvorgänge Diffusion und Osmose. 14

2 Stellen Sie den Einfluss von Sauerstoffmangel auf die Erythrozytenbildung in Form eines Fließschemas dar. 9

3 Beschreiben und analysieren Sie das Diagramm in Material 4. 13

4 Begründen Sie die Wirksamkeit der vorgestellten Therapiemaßnahmen. 8

5 Begründen Sie das Zustandekommen des EPO-Dopingverdachtes bei CLAUDIA PECHSTEIN. 6

Material 1: Erythrozyten des Menschen

Erythrozyten (rote Blutkörperchen) sind für den Sauerstoff- und Kohlenstoffdioxidtransport im Organismus zuständig. Reife Erythrozyten besitzen weder einen Zellkern noch Mitochondrien und Ribosomen. Unter dem Mikroskop erscheinen sie als runde Scheiben, die in der Mitte von beiden Seiten leicht eingedellt sind. Ihr Zytoplasma ist von einem ausgeprägten Zytoskelett durchzogen, das besonders unter der Zellmembran verstärkt ist. Es stabilisiert die Form und ermöglicht damit eine hohe Elastizität der Erythrozyten, sodass diese auch enge Blutgefäße passieren können.

Quelle: verändert nach: Walory, M.: Biologie heute S II, Lehrermaterialien, Teil 1, S. 31; Bildungshaus Schulbuchverlage, Braunschweig, 2012

Material 2: Bildung der Erythrozyten

Die Lebensdauer von Erythrozyten beträgt ca. 120 Tage, ihr Auf- und Abbau stehen bei gesunden Menschen im Gleichgewicht. Die Bildung erfolgt durch mehrfache Teilungen von Stammzellen im Knochenmark. Die Bildung der letzten Vorstufe wird durch ein Enzym veranlasst, welches bei verminderter Sauerstoffsättigung im Blut von der Niere abgegeben wird. Dieses Enzym spaltet aus einem Protein des Blutplasmas das Erythropoetin (EPO) ab, welches dann die Bildung der Erythrozyten-Vorläuferzellen anregt. Anschließend wandern diese in das Blut, um dort zu Erythrozyten heranzureifen.
Bei erhöhtem Bedarf an Erythrozyten kann die Bildung von Erythrozyten-Vorläuferzellen um das Acht- bis Zehnfache der Normalproduktion gesteigert werden. Dies geschieht zum Beispiel bei vermehrtem Absterben der Erythrozyten oder bei starkem Blutverlust, aber auch beim Aufenthalt in größeren Höhen mit geringerem Sauerstoffgehalt. Die Zufuhr von gentechnisch hergestelltem Erythropoetin (r-hu-EPO) fördert ebenfalls die Erythrozytenbildung. Der Nutzen für Sportler liegt darin, dass durch die vermehrte Sauerstofftransportkapazität des Blutes die Ausdauerleistung erheblich gesteigert wird. Daher hat das Internationale Olympische Komitee (IOC) das Blutdoping durch r-hu-EPO verboten.

Quelle: verändert nach: http://de.wikipedia.org/wiki/Erythrozyt; cc-by-sa

Material 3: Kugelzellenanämie

In Deutschland sind ca. 17 000 Patienten an der Kugelzellenanämie erkrankt. Aufgrund eines genetisch bedingten Defektes des Zytoskeletts weisen die Erythrozyten eine Kugelform und eine geringere Stabilität auf. Sie werden vorzeitig in der Milz abgebaut. Durch diesen vorzeitigen Abbau leiden die Patienten an einer andauernden Sauerstoffunterversorgung unterschiedlichen Schweregrades, einer Anämie.
Der in den Erythrozyten enthaltene rote Blutfarbstoff, das Hämoglobin, wird nach dem Abbau zur Leber transportiert, in der er zum Bilirubin (gelber Gallenfarbstoff) umgewandelt wird. Je nach Schweregrad der Erkrankung leiden Patienten unter Müdigkeit, verminderter Konzentrationsfähigkeit und Kälteempfindlichkeit. Neben Schwindelanfällen kann auch Atemnot auftreten. Immer wiederkehrende Schübe von Gelbsucht, häufiges Auftreten von Gallensteinen und eine vergrößerte Milz können einen lebensbedrohlichen Zustand hervorrufen.
Mögliche Therapiemaßnahmen sind je nach Schweregrad der Erkrankung die Entfernung der Milz, Entfernung der Gallenblase, Bluttransfusionen oder eine Therapie mit EPO.

Quellen: zusammengestellt und verändert nach:
www.kinderblutkrankheiten.de/content/erkrankungen/erkrankung_roter_blutzellen/anaemien_blutarmut/kugelzellenanaemie/index_ger.html und
http://medizininfo.de/haematologie/anaemie/kugelzellenanaemie.shtml

Material 4: Stabilität von Erythrozyten

Zur Funktionsüberprüfung von Erythrozyten bringt man diese in Natriumchlorid-Lösungen abnehmender Konzentration. In Abhängigkeit von der Konzentration und der Stabilität der Membran platzen die Erythrozyten. Abweichungen von den Normalwerten geben Aufschluss über Fehlfunktionen der Erythrozyten. Die Natriumchlorid-Konzentration im Blutserum beträgt 0,9 Prozent, kann aber zeitweise auch unter diesem Wert liegen.

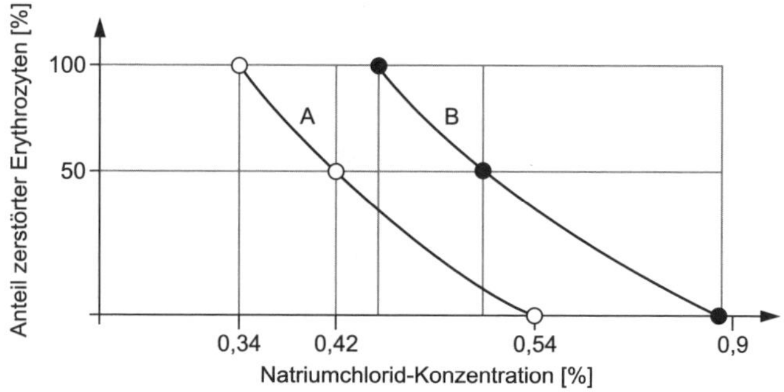

Prozentualer Anteil zerstörter Erythrozyten in Abhängigkeit von der Natriumchlorid-Konzentration bei einem Gesunden (A) und einem an Kugelzellenanämie Erkrankten (B)

Quelle: verändert nach: Walory, M.: Biologie heute S II, Lehrermaterialien, Teil 1; S. 31, Bildungshaus Schulbuchverlage, Braunschweig, 2012

Lösungsvorschläge

1 *Hier geht es zunächst darum, im Unterricht vermittelte Fakten und Strukturen möglichst detailgenau wiederzugeben. Da die Skizze recht komplex ist, sollte sie unbedingt auf Konzeptpapier vorgefertigt werden. Abweichend von der hier wiedergegebenen Skizze können auch chemische Details der Membran (z. B. Ausschnitte von Strukturformeln) eingearbeitet werden.*

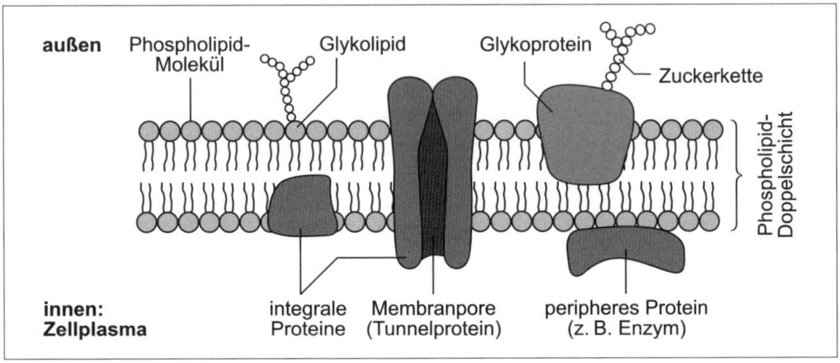

Für die volle BE-Zahl sollten in der Skizze mindestens die folgenden Strukturen benannt werden:
- *Phospholipid-Doppelschicht*
- *integrales Protein oder Carrier*
- *peripheres Protein*
- *Glykoprotein*
- *Zuckerkette (Oligosaccharidkette)*

Diffusion ist der Konzentrationsausgleich durch Teilchenbewegung. Die Teilchen bewegen sich also in Flüssigkeiten und Gasen vom Bereich der höheren Konzentration zum Bereich der niedrigeren Konzentration. Diffusion bildet in der Biologie die Grundlage jedes Stoffaustauschs ohne Energieverbrauch (passiver Transportvorgang).

Osmose ist die Diffusion von Wasser (oder eines anderen Lösemittels) durch eine semipermeable Membran vom Bereich der niedrigeren Konzentration zum Bereich der höheren Konzentration an gelösten Teilchen. Findet hierbei die Wanderung von Wasser in einen geschlossenen Raum, z. B. in eine Zelle, statt, so nimmt dabei der osmotische Druck in der Zelle zu, eventuell sogar bis sie platzt.

2 *Diese Aufgabe ist relativ leicht zu lösen, wenn man das Material 2 aufmerksam studiert hat. Für die Bearbeitung der Aufgabe sind also kaum tiefer gehende Kenntnisse erforderlich, sondern der Materialtext muss lediglich in eine andere Form gebracht werden. Beachten Sie, dass das Pfeilschema nicht linear aufgebaut ist, sondern einen „Seitenast“ haben muss.*

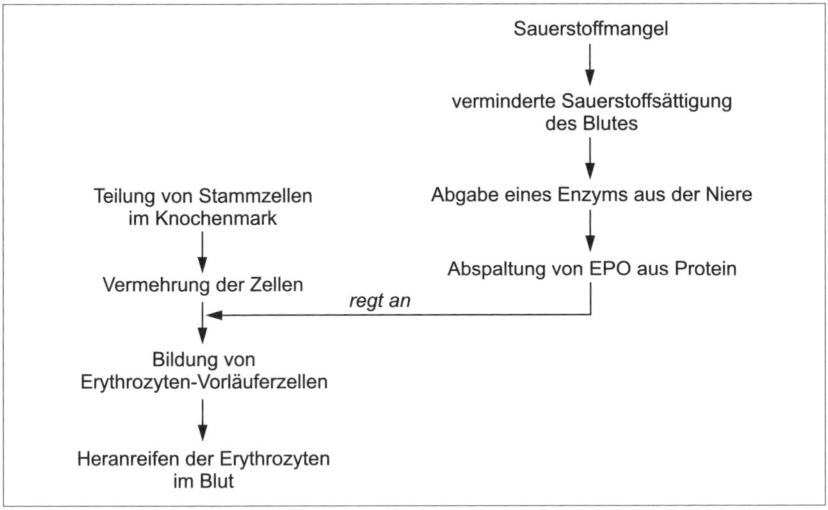

3 *Die Beschreibung des Diagramms sollte nicht zu detailliert ausfallen und sich nicht von Zahlenwert zu Zahlenwert „hangeln"; hierfür gibt es üblicherweise nur wenige BEs. Der Schwerpunkt der Aufgabe liegt auf der Interpretation. Dabei müssen die schon in Aufgabe 1 abgeprüften Grundkenntnisse (Osmose) angewendet werden.*

Beschreibung des Diagramms:
Das Diagramm zeigt die Stabilität von Erythrozyten in Abhängigkeit von der Natriumchlorid-Konzentration (NaCl-Konzentration) in der Umgebung (im Serum). Graph A zeigt die Werte für einen gesunden Menschen, Graph B die Werte für einen an der Kugelzellenanämie Erkrankten.

- Es ist zu erkennen, dass beim **Gesunden** eine NaCl-Konzentration von 0,54 bis 0,9 % optimal für die Erythrozyten ist, weil bei diesen Bedingungen keine roten Blutzellen zerstört werden. Mit abnehmender NaCl-Konzentration steigt der Anteil zerstörter Erythrozyten an.
- Anders sieht es bei einem **an Kugelzellenanämie Erkrankten** aus: Während beim Normalwert von etwa 0,9 % alle Erythrozyten unbeschädigt bleiben, sind bereits bei einer NaCl-Konzentration von ca. 0,44 % alle Erythrozyten zerstört.

Analyse des Diagramms:
Die Werte zeigen, dass die normalen Erythrozyten optimal an die Verhältnisse im Blut angepasst sind, denn hier beträgt die NaCl-Konzentration 0,9 %. Erst eine relativ große Unterschreitung dieses Werts führt zu ernsthaften Schäden.
Die Kugelzell-Erythrozyten halten nur eine deutlich geringere Abweichung vom Normalwert aus. Verringert sich die NaCl-Konzentration, so platzen sie relativ schnell.

Wie dem Material 3 zu entnehmen ist, beruht die Kugelzellenanämie auf einem Defekt des Zytoskeletts der Erythrozyten. Dadurch weisen die betroffenen Zellen eine verringerte Stabilität auf. Durch **Osmose** strömt bei niedrigen Konzentrationen von NaCl im Serum Wasser in die Zellen, da es vom Ort der niedrigeren zum Ort der höheren Konzentration diffundiert. Dadurch steigt der Druck innerhalb der Zellen, die Membran wird stark beansprucht und gedehnt. Durch den Defekt des Zytoskeletts reagieren die Kugelzell-Erythrozyten sehr empfindlich auf Unterschreitungen der normalen NaCl-Konzentration, was zu lebensbedrohlichen Zuständen führen kann.

4 *Wenn Sie die in Material 3 dargestellten Zusammenhänge zwischen den Symptomen der Erkrankung und den einzelnen Therapiemaßnahmen erkennen und diese in einer zusammenhängenden und strukturierten Darstellung wiedergeben, sollte Ihnen bereits eine gute Lösung dieser Aufgabe gelingen. Die volle Anzahl an Bewertungseinheiten wird aber nur vergeben, wenn Sie einige Grundlagenkenntnisse über das Blut und über die Funktionsweise der inneren Organe einbringen können.*

In Material 3 sind verschiedene Therapiemaßnahmen aufgelistet, mit deren Hilfe die Kugelzellenanämie je nach Schweregrad behandelt werden kann.

- **Entfernung der Milz:** Abgesehen davon, dass durch eine Entfernung der Milz andere Körperfunktionen eingeschränkt werden können, bietet diese Therapie viele Vorteile.
  Bei Kugelzellenanämie-Patienten tritt häufig eine vergrößerte Milz auf. Dieses Symptom und die damit verbundene Gefahr eines Milzrisses wird durch die Entnahme des Organs beseitigt.
  Ohne Milz erhöht sich die Anzahl der Erythrozyten im Blut, da diese von dem Organ nicht mehr abgebaut werden. Eine erhöhte Erythrozytenzahl sorgt dafür, dass sich die Sauerstoffversorgung des Körpers verbessert. Dadurch werden auch die Symptome gelindert, die eine Folge des Sauerstoffmangels sind: Müdigkeit, Schwindel, verminderte Konzentrationsfähigkeit und Atemnot. Da durch den verminderten Erythrozytenabbau weniger Hämoglobin freigesetzt wird, verringert sich auch die Produktion von Bilirubin in der Leber. Es ist zu vermuten, dass dadurch die Gelbsuchtschübe zurückgehen.
  Zu bedenken ist allerdings, dass ein Fehlen der Milz das Immunsystem beeinträchtigt, denn in der Milz reifen die B-Lymphozyten heran.
- **Entfernung der Gallenblase:** Die Entfernung der Gallenblase hat zur Folge, dass keine schmerzhaften Gallensteine mehr auftreten können.
  Wenn durch die Gallensteine ein Rückstau der Gallenflüssigkeit in der Leber auftritt, kann dies zu Schüben von Gelbsucht führen. Dieses Symptom wird durch die Entfernung der Gallenblase also ebenfalls beseitigt.
- **Verabreichung von Bluttransfusionen:** Bluttransfusionen sind eine wirkungsvolle Therapiemöglichkeit, weil dadurch das Blut mit intakten Erythrozyten versorgt wird. Ein positiver Nebeneffekt ist, dass durch den erhöhten

Sauerstoffgehalt im Blut jetzt weniger EPO produziert wird und somit die Produktion von körpereigenen kranken Erythrozyten stark zurückgeht.
Allerdings müssen die Transfusionen regelmäßig wiederholt werden, da die roten Blutzellen nur eine Lebensdauer von etwa 120 Tagen haben.

- **Therapie mit EPO:** Die Therapie mit EPO bewirkt, dass die Erythrozytenbildung gefördert wird. Dadurch steigt die Sauerstoffkapazität des Blutes deutlich und die durch den Sauerstoffmangel verursachten Symptome, wie z. B. Müdigkeit, werden gemildert.
  Allerdings handelt es sich bei den gebildeten Erythrozyten selbstverständlich ebenfalls um die nur eingeschränkt funktionstüchtigen Kugelzellen.

5 *Dies ist eine typische Aufgabe aus dem Anforderungsbereich III: Es geht darum, die im Material dargestellten Zusammenhänge dahingehend zu analysieren, ob sie das Zustandekommen des (unberechtigten) Dopingverdachts erklären können. Es wird also eine zusammenfassende und wertende Darstellung erwartet.*

Die Sportlerin Claudia Pechstein wurde wegen Dopingverdachts gesperrt. Man hatte in ihrem Blut eine erhöhte Konzentration an Vorläuferzellen der Erythrozyten festgestellt. Solch eine erhöhte Konzentration kann durch eine Verabreichung des gentechnisch hergestellten Erythropoetins (EPO) bewirkt werden. Diese Substanz gilt jedoch als Dopingmittel, da durch sie die Bildung der Erythrozyten und folglich die Sauerstoffkapazität des Blutes gesteigert wird, was zu erhöhter Ausdauer im Leistungssport führt.
Erhöhte Konzentrationen der Vorläuferzellen und von EPO im Blut können aber auch durch ein vermehrtes Absterben von kranken Erythrozyten und die damit einhergehende Sauerstoffunterversorgung begründet sein. Dies scheint bei Claudia Pechstein der Fall zu sein, da die Kugelzellenanämie, an der die Sportlerin leidet, zu einem vermehrten Abbau der Erythrozyten führt. Die erhöhte Konzentration an EPO und Vorläuferzellen ist in ihrem Fall also mit hoher Wahrscheinlichkeit nicht auf Doping, sondern auf die Erbkrankheit zurückzuführen.

Leistungskurs Biologie (Berlin): Abituraufgaben 2014
Aufgabe A2: Grundlagen und Anwendungsfelder der Genetik

Thema: Gentherapie gegen Aids

Zu Beginn der 1980er Jahre grassierte eine rätselhafte Krankheit in den USA. Im Jahre 1984 konnte schließlich der Erreger nachgewiesen werden: Das **H**umane **I**mmunschwäche **V**irus **HIV**. Das Virus vermehrt sich in den Zellen des menschlichen Immunsystems. Dazu bindet es an Rezeptorproteine auf der Zellmembran der Immunzellen. Eine wesentliche Bedeutung für das Andocken des HIV hat das Rezeptorprotein CCR5. Ist dieser Rezeptor verändert, kann das HIV nicht mehr in die Zellen eindringen.

Quelle: Nieder, J.: CCR5-Rezeptormoleküle und HIV; in: Unterricht Biologie; Friedrich-Verlag, Seelze, März 2012, S. 51

Aufgaben

1 Beschreiben Sie verschiedene Mutationsarten.
Leiten Sie jeweils die Auswirkungen auf den Geno- und Phänotyp ab. 16

2 Ermitteln Sie die Mutationsart, welche die Bildung des Delta-CCR5-Rezeptors bewirkt.
Erläutern Sie die Auswirkungen dieser Mutation auf die Struktur des Rezeptors. 10

3 Vergleichen Sie den Anteil der verschiedenen Genotypen für den CCR5-Rezeptor bei HIV-infizierten und nicht infizierten Menschen.
Begründen Sie das Fehlen des Genotyps aa bei HIV-Infizierten. 10

4 Erklären Sie jeweils, wie die vorgestellten Methoden die Vermehrung von HIV hemmen.
Nennen Sie die Nachteile der verschiedenen Methoden. 9

5 Diskutieren Sie, wie sich die Häufigkeit des Allels für den Delta-CCR5-Rezeptor in Zukunft in verschiedenen Erdteilen entwickeln kann. 5

Material 1: Der CCR5-Rezeptor

Beim CCR5-Rezeptor handelt es sich um ein Protein, welches aus 352 Aminosäurebausteinen besteht. Der Hauptteil des Proteins ist in der Zellmembran von Immunzellen verankert, der andere Teil befindet sich auf der Membranaußenseite und dient zum Andocken von bestimmten Signalstoffen, welche die Aktivität der Immunzellen beeinflussen. Um in eine Zelle einzudringen, dockt das HIV an diesen CCR5-Rezeptor an. Etwa 16 % der Europäer besitzen ein Allel für eine veränderte Variante des CCR5-Rezeptors: den Delta-CCR5-Rezeptor. Bei Japanern und Schwarzafrikanern findet man das veränderte Allel dagegen äußerst selten. Eine Ursache für die unterschiedliche Häufigkeit dieses Allels könnte sein, dass Menschen mit dem Delta-CCR5-Rezeptor ein deutlich geringeres Erkrankungsrisiko für Beulenpest haben. Diese Seuche hat im Mittelalter mehrmals die europäische Bevölkerung dezimiert.

Quellen: zusammengestellt und verändert nach: Nieder, J.: CCR5-Rezeptormoleküle und HIV; in: Unterricht Biologie, Friedrich-Verlag, Seelze, März 2012, S. 51 und www.focus.de/gesundheit/ratgeber/sexualitaet/tld-12711.html

Material 2: Ausschnitte aus der mRNA des CCR5- und Delta-CCR5-Rezeptors

Basensequenz eines Ausschnittes aus der mRNA für den normalen CCR5-Rezeptor:

5'... UAC **A**GU CAG UAU CAA UUC UGG AAG AAU UUC CAG ACA **UUA** CUU CGG UGU CGA AAU GAG AAG ...3'

Basensequenz des entsprechenden Ausschnittes aus der mRNA für den Delta-CCR5-Rezeptor:

5'... UAC **AUU A**CU UCG GUG UCG AAA **UGA** GAA G ...3'

Quelle: verändert nach: Nieder, J.: CCR5-Rezeptormoleküle und HIV; in: Unterricht Biologie; Friedrich-Verlag, Seelze, März 2012, S. 51

Material 3: Codesonne

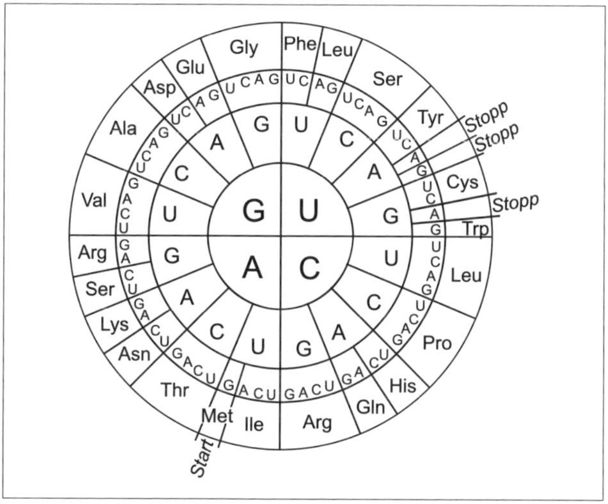

Material 4: Genotypen von Personen mit und ohne HIV-Infektion

A = Allel, welches den normalen CCR5-Rezeptor codiert
a = Allel, welches den Delta-CCR5-Rezeptor codiert

	nicht HIV-infiziert		HIV-infiziert	
Allele	**Anzahl**	**%**	**Anzahl**	**%**
AA	582	83	645	89
Aa	114	16	78	11
aa	8	1	0	0
Gesamtzahl	704	100	723	100

Quelle: verändert nach: Nieder, J.: CCR5-Rezeptormoleküle und HIV; in: Unterricht Biologie; Friedrich-Verlag, Seelze, März 2012, S. 51

Material 5: Neue Methoden zur Behandlung von Aids

Methode 1: Mit einer Chemotherapie wird zunächst das Knochenmark des AIDS-Patienten zerstört. Da die Immunzellen aus Blutstammzellen im Knochenmark gebildet werden, kann der Patient jetzt keine eigenen Immunzellen mehr produzieren. Anschließend erhält der AIDS-Kranke eine Knochenmarkspende von einem Spender, der homozygot für die Bildung des Delta-CCR5-Rezeptors ist. Damit es zu keiner Abstoßungsreaktion kommt, müssen die Gewebemerkmale von Spender und Empfänger möglichst weitgehend übereinstimmen.

Methode 2: Vor der Zerstörung des Knochenmarks werden gesunde Blutstammzellen entnommen und genetisch so verändert, dass sie zwei Enzyme herstellen, welche die beiden HIV-Proteine *Tat* und *Rev* spalten. Die Proteine *Tat* und *Rev* benötigt das HI-Virus für die Replikation. Anschließend werden diese transgenen Blutstammzellen dem Patienten wieder eingesetzt.

Methode 3: Der AIDS-Patient erhält Antikörper, welche spezifisch an den CCR5-Rezeptor binden. Dies geschieht durch eine intravenöse Infusion, bei der die Antikörper direkt in die Blutbahn gelangen.

Quellen: Zusammengestellt und verändert nach:
www.aerzteblatt.de/archiv/46821
www.faz.net/aktuell/wissen/mesch-gene/gentherapie-mit-viren-gegen-aids-1382002.html
www.tagesspiegel.de/wissen/gentherapei-aids-medikamente-im-erbgut/1862288.html

Material 6: Zahl der HIV-Infizierten in verschiedenen Erdteilen (Stand 2008)

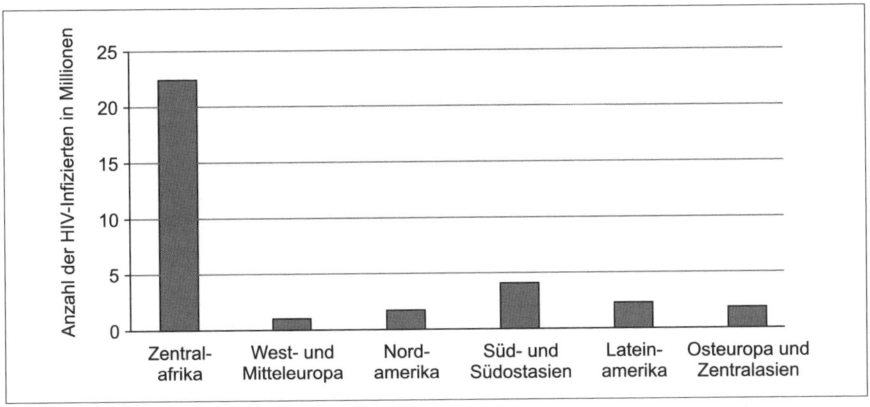

Quelle: nach Daten der UNAIDS und WHO; Stand Ende 2008

Lösungsvorschläge

1 *Hier wird eine verständliche, übersichtliche und gut strukturierte Darstellung eigener Kenntnisse erwartet. Wegen der Komplexität der Aufgabenstellung ist es zunächst sinnvoll, auf dem Konzeptpapier einen Entwurf zu verfassen.*
In der Aufgabenstellung wird nicht vorgegeben, wie komplex die Ausführungen sein sollen. Da aber 16 BEs vergeben werden, sollte die Lösung nicht zu knapp ausfallen. Skizzen können Ihnen bei der Verdeutlichung einzelner Sachverhalte sicherlich hilfreich sein, sind aber nicht zwingend notwendig.
Beachten Sie, dass die Aufgabenstellung keine Darstellung der Entstehung von Mutationen fordert.

Genmutationen: Genmutationen betreffen nur ein Gen. Hierzu zählen:

- **Punktmutationen:** Dabei handelt es sich um den Austausch einer einzelnen Base. Dies führt oft, aber nicht immer, zum Austausch einer Aminosäure. Da das gebildete Protein nur an einer Stelle der Primärstruktur aus in der Regel mehreren hundert Aminosäuren einen Fehler aufweist, kann es sein, dass sich keine Veränderungen der Sekundär- und Tertiärstruktur ergeben und somit die Funktion des Proteins nicht beeinträchtigt ist. Kommt es durch die Mutation aber zu Abweichungen in der Sekundär- und Tertiärstruktur, so ist das Protein nicht mehr (voll) funktionsfähig.
  Allerdings sind Punktmutationen meist rezessiv, sodass ihre Auswirkungen bei einem (häufigeren) heterozygoten Genotyp gering sind und erst bei homozygotem Genotyp voll zur Wirkung kommen.

  Eine Darstellung der Strukturebenen eines Proteins sollte unterbleiben, da sie nicht gefordert ist.

- **Deletionen:** Hierbei handelt es sich um den Verlust einer oder mehrerer Basen/Basenpaare. Dies hat in aller Regel gravierendere Folgen als eine Punktmutation: Da es sich beim genetischen Code um einen Triplett-Code handelt, wird durch eine solche Mutation das gesamte Leseraster verschoben.

  Dies kann zusätzlich anhand eines Beispiels erläutert werden. Auf eine Darstellung der Transkription sollten Sie aber verzichten.

  Dies führt normalerweise zwangsläufig zu einer starken Veränderung der Aminosäuresequenz (Primärstruktur) des codierten Proteins und damit zu einer Veränderung von Sekundär- und Tertiärstruktur. Daraus folgt eine Funktionsunfähigkeit des Proteins, was gravierende Veränderungen bei Zellstrukturen und/oder bei Stoffwechselvorgängen zur Folge hat.

Chromosomenmutationen: Hierbei wird die Struktur der Chromosomen z. B. durch den Verlust (Deletion) eines Chromosomenbruchstücks oder die Übertragung eines Chromosomenbruchstücks auf ein anderes Chromosom (Translokation) verändert. Dies hat in der Regel größere Auswirkungen als Genmutationen, weil dadurch ganze Gene und somit Proteine fehlen können. Dadurch sind diese Mutationen häufig letal oder führen zu schweren Fehlbildungen.

Genommutationen: In diesen Fällen ist die Anzahl der Chromosomen verändert. Beispiele für Genommutationen sind z. B. Trisomien oder Monosomien. Diese Art von Mutationen führt zu einer stark veränderten Anzahl von Genen, was gravierende Auswirkungen auf die Menge der Genprodukte hat. Beim Menschen sind Genommutationen meist letal. Nur wenige Tri- und Monosomien, darunter vor allem solche, die die Geschlechtschromosomen betreffen, haben für die betroffenen Personen keine tödlichen Fehlbildungen zur Folge.

2 *Hier sollen die in den Materialien 1–3 enthaltenen Informationen verarbeitet werden. Dabei werden zwar Grundkenntnisse zur Translation vorausgesetzt, die einzelnen Vorgänge müssen aber nicht im Detail dargestellt werden.*
Sie sollten darauf achten, dass sich die Code-Sonne auf die mRNA bezieht und von innen nach außen gelesen wird (5'→3'-Richtung). Die Analyse wird durch den Fettdruck in Material 2 stark vereinfacht. Eine Übersetzung der mRNA in Aminosäuren ist hier nicht sinnvoll, da daraus keine Aussagen über die Struktur des Polypeptids/des Rezeptors abgeleitet werden können und somit kein Bezug zur Aufgabenstellung besteht.

Mutationsart: Es handelt sich um den Verlust von 32 Basen eines Gens, also um eine größere **Deletion** (Genmutation).

Auswirkungen: Diese führt zu einer Veränderung des Leserasters, sodass nicht nur einige Aminosäuren des Proteins fehlen, sondern alle nachfolgenden Codons verändert sind. An welcher Stelle der Basensequenz sich diese Mutation befindet, wird nicht erwähnt. Am Ende der Aminosäurekette wäre die Auswirkung geringer als an ihrem Anfang.
Durch die Deletion entsteht außerdem ein neues Stopp-Codon UGA, sodass an dieser Stelle die Translation abbricht. Dadurch verkürzt sich die Aminosäurekette (wie stark, ist aus dem Material nicht abzuleiten).
Die Deletion bedingt somit eine stark veränderte Struktur des Proteins und folglich die Funktionsunfähigkeit des Rezeptors.

3 *Die Aufgabe verlangt, dass Sie aus Material 4 die Kernaussagen zur Lösung herausfiltern und diese mit vorhandenem Wissen aus dem Unterricht verknüpfen. Wichtige Grundlage für die Lösung sind hier Grundkenntnisse auf dem Gebiet der klassischen Genetik: Die Begriffe Allel, dominant, rezessiv, heterozygot und homozygot müssen Ihnen geläufig sein.*

Gemeinsamkeiten: Über 80 % der Personen haben den Genotyp AA, sind also im Bezug auf das dominante Allel, das den normalen Rezeptor codiert, homozygot. Der zweithäufigste Genotyp ist Aa (heterozygot), gefolgt von aa (homozygot rezessiv).

Unterschiede: Bei HIV-Infizierten ist der Anteil des Genotyps Aa gegenüber den Nicht-Infizierten um ca. 1/3 geringer und der Genotyp aa fehlt ganz.

Begründung: Der Genotyp aa bedeutet, dass hier das mutierte Gen für den CCR5-Rezeptor homozygot vorhanden ist. Erst in dieser Allelkombination kann die Mutation ihre Wirkung entfalten, weil das mutierte Gen a rezessiv ist. Die Struktur des CCR5-Rezeptors ist in diesem Fall so stark verändert, dass sich das HI-Virus nicht anlagern kann. Die Betroffenen sind dadurch vor einer Infektion geschützt. Deshalb findet man bei Infizierten einen geringeren Anteil des Allels a, denn nur Personen, die das dominante Allel homozygot (AA) oder heterozygot (Aa) aufweisen, können infiziert werden.

4 *Hier wird erwartet, dass Sie die Kernaussagen des Materials 5 kurz und präzise zusammenfassen und durch eigene Kenntnisse über das Immunsystem und AIDS ergänzen.*

Methode 1: Da nach der beschriebenen Prozedur alle Immunzellen den Delta-CCR5-Rezeptor an ihrer Oberfläche besitzen, kann sich das HI-Virus nicht anlagern und die Zellen infizieren. Da im Knochenmark Stammzellen für alle Typen von Immunzellen vorliegen, können durch Teilung immer wieder neue Zellen mit dem Genotyp aa und folglich mit dem Delta-CCR5-Rezeptor entstehen, wenn die abgestorbenen Immunzellen ersetzt werden müssen.
Ein Nachteil dieser Methode ist, dass es in der Regel schwierig ist, einen geeigneten Spender mit den passenden Gewebemerkmalen zu finden. Außerdem ist der Empfänger im Verlauf der Behandlung eine Weile schutzlos der Gefahr von Infektionen ausgesetzt, weil sich das Immunsystem erst regenerieren muss.

Methode 2: Da Tat und Rev zwei Proteine (vermutlich Enzyme) sind, die das HI-Virus für die Replikation benötigt, erscheint es als vielversprechender Ansatz, die Wirtszelle für das Virus genetisch so umzuprogrammieren, dass sie Enzyme herstellt, die Tat und Rev zerstören.
Der Nachteil ist jedoch, dass diese gentechnische Methode bisher wenig erprobt und in Deutschland nicht zugelassen ist. Sie ist technisch sehr anspruchsvoll und die Erfolgsaussichten sind unklar. So könnte es beispielsweise zu Abstoßungsreaktionen kommen oder es wäre möglich, dass die neuen Gene nicht an der richtigen Stelle in die DNA eingebaut und folglich nicht exprimiert würden.

Methode 3: Monoklonale Antikörper binden an die CCR5-Rezeptoren der Patienten, sodass sich das HI-Virus nicht anlagern kann. Dadurch wird eine Infektion verhindert.
Dies ist sicherlich die technisch am wenigsten aufwendige Methode. Ein Nachteil ist jedoch, dass die Infusionen regelmäßig und lebenslang wiederholt werden müssten. Außerdem bleibt unklar, ob damit wirklich alle Rezeptoren abgedeckt werden können, zumal die Konzentration der Antikörper im Laufe der Zeit sicherlich absinkt. Es besteht also vermutlich doch eine latente Infektionsgefahr.

5 *Hier wird erwartet, dass Sie aus dem Material 6 und anderen Sachzusammenhängen und Fachkenntnissen verschiedene Aspekte ableiten, unter denen Sie die Aufgabenstellung beleuchten können.*
Achten Sie dabei darauf, dass Sie nicht in Spekulationen verfallen, sondern die einzelnen Aspekte fachlich fundiert abwägen und präzise begründen.

- In Regionen der Erde mit hoher Infektionsrate (Zentralafrika, Südostasien) ist die durch AIDS verursachte Sterblichkeit sehr hoch. Demzufolge bietet das Allel a einen großen Selektionsvorteil, sodass es sich vermutlich stärker ausbreiten wird, weil Homozygote mit dem Genotyp aa einen größeren Fortpflanzungserfolg haben.
- In Ländern mit geringer Infektionsrate (West- und Mitteleuropa, Nordamerika) hat der Schutz vor einer HIV-Infektion kaum Bedeutung für den Fortpflanzungserfolg und stellt daher nur einen sehr kleinen Selektionsvorteil dar. Gleichzeitig hat der Genotyp aa aber auch keinen Selektionsnachteil. Also wird sich die Allelhäufigkeit vermutlich nicht verändern.

Beispiel für eine mögliche Alternative zum zweiten Punkt:
Die Häufigkeit des Allels a könnte in Zentraleuropa sinken, da sich Signalstoffe des Immunsystems, die normalerweise an den CCR5-Rezeptor andocken, möglicherweise nicht problemlos an den Delta-CCR5-Rezeptor anlagern können. Das Allel a würde somit einen Selektionsnachteil bedeuten.

Leistungskurs Biologie (Berlin): Abituraufgaben 2014
Aufgabe B: Ökologie und Nachhaltigkeit

Thema: Blattschneiderameisen – erfolgreiche Gärtner

Die Arbeiterinnen der Blattschneiderameisen tragen Laubstückchen zu einem Nest. Von diesem Laub ernährt sich ein Pilz. Der Pilz selbst wird von den Ameisen gefressen. Die Ameisen haben eine präzise Arbeitsteilung. Einige Biologen bezeichnen die Blattschneiderameisen als die „eigentlichen Herrscher des Regenwaldes".

Aufgaben

1 Nennen Sie die Mitglieder eines Stoffkreislaufes und deren charakteristische Merkmale.
Beschreiben Sie die Besonderheiten des Stoffkreislaufes im tropischen Regenwald. 12

2 Erläutern Sie vier interspezifische Beziehungen der Bewohner des Nestes der Blattschneiderameisen. 13

3 Formulieren Sie eine Hypothese über die vorrangige Verwendung von Laubstückchen aus dem Kronendach der Regenwälder als Nahrung für den Futterpilz. 5

4 Fassen Sie die Aufgaben der unterschiedlichen Kastenmitglieder zusammen.
Begründen Sie den großen Erfolg der Blattschneiderameisenkolonie im Vergleich zu dem einzeln lebender Insekten. 12

5 Vergleichen Sie das Zusammenleben von Blattschneiderameisen und Futterpilzen mit dem von Rindern und in deren Pansen lebenden Mikroorganismen. 8

Material 1: Reichtum auf kargem Boden

Erstaunlicherweise wächst die hochproduktive Lebensgemeinschaft Regenwald oft auf sandigen, unfruchtbaren Böden. Diese enthalten kaum einen Vorrat an toter organischer Substanz, also Humus, wie er typisch für die Wälder gemäßigter Klimazonen ist. Im tropischen Regenwald herrscht ein Klima, das ganzjähriges Wachstum ermöglicht. Ebenfalls das ganze Jahr über verlieren die Pflanzen abgestorbene Blätter und Äste. Pilze und Bakterien bauen tote Tiere und Pflanzen fünf- bis zehnmal schneller ab als in mitteleuropäischen Wäldern. Die Abbauprodukte werden von den Pflanzen mit ihren Wurzeln wieder aufgenommen und dienen dem Aufbau und Erhalt der oberirdischen lebenden Pflanzenteile. Für Pflanzenfresser und andere höhere Lebewesen ist es aufwendig, an Nahrung zu kommen. Die voll entwickelten Laubblätter enthalten zum großen Teil schwer verdauliche Stoffe und Gifte, die nur von Spezialisten (Bakterien, Einzeller und Pilze) aufgeschlossen werden können.

Quelle: verändert nach: Ueberschar, K. und Ziegler, C.: Der Triumph des Kollektivs; aus GEO Wissen Nr. 25 Regenwald, Gruner & Jahr, Hamburg 1999; S. 30–39

Material 2: Alles hängt am Pilz

In tropischen Regenwäldern ernten die Blattschneiderameisen bis zu 20 % der Laubfläche. Entdecken die Kundschafter der Ameisenart *Atta colombica* im panamaischen Regenwald eine geeignete Futterpflanze, zerlegen die ihren Duftspuren folgenden Blattschneiderinnen die Blätter binnen Minuten bis auf die Rippen. Die Blattstücke stammen meist aus dem Kronendach des Waldes, nur selten zerschneiden die Tiere Pflanzen des Unterwuchses.

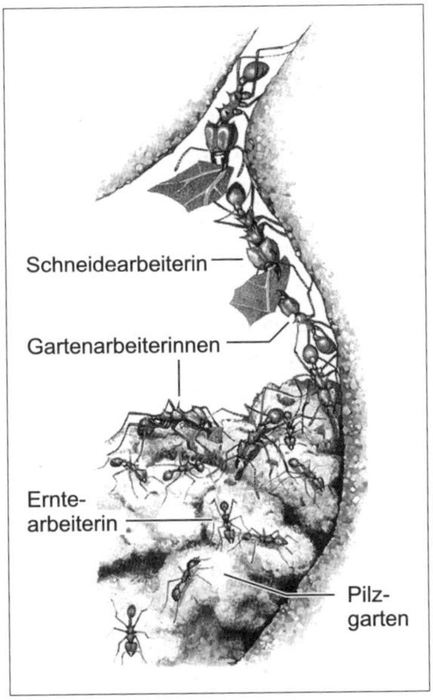

Abb. 1: Ameisen der Gattung *Atta* am Pilzgarten

Die Blattschneiderameisen kultivieren spezielle Futterpilze. Dazu übergeben die Blattschneiderinnen ihre Blattstücke im Nest an Innenarbeiterinnen, die das Laub zu einem homogenen Brei zerkauen, der als Nahrung für den Pilz dient. Im unterirdischen Nest einer ausgewachsenen Kolonie gibt es mehrere hundert Pilzgärten, die aussehen wie ein grauer Badeschwamm. Die Pilze zersetzen den Laubbrei und produzieren proteinreiche Körperchen, die von den Innenarbeiterinnen und Larven gefressen werden.

Die individuenreichste Kaste (Gruppe) stellen in einer Kolonie die Gärtnerinnen, die ständig nach fremden Pilzen suchen und diese sofort entfernen. Die größte Gefahr geht dabei von dem Schlauchpilz *Escovopsis* aus, der ebenfalls den zerkauten Laubbrei der Ameisen als Nahrungsgrundlage nutzt und durch starke Vermehrung den Futterpilz der Ameisen verdrängt.

Die Verbreitung von *Escovopsis* wird durch ein erst im Jahre 1999 identifiziertes Bakterium der Gattung *Streptomyces* eingeschränkt. Diese Bakterien bedecken den Kör-

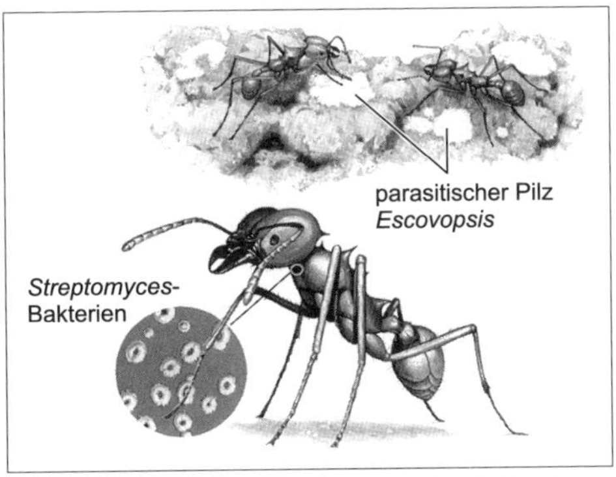

Abb. 2: Gärtnerinnen bei der Abwehr des Schlauchpilzes *Escovopsis*. Detail: Abstrich des wachsartigen Bakterienbewuchses auf der Oberfläche einer Gärtnerin mit *Streptomyces*-Kulturen

per der Gärtnerinnen. Sie produzieren ein wirksames Antibiotikum, das *Escovopsis* hemmt, und außerdem weitere Substanzen, die das Wachstum des Futterpilzes fördern.

Quelle: verändert nach: Ueberschar, K. und Ziegler, C.: Der Triumph des Kollektivs; aus GEO Wissen Nr. 25 Regenwald, Gruner & Jahr, Hamburg 1999

Material 3: Mikroorganismen im Rindermagen

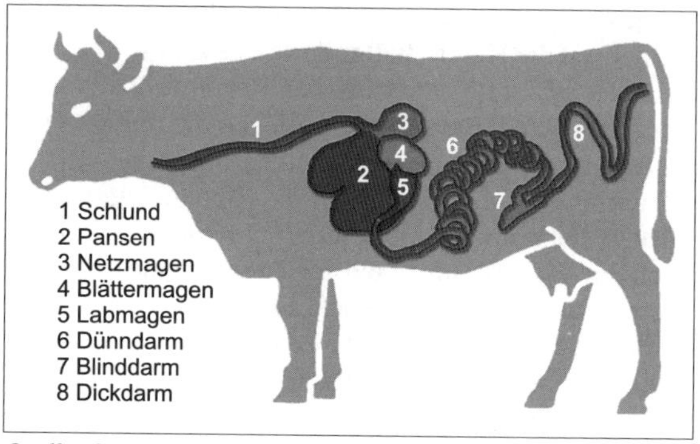

Quelle: © AMA-Marketing

Der Pansen kann bis zu 60 kg Futter (pflanzliche Biomasse) aufnehmen. Im Pansen leben Mikroorganismen (Bakterien, Einzeller) in riesigen Individuenzahlen – beim Rind bis zu 10^{16} pro Milliliter. Diese Kleinstlebewesen sind lebenswichtige Symbionten und produzieren aus den Pflanzenteilen unter anderem niedrig-molekulare organische Säuren, die direkt als Nährstoffe in den Blutkreislauf der Rinder gelangen. Der Panseninhalt wird nach dem Wiederkäuen in weitere Teile des Verdauungstraktes befördert, in denen sowohl die körpereigene Verdauung der restlichen Pflanzenbestandteile einsetzt als auch große Teile der Mikroorganismen als Nahrung abgetötet und verdaut werden. Aufgrund der günstigen Lebensbedingungen im Pansen und der hohen Teilungsaktivität der Mikroorganismen liegen immer genügend Individuen vor. Diese nutzen für den Aufbau ihrer Zellen zum einen die pflanzlichen Proteine der Rindernahrung als auch den stickstoffreichen Harnstoff, der aus der Leber der Rinder stammt, und aus dem Blut in den Pansen diffundiert. Die große Speichelmenge der Rinder sorgt durch ihren leicht basischen Charakter für einen optimalen pH-Wert im Pansen.

Quellen: verändert nach:
verändert nach: Czihak, Langer, Ziegler (Hrsg.): Biologie; Springer-Verlag, Berlin/Heidelberg 1990

Lösungsvorschläge

1 *Der Operator „nennen“ deutet darauf hin, dass die Ausführungen sehr knapp und präzise gehalten werden sollen. Es wird also nicht verlangt, dass Sie ausführlich Nahrungsketten, Trophieebenen oder Stoffwechselvorgänge erläutern. Die Lösung kann sogar stichpunktartig erfolgen.*

Mitglieder des Stoffkreislaufs: Zu einem Stoffkreislauf gehören in der Regel die Produzenten, die Konsumenten und die Destruenten.
Die autotrophen **Produzenten** (Pflanzen) stellen durch Fotosynthese aus energiearmen anorganischen Verbindungen energiereiche organische Stoffe her. Auf diese Weise wird Biomasse produziert, in der Lichtenergie in Form von chemischer Energie gespeichert wurde.
Die heterotrophen **Konsumenten** ernähren sich von dieser Biomasse und bauen die energiereichen Verbindungen durch Dissimilation wieder zu energiearmen Stoffen ab. Dadurch gewinnen sie Stoffwechselenergie, mit deren Hilfe sie aus körperfremden organischen Stoffen körpereigene organische Stoffe herstellen.
Abgestorbene Produzenten und Konsumenten sowie deren Ausscheidungen werden von Mikroorganismen, Insekten und Würmern, den (heterotrophen) **Destruenten**, zersetzt. Durch Mineralisierung entstehen dabei aus den organischen Verbindungen anorganische Mineralstoffe, die von den Pflanzen durch die Wurzeln wieder als Nährstoffe aufgenommen werden können.

Stichpunktartige Alternative:
- ***Produzenten:** autotrophe Organismen; nehmen energiearme körperfremde organische Stoffe auf und stellen daraus energiereiche organische Stoffe (Biomasse) her (Assimilation)*
- ***Konsumenten:** heterotrophe Organismen; stellen aus körperfremden organischen Stoffen körpereigene organische Stoffe her, bauen energiereiche Stoffe ab (Dissimilation)*
- ***Destruenten:** heterotrophe Mikroorganismen; stellen aus energiereichen organischen Stoffen wieder energiearme anorganische Stoffe her (Mineralisierung)*

Besonderheiten des Stoffkreislaufs im tropischen Regenwald: Im **tropischen Regenwald** spielt sich die Produktion von Biomasse hauptsächlich in den Baumkronen ab, da in die tieferen Waldstockwerke kaum noch genügend Licht für die Fotosynthese der Pflanzen vordringt.
Da durch das günstige Klima ein ganzjähriges Pflanzenwachstum möglich ist, fallen zwar ständig große Mengen an abgestorbener Biomasse an, gleichzeitig ist aber die Zahl der Destruenten so groß und diese sind durch die hohen Temperaturen so aktiv, dass die organischen Überreste sehr schnell abgebaut werden und keine dickere Humusschicht entstehen kann. Die beim Abbau anfallenden Mineralstoffe werden sofort von den Wurzeln aufgenommen, sodass der Boden nährstoffarm ist. Der Vorrat an Mineralstoffen ist also, anders als in Ökosystemen der gemäßigten Breiten, in den oberirdischen Teilen des Ökosystems gebunden.

2 *Zunächst sollten Sie sich bewusst machen, dass mit dem Begriff „interspezifische Beziehungen" Beziehungen zwischen verschiedenen Arten gemeint sind. Es sollen also keinesfalls die Beziehungen der Ameisenkasten untereinander erläutert werden, denn dabei handelt es sich um intraspezifische Beziehungen.*
Dann sollten Sie das Material dahingehend analysieren, wo sich aus dem Unterricht bekannte Fachbegriffe zu interspezifischen Beziehungen, wie Symbiose, Parasitismus oder Konkurrenz, anwenden lassen.

Interspezifische Beziehungen:
- Die Blattschneiderameisen gehen eine **Symbiose** mit ihrem Futterpilz ein. Die Ameisen versorgen den Pilz mit organischer Substanz in Form von abgeschnittenen und zu Brei zerkauten Blattteilen. Die daraus entstehenden, vom Pilz produzierten proteinreichen Körperchen können von den Ameisen und ihren Larven, im Gegensatz zu den Blättern selbst, gefressen und verarbeitet werden. Also ziehen beide Arten einen Nutzen aus dieser Beziehung.
- Der Futterpilz steht in **interspezifischer Konkurrenz** zum Schlauchpilz *Escovopsis* und vermutlich auch zum Bakterium *Streptomyces*. Alle drei konkurrieren um die gleiche Nahrung: den von den Ameisen hergestellten Laubbrei.
- Auch zwischen Schlauchpilz und Ameise besteht eine **interspezifische Konkurrenz**. Hierbei handelt es sich um eine indirekte Nahrungskonkurrenz, da die Schlauchpilze dieselbe Nahrungsquelle (Blattbrei) nutzen, wie die Symbionten der Ameisen.
- Bei der Bekämpfung des Schlauchpilzes hilft der Ameise ein weiterer **Symbiose**partner, das Bakterium *Streptomyces*. Die Ameise dient dem Bakterium als Lebensraum und vermutlich auch als Nährstofflieferant. Im Gegenzug produziert das Bakterium Substanzen, die das Wachstum des Futterpilzes fördern, und ein Antibiotikum, das das Wachstum des Schlauchpilzes hemmt.

3 *Für die Lösung dieser Aufgabe aus dem Anforderungsbereich III müssen Sie Ihr eigenes Grundwissen zum Thema Fotosynthese anwenden. Das Material gibt Ihnen für die im Folgenden vorgeschlagenen Hypothesen allenfalls recht vage Hinweise.*

Unter den Bäumen des Regenwalds besteht ein harter Konkurrenzkampf um die Ressource Licht. Die weiter oben wachsenden Blätter können das Licht weit effektiver nutzen als die darunterliegenden. Die Blätter des Kronendachs enthalten dadurch wesentlich mehr Fotosyntheseprodukte (Glukose und Stärke) und stellen dadurch eine hochwertigere Nahrung für den Pilz dar.

Beispiele für weitere mögliche Hypothesen:
- *Das Laub des Kronendachs enthält einen größeren Anteil an jungen Blättern, die weniger stark verholzt sind und dadurch von den Ameisen leichter abgeschnitten werden können.*
- *Das Laub des Kronendachs enthält einen größeren Anteil an jungen Blättern, die weniger schwer verdauliche Stoffe und Gifte aufweisen als die älteren Blätter.*

4 *Um eine vollständige Lösung erstellen zu können, sollten Sie das gesamte Material 2 aufmerksam studieren. Ansonsten können sehr leicht kleine Details übersehen werden (z. B. die Erntearbeiterinnen in der Abbildung 1).*
Ein Verständnisproblem könnte der Begriff „Kaste" bereiten. Dabei handelt es sich um einen Fachbegriff zur Strukturierung und Verdeutlichung der Arbeitsteilung bei sozial lebenden Insektenarten.

Aufgaben der Kastenmitglieder: Die Kolonie der Blattschneiderameisen unterteilt sich laut Material 2 in vier Kasten mit spezifischen Aufgabenfeldern.

- Die **Kundschafter** suchen nach geeigneten Pflanzen und hinterlassen Duftspuren für die Schneidearbeiterinnen, um ihnen den Weg dorthin zu weisen.
- Die **Schneidearbeiterinnen** sind für das Zerlegen der Blätter und den Transport der Blattstücke ins Nest zuständig.
- Dort geben sie die Blattstücke an die **Gärtnerinnen** weiter, die zu den Innenarbeiterinnen gehören. Diese zerkauen das Laub zu einem homogenen Brei, der dann von den Pilzen als Nahrungsgrundlage genutzt wird. Außerdem kümmern sie sich um das Auffinden und Vernichten fremder Pilze.
- Ebenfalls zu den Innenarbeiterinnen gehören die sehr kleinen **Erntearbeiterinnen**, die für das Abernten der proteinreichen Pilzkörperchen und das Füttern der Larven zuständig sind.

Begründung des Erfolgs der Blattschneiderameisen: In den Kolonien der Blattschneiderameisen gibt es eine hoch spezialisierte Arbeitsteilung, die mit dem modernen Staatswesen des Menschen vergleichbar ist. Durch die Spezialisierung kann die Arbeit der Einzelindividuen wesentlich effektiver verrichtet werden. Gleichzeitig werden unlösbare Aufgaben an den Symbiose-Pilz ausgelagert. Auf diese Weise können als Produkt einer Koevolution die vorhandenen Ressourcen wesentlich effektiver genutzt werden.
Solitär lebende Insekten müssen alle lebenserhaltenden Tätigkeiten alleine ausführen. Sie sind dabei wesentlich schutzloser Gefahren ausgesetzt, sind weniger effektiv und können nicht so leicht auf Veränderungen der Umwelt reagieren. Eine so ausgeprägte Spezialisierung wie bei den Blattschneiderameisen ist für einzeln lebende Insekten in der Regel nicht möglich.

5 *Der Vergleich sollte Ihnen relativ leicht fallen, wenn Sie hier allgemeine ökologische Grundlagen anwenden, z. B. Kenntnisse über Symbiosen, Nahrungsgrundlagen, Aufbau des Verdauungstrakts. Hierbei hilft das Material 3: Die Informationen des Materials müssen in die geforderten Zusammenhänge zu den Ameisen gebracht, also neu geordnet werden.*

Wie zwischen Blattschneiderameisen und Futterpilzen besteht auch zwischen dem Rind und den Mikroorganismen in seinem Pansen eine für beide Seiten nützliche Beziehung, eine **Symbiose**.
Gemeinsamkeiten: Bei beiden Symbiosen liefern jeweils Rind und Ameise die pflanzliche Biomasse für die Destruenten, die Mikroorganismen bzw. den Futterpilz. Sowohl Rind als auch Ameise sind von den Produkten der Destruenten

abhängig, da sie selbst aufgrund ihrer Enzymausstattung nicht in der Lage sind, die organischen Stoffe der Pflanzen zu zersetzen.
Rind und Ameisen gewährleisten zusätzlich auch möglichst optimale Lebensbedingungen für ihre Symbionten: Der Speichel des Rinds sorgt für einen leicht basischen, für die Mikroorganismen optimalen pH-Wert im Pansen. Die Ameisen hegen und pflegen die Pilze beispielsweise durch die Bekämpfung möglicher Konkurrenten.

Unterschiede: Das Rind liefert den Mikroorganismen zusätzlich auch Nährstoffe aus eigener Produktion, wie den Harnstoff. Bei den Ameisen werden dagegen sämtliche Nährstoffe von außen zugeführt.
Ein grundsätzlicher Unterschied ist der Ort des Zusammenlebens: Während Ameisen und Pilze gemeinsam ein unterirdisches Nest bewohnen, leben die Symbionten der Rinder innerhalb ihres Symbiosepartners.
Das Abernten der Proteinkörperchen durch die Ameisen geschieht ohne eine Dezimierung der Pilzpopulation. Beim Rind findet eine solche Fürsorge nicht statt, im Gegenteil: Die Mikroorganismen werden sogar verdaut und dienen als Nährstofflieferanten. Trotzdem bleibt eine hohe Populationsdichte erhalten, weil die Bedingungen im Pansen für die Vermehrung der Bakterien optimal sind.

Leistungskurs Biologie (Berlin): Abituraufgaben 2014
Aufgabe C: Evolution und Zukunftsfragen

Thema: Der Wickelbär – Primat oder Karnivore?

In den südamerikanischen Regenwäldern lebt der Wickelbär, ein agiler Kletterer mit Greifschwanz und Greiffüßen. Die Einheimischen nennen Wickelbären „monos de la noche", also Nachtaffen. Auch die Zoologen ordneten diese Tiere anfangs unter den Primaten ein. Neuere Untersuchungen lassen diese Einordnung fraglich werden.

Aufgaben

1 Erläutern Sie die Begriffe analoge und homologe Organe anhand je eines Beispiels.
Nennen Sie deren Bedeutung für die Verwandtschaftsbestimmung. 12

2 Vergleichen Sie Merkmale des Wickelbären mit denen von typischen Primaten und typischen Karnivoren.
Leiten Sie die Zuordnung des Wickelbären zu einer dieser Ordnungen ab. 15

3 Erläutern Sie eine biochemische Methode zum Beweis dieser systematischen Zuordnung. 8

4 Erklären Sie die weitgehenden Übereinstimmungen in den Stammbäumen von Primaten und Madenwürmern. 5

5 Interpretieren Sie die Aussagen zum Madenwurmbefall bei Goldpotto, Nasenbär und Wickelbär.
Erörtern Sie, inwiefern man Parasiten generell zur Verwandtschaftsbestimmung nutzen kann. 10

Material 1: Der Wickelbär – Primat oder Primatendoppelgänger?

Der 40–60 cm lange Wickelbär *Potos flavus* ist ein schneller und geschickter Kletterer, der nachts weite Wanderungen unternimmt. Er ernährt sich fast ausschließlich von Früchten und Nektar. An seinen Zehen hat der Wickelbär nur Krallen, zum Klettern umgreift er mit der gesamten Sohle die Zweige. Die ursprüngliche Reißzahnschere seiner Vorfahren wurde stark abgewandelt, die heutigen Zähne sind stumpf.

Quelle: Alcide d'Orbigny, Dictionnaire Universel d'Histoire Naturelle, 1849

Die Vorfahren des Wickelbären waren Fleischfresser, die ähnlich wie die heutigen Marder gute Kletterer waren. Sie nutzten ihren Schwanz zum Balancieren bei Sprüngen. Im Laufe der Zeit entwickelte sich daraus ein Greifschwanz. Die meisten Nachfahren sind immer noch nachtaktive Allesfresser, einige wenige Vertreter wie der Wickelbär haben sich auf den Konsum von Früchten spezialisiert.

Quellen: zusammengestellt und verändert nach:
Dr. Erwin Gould, Dr. George McKay: Encyclopedia of Mammals; Academic Press, San Diego 1998; Schmitt, M.: Wie sich das Leben entwickelte; Mosaik Verlag GmbH, München 1994, S. 170

Der Nasenbär – ein typischer Karnivore

Quelle: Hein Nouwens/Shutterstock.com

Die Ordnung der Karnivoren (früher auch als Raubtiere bezeichnet) umfasst mehr als 270 Arten mit weltweiter Verbreitung. Ihr Gebiss zeigt eine unverwechselbare Anpassung an den Fleischkonsum: Der vierte obere Vormahlzahn und der erste untere Mahlzahn sind so gebaut, dass sie zwei senkrechte, scharf schneidende Oberflächen bilden, die gegeneinander etwa wie die Klingen einer Schere gleiten. Sie werden als Reißzähne bezeichnet.
Zu den hundeartigen Karnivoren zählen auch der Nasenbär und seine Verwandten. Sie alle können gut klettern, mit ihren krallenbewehrten Pfoten aber auch graben. Die Reißzahn-Schere wurde bei allen Kleinbären stark abgewandelt; Nasenbären sind Allesfresser, die sich überwiegend von Insekten und Wurzeln ernähren. Als einzige in ihrer engeren Verwandtschaft sind sie tagaktiv geworden.

Zusammengestellt und verändert nach: Dr. Erwin Gould, Dr. George McKay: Encyclopedia of Mammals; Academic Press, San Diego 1998; Schmitt, M.: Wie sich das Leben entwickelte, Mosaik Verlag GmbH, München 1994, S. 170

Der Goldpotto – ein typischer Primat

Quelle: Periodictus potto stockleyi by Stephen D. Nash/IUCN SSC Primate Specialist Group; Reproduced with permission

Zur Ordnung der Primaten zählen 200 Arten baumbewohnender, scharfsichtiger und intelligenter Tiere: Lemuren, Affen und Menschenaffen. Sie besitzen Hände und Füße, die zum Greifen angepasst sind. Statt Krallen haben sie flache Nägel. Der Daumen kann den anderen Fingern gegenübergestellt werden.
Der Goldpotto gehört zur Unterordnung der Lemuren. Er lebt in Regenwäldern West-Zentralafrikas, wo er sich von Insekten und deren Larven sowie Früchten ernährt. Er bewegt sich auf seinen

nächtlichen Streifzügen auf eine recht langsame, gleitende Weise, indem er mit Hilfe der starken Hände und Füße die Zweige umgreift. So ist der Goldpotto ein sehr geschickter Kletterer. Sein sehr ursprüngliches Primatengebiss zeigt kleine Schneide- und Eckzähne und höckerige Backenzähne.

Quellen verändert nach:
Zusammengestellt und verändert nach: Dr. Erwin Gould, Dr. George McKay: Encyclopedia of Mammals; Academic Press, San Diego 1998; Schmitt, M.: Wie sich das Leben entwickelte, Mosaik Verlag GmbH, München 1994, S. 170

Material 2: Madenwürmer geben Hinweise

Die Madenwürmer der Gattung *Enterobius* sind Darmparasiten aller Wirbeltierklassen. Sie können sich nicht aktiv von Wirt zu Wirt ausbreiten, sondern werden durch Kontakt zwischen Wirtsorganismen übertragen (Säubern, Belecken). Durch das enge körperliche Verhältnis von Müttern und Kindern kann man gerade bei Säugern davon ausgehen, dass in freier Wildbahn so gut wie alle Individuen Madenwürmer beherbergen. Die gut untersuchten Stammbäume von Primaten und Madenwürmern zeigt die Abbildung.
Untersuchungen von Kotproben ergaben, dass der Goldpotto erwartungsgemäß durch Madenwürmer der Art *Enterobius lemuris* parasitiert wird. Auch im Kot der freilebenden Wickelbären fanden sich Madenwürmer, allerdings waren diese Exemplare nur sehr entfernt mit den für Primaten typischen Madenwürmern verwandt. Die im Darm des Wickelbären lebenden Madenwürmer glichen dagegen stark denjenigen Madenwürmern, die man bei Wasch- oder Nasenbären findet.

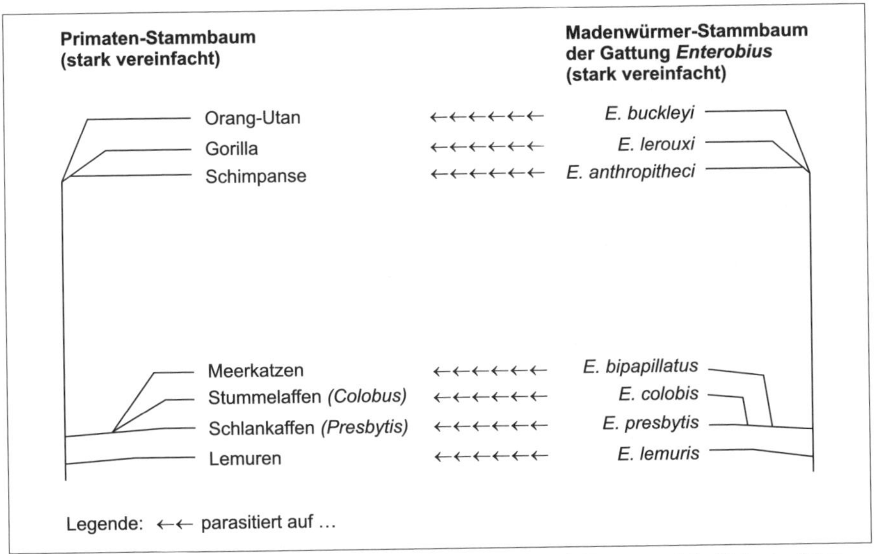

Quelle: verändert nach: Jaenicke, J. (Hrsg): Materialienhandbuch Kursunterricht Biologie, Bd. 6; Aulis Verlag in der Stark Verlagsgesellschaft mbH & Co.KG, 1997, S. 402

Lösungsvorschläge

1 *Bei dieser Teilaufgabe kommt es darauf an, im Unterricht erworbenes Fachwissen fachsprachlich und inhaltlich korrekt wiederzugeben. Es sollte eine übersichtliche Strukturierung in die Punkte „Definition homologe Organe", „Homologiekriterien", „Beispiel", „Definition analoge Organe", „Beispiel", „Wert für Verwandtschaftsbestimmungen" vorgenommen werden. Da es sich um reine Reproduktion handelt, sollte auf diese Teilaufgabe nicht zu viel Zeit verwendet werden.*

Homologe Organe:

- **Erläuterung des Begriffs:** Bei homologen Organen handelt es sich um Ähnlichkeiten von Strukturen zweier Organismen, die auf einen gemeinsamen Vorfahren zurückgehen.
  Um festzustellen, ob es sich wirklich um eine Homologie handelt, gibt es drei Kriterien, das Kriterium der Lage, das Kriterium der Stetigkeit und das Kriterium der spezifischen Qualität, von denen mindestens eines erfüllt sein muss.

  - ***Kriterium der Lage:*** *Zwei Strukturen sind homolog, wenn sie in einem vergleichbaren Gefügesystem dieselbe Lagebeziehung einnehmen.*
  - ***Kriterium der Stetigkeit:*** *Zwei Strukturen sind homolog, wenn sie sich durch Zwischenformen verbinden lassen.*
  - ***Kriterium der spezifischen Qualität:*** *Zwei Strukturen sind homolog, wenn sie in spezifischen Merkmalen übereinstimmen, d. h. beispielsweise aus dem gleichen Material bestehen.*

  Ein **Beispiel** für homologe Organe sind die Vorderextremitäten von Wirbeltieren. Auch wenn der Flügel eines Vogels und der Arm eines Menschen unterschiedliche Funktionen aufweisen, so sind doch deutliche Gemeinsamkeiten bei der Lagebeziehung von Fingerknochen, von Mittelhandknochen und von Elle und Speiche zu erkennen. Das Homologiekriterium der Lage ist erfüllt.
- **Bedeutung für die Verwandtschaftsbestimmung:** Homologe Merkmale sind wichtige Hilfsmittel zur Bestimmung von Verwandtschaftsbeziehungen.

Analoge Organe:

- **Erläuterung des Begriffs:** Bei analogen Organen handelt es sich um Ähnlichkeiten, die nicht auf eine Verwandtschaft, sondern auf eine gleichgerichtete Anpassung (konvergente Entwicklung) durch gleichgerichtete Selektionsdrücke zurückgehen.
  Ein **Beispiel** dafür sind das Gnu und das Zebra. Das Fell beider Tiere weist ein Streifenmuster auf. Diese Ähnlichkeit zeugt aber nicht von Verwandtschaft, sondern von gleichgerichteter Anpassung. Denn beide Tierarten werden von der Tsetsefliege parasitiert. Diese kann Streifenmuster schwer erkennen, sodass sich eine solche Fellfärbung als Selektionsvorteil erwies. Individuen mit einem entsprechend gemusterten Fell wurden weniger parasitiert und konnten so diese Eigenschaft, welche in der nächsten Generation dann gehäuft auftrat, an die Nachkommen weitervererben.

– **Bedeutung für die Verwandtschaftsbestimmung:** Da analoge Organe nicht auf Verwandtschaftsbeziehungen zurückgehen, sind sie für die Verwandtschaftsbestimmung nicht geeignet.

2 *Für diese Aufgabe wird innerhalb des Aufgabenblocks C die höchste Anzahl an Bewertungseinheiten vergeben. Das deutet darauf hin, dass hier die meisten Details und der höchste Zeitaufwand erwartet werden.*
Trotzdem sollten Sie sich nicht dazu verleiten lassen, den Vergleich in ausufernder Textform und in der Aufzählung von kleinsten Details vorzunehmen. Bei einem Vergleich sollte immer abgewägt werden, ob nicht eine Tabellenform die knappere, übersichtlichere und präzisere Lösung ist. Das ist hier eindeutig der Fall.
In die Tabelle sollten nur die Informationen aus dem Vortext und dem Material 1 eingetragen werden, die für den Vergleich wirklich eine Rolle spielen. Sie müssen also eine Auswahl treffen.

Merkmal	Wickelbär	Nasenbär (Karnivore)	Goldpotto (Primat)
Aktivitätszeit	nachtaktiv	tagaktiv	nachtaktiv
Fortbewegung	schnell, guter Kletterer	guter Kletterer, lebt auch am Boden	langsam, guter Kletterer
Extremitäten	mit Krallen, kein opponierbarer Daumen, Greifschwanz	mit Krallen, kein opponierbarer Daumen	flache Nägel, opponierbarer Daumen, kein Greifschwanz
Nahrung	Nektar, Früchte	Allesfresser, vor allem Insekten und Wurzeln	Insekten, Larven, Früchte
Gebiss	Zähne stumpf (ursprüngliche Reißzahnschere abgewandelt)	Reißzähne	kleine Schneide- und Eckzähne, höckerige Backenzähne

Es kann hilfreich sein, in der Tabelle Gemeinsamkeiten farblich zu kennzeichnen.

Zuordnung des Wickelbärs: Der Wickelbär wurde von Einheimischen und Zoologen anfangs den Primaten zugeordnet. Diese Zuordnung ist jedoch anzuzweifeln.
Auf den ersten Blick fallen Gemeinsamkeiten zwischen dem Wickelbär und dem Goldpotto auf, z. B. dass sie beide nachtaktiv sind, gut klettern können und Früchte fressen. Jedoch sind diese Gemeinsamkeiten auf Anpassungen an einen ähnlichen Lebensraum (Regenwald) zurückzuführen. Denn es gibt auch gravierende Unterschiede: Der Goldpotto besitzt einen opponierbaren Daumen, während der Wickelbär z. B. Äste mit der kompletten Sohle umgreift.

Vergleicht man die Extremitäten von Wickel- und Nasenbären, sind Homologien zu erkennen. Beide Tierarten besitzen keinen opponierbaren Daumen und außerdem Krallen. Aus dem Material 1 geht hervor, dass die Wickelbär-Vorfahren Fleischfresser waren und die meisten Nachfahren davon nachtaktive Allesfresser sind. Bei einem Großteil der Vertreter der Karnivoren handelt es sich ebenfalls um Allesfresser. Sie weisen außerdem dasselbe charakteristische Gebiss auf (Reißzahnschere) wie die Vorfahren des Wickelbären.
Dies lässt die Schlussfolgerung zu, dass der Wickelbär den Karnivoren zugeordnet werden kann.

3 *Es soll aus mehreren im Unterricht behandelten Möglichkeiten für biochemische Verwandtschaftsvergleiche ein geeignetes Beispiel ausgewählt werden.*
Geeignet sind die DNA-Hybridisierung, der Präzipitin-Test und die Aminosäuresequenz-Analyse. Eher ungeeignet ist der Cytochrom-c-Vergleich, weil er relativ ungenau ist und nur den Vergleich zwischen größeren systematischen Gruppen erlaubt. Im vorliegenden Beispiel geht es aber um einen Vergleich zwischen Arten, der eine höhere Genauigkeit verlangt.
Im Folgenden wird beispielhaft der Präzipitin-Test beschrieben.

Präzipitin-Test: Einem Wickelbären wird Blut entnommen. Das Blut wird zentrifugiert, sodass man das Serum erhält, in welchem sich Serumproteine befinden. Das Serum wird einem Kaninchen injiziert. Das Immunsystem des Tieres produziert daraufhin Antikörper gegen die körperfremden Eiweiße (Antigene).
Dem Kaninchen wird anschließend wiederum Blut abgenommen, welches dann jeweils mit dem Serum eines Nasenbären und eines Goldpotto vermischt wird. Dabei kommt es je nach Nähe der Verwandtschaft zu einer mehr oder weniger starken Verklumpung (Antigen-Antikörper-Reaktion, Präzipitation). Anschließend wird mithilfe eines entsprechenden Messgeräts der Grad der Lichtdurchlässigkeit (Transmission) der jeweiligen Suspensionen bestimmt. Je geringer der Grad der Transmission, das heißt je stärker die Verklumpung, desto näher sind die untersuchten Arten miteinander verwandt.
Dieses Verfahren beruht auf der Tatsache, dass ähnliche Serumproteine auf eine ähnliche Aminosäuresequenz zurückgehen, die wiederum eine ähnliche Basensequenz der DNA voraussetzt. Je ähnlicher die Basensequenzen sind, desto weniger Mutationen sind im Laufe der Evolution aufgetreten und desto weniger Zeit ist seit dem letzten gemeinsamen Vorfahren vergangen und desto näher sind die Arten miteinander verwandt.
Beim Nasenbär-Serum wird eine stärkere Verklumpung auftreten als beim Goldpotto-Serum. Daraus dass die Serumproteine von Nasen- und Wickelbär sich demnach stärker ähneln als die von Wickelbär und Goldpotto kann geschlossen werden, dass der Wickelbär den Karnivoren zugeordnet werden kann.

Dieser Test eignet sich nur für relativ nah verwandte Arten (was hier der Fall ist), da ansonsten die Proteine schon zu verschieden wären und somit überhaupt keine Antigen-Antikörper-Reaktion mehr stattfinden würde.

4 *Für die Lösung müssen die Informationen des Materials 2 erfasst, verglichen und neu miteinander verknüpft werden. Die Ausführungen sollten nicht zu ausführlich sein, da hier nur 5 BEs vergeben werden.*

Aus dem Material 2 ist abzuleiten, dass alle Primaten von einem gemeinsamen Vorfahren, einem Urprimaten, abstammen. Es ist anzunehmen, dass der Urprimat wiederum von einem Urmadenwurm parasitiert wurde. Dabei wurde der Parasit durch engen sozialen Kontakt weitergegeben. Endoparasiten, wie Madenwürmer, haben wegen der engen Wirtsspezifität kaum Möglichkeiten, andere Arten als die ihres Wirtes zu befallen.
Als sich die Urprimatenpopulation aufspaltete und sich neue Primatenarten entwickelten, spaltete sich die Urmadenpopulation mit auf. Auch hier entstanden parallel mit den Primaten neue Arten, da die Parasiten durch Mutation und Selektion an die veränderten Umweltbedingungen im Magen-Darm-Trakt ihres jeweiligen Wirtes angepasst wurden (Koevolution). So ist zu erklären, dass nahe verwandte Primaten von nahe verwandten Würmern besiedelt werden und entfernter verwandte Primaten von entfernter verwandten Würmern.

5 *Dies ist eine typische Aufgabe, mit der Anforderungen des AB III erfüllt werden sollen. Folglich müssen also in einer eigenständigen Leistung das gesamte Material, alle Lösungen zu den Teilaufgaben und eigenes Hintergrundwissen zu einer wertenden Gesamtaussage zusammengefasst werden.*

Interpretation der Aussagen: Der Goldpotto ist ein typischer Primat und gehört zur Unterordnung der Lemuren. Folglich wird er von den für Lemuren typischen Madenwürmern der Art *Enterobius lemuris* parasitiert.
Auch bei den Wickelbären finden sich Madenwürmer. Allerdings sind diese nur entfernt verwandt mit jenen, die in den Primaten parasitieren. Dies zeigt, dass auch die Wirte selbst – also Wickelbär und Goldpotto (Primat) – nur in einem entfernten Verwandtschaftsverhältnis zueinander stehen.
Dies stützt die These, dass der Wickelbär nicht den Primaten, sondern den Karnivoren zuzuordnen ist. Diese Schlussfolgerung bestätigt sich auch dadurch, dass die im Wickelbären lebende Madenwurmart derjenigen stark ähnelt, die in den Karnivoren Wasch- und Nasenbär parasitiert.

Erörterung der Nutzung von Parasiten zur Verwandtschaftsbestimmung: Parasiten eignen sich generell gut zur Verwandtschaftsbestimmung, denn sie weisen häufig eine hohe Wirtsspezifität auf und haben sich folglich durch Koevolution oft sehr eng parallel zu ihren Wirten entwickelt.
Findet man nun sich stark ähnelnde Parasiten auf zwei verschiedenen Wirten, so stammen diese beiden Wirte mit großer Wahrscheinlichkeit von einem gemeinsamen Vorfahren ab.
Durch gleiche oder sehr ähnliche Parasiten lässt sich also die durch andere Methoden bereits vermutete Verwandtschaft zwischen zwei Wirten bestätigen.

Der folgende Aspekt sollte bei der abschließenden Bewertung auch noch eine Rolle spielen, damit Sie die volle Anzahl an Bewertungseinheiten erhalten. Denn in der Aufgabenstellung ist nicht von „Endoparasiten“, sondern ganz allgemein von „Parasiten“ die Rede.

Ist ein Parasit in der Lage viele verschiedene Wirte aktiv aufzusuchen, weist er also eine gewisse Mobilität auf, so lassen sich aus der Parasitenbesiedlung kaum oder keine Verwandtschaftsbeziehungen der Wirte ableiten.

Leistungskurs Biologie (Brandenburg): Abituraufgaben 2012
Aufgabe A: Stoffwechsel, Ökologie

Thema: Schicksale des Klimawandels

Wer glaubt, ein kalter Winter ließe auf einen unbeschwerlichen Sommer hoffen, hat die Rechnung ohne Mücken, Motten, Spinner, Spanner und andere Schädlinge gemacht. Denen dürften die eisigen Temperaturen nämlich nichts ausgemacht haben, denn unsere heimischen Insekten haben sich über Jahrtausende an das Klima angepasst. Entscheidend sind nicht die kalten Temperaturen, sondern die Temperaturschwankungen.

Aufgaben

1 Zeichnen Sie ein Diagramm, das die Abhängigkeit der Stoffwechselaktivität von der Umgebungstemperatur für gleich- und wechselwarme Tiere schematisch darstellt.
Begründen Sie Ihre Darstellung. 10

2 Stellen Sie stoffwechselphysiologische Vor- und Nachteile von gleich- und wechselwarmen Tieren gegenüber.
Ziehen Sie Schlussfolgerungen hinsichtlich ihrer Verbreitung. 6

3 Vergleichen Sie die Kurvenverläufe der Abb. 1 des Materials 1.
Erklären Sie die Unterschiede unter Einbeziehung der Abb. 2. 10

4 Definieren Sie den Begriff Population.
Nennen Sie je 3 dichteabhängige und dichteunabhängige Faktoren, die die Entwicklung von Räuber- und Beutepopulationen beeinflussen. 8

5 Stellen Sie Hypothesen über die langfristigen Konsequenzen der Temperaturerhöhung für die Populationen der Kohlmeise und des Kleinen Frostspanners anhand der relevanten Materialien auf. 10

6 Beurteilen Sie mögliche Folgen für das Beziehungsgefüge im gesamten Ökosystem „Hoge-Nationalpark“, die sich aus den Klimaveränderungen ergeben. 6

Material 1: Inhaltsstoffe und ihre Wirkung

Sucht man auf Eichen und Buchen nach Pflanzenfressern, findet man zwischen Mai und August jeweils andere Lebensformtypen. Manche sind schon da, wenn die Knospen aufbrechen, andere kommen erst im Juni dazu.
Bei Untersuchungen fällt auf, dass die Schmetterlingslarven und Käferlarven zu den frühen, andere Insekten zu den späteren Pflanzenfressern gehören („Frühfresser" und „Spätfresser").
Forscher fütterten Larven des Frostspanners *Operophtera brumata*, einem häufigen Pflanzenfresser an Eichen, mit unterschiedlichen Blättern. Um ihre Ergebnisse begründen zu können, untersuchten sie die Inhaltsstoffe von Eichenblättern. Dazu gehören der Wassergehalt der Blätter, ihr Eiweißgehalt und der Tanningehalt. Tannine sind Gerbstoffe, die die Pflanzen vor Raupenfraß schützen.

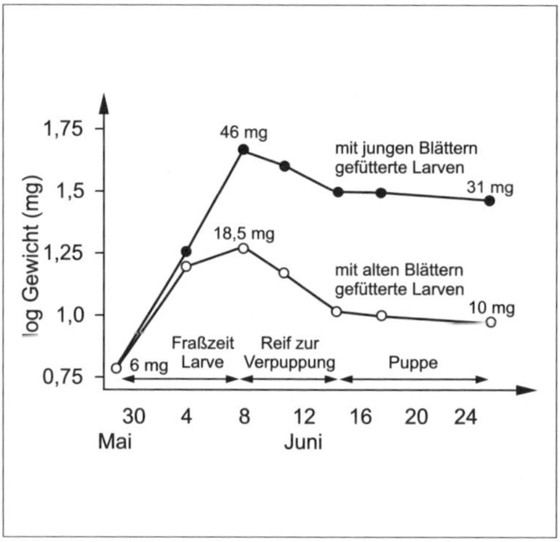

Abb. 1: Insektenentwicklung nach unterschiedlicher Fütterung

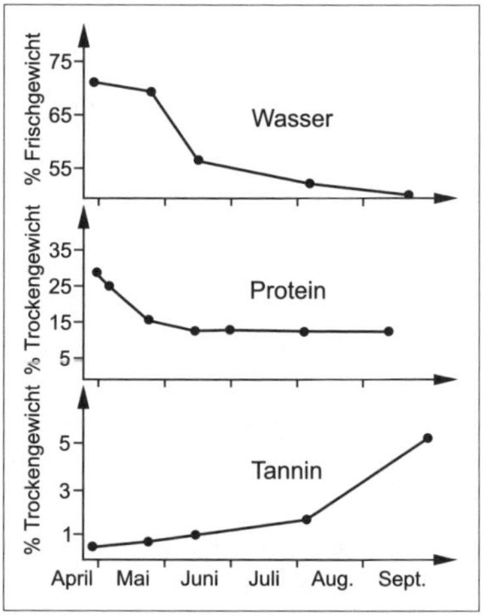

Abb. 2: Inhaltsstoffe von Blättern

Material 2: Kohlmeise und Frostspanner

Im Hoge-Nationalpark in den Niederlanden wurden Eiablage, Schlupfdatum und das Flüggewerden einer Kohlmeisenpopulation (ca. 400 Paare) von 1980 bis heute verfolgt. Zusätzlich wurde das Larvenwachstum des Kleinen Frostspanners, eine Hauptnahrungsquelle der Kohlmeise während der Jungenaufzucht, gemessen.
Das Datum des Eierlegens hängt bei den Kohlmeisen von der Temperatur im zeitigen Frühjahr ab. Diese hat sich während der Untersuchungszeit kaum verändert. Dagegen ist die Temperatur im späten Frühjahr um durchschnittlich 2 °C angestiegen.
Das Schlupfdatum der Larven des Kleinen Frostspanners wird durch die Zahl der Frosttage im Winter bzw. Vorfrühling und zusätzlich durch die Temperatur im Spätwinter und in den ersten Frühlingstagen bestimmt. Während die Frosttage in etwa gleich geblieben sind, sind die Spätwinter wärmer geworden.

Die Knospen der Eichenblätter, von denen die Raupen leben, brechen heute etwa 10 Tage früher auf als 1980. Die Larven schlüpfen einige Tage, bevor die Knospen aufbrechen. Sie können nur wenige Tage ohne Futter überleben.

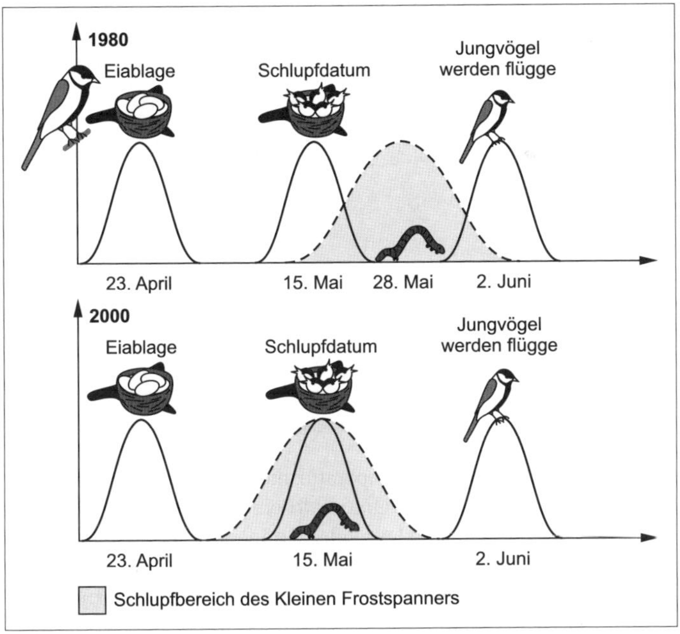

Abb. 3: Eiablage, Schlupfdatum und Flüggewerden der Jungvögel bei einer Kohlmeisenpopulation

Quelle: www.spektrum.de/alias/klimawandel/wenn-der-fruehling-zu-frueh-kommt/840215

Weitere Materialgrundlage:
Unterricht Biologie, Zeitschrift für alle Schulformen; Friedrich Verlag, Velber, Heft 253
Biologie heute S II, Lehrermaterialien; Schroedel, Bildungshaus Schulbuchverlage, 2006
Knoll, J.: Biologie Oberstufe, Ökologie; Westermann Schulbuchverlag GmbH, Braunschweig, 1990, S. 72

Lösungsvorschläge

1 *Bei der Erstellung der Grafik ist auf die exakte Beschriftung der Achsen und eine saubere Ausführung zu achten. Die Ursache ist auf der Abszisse (x-Achse) und die Wirkung auf der Ordinate (y-Achse) abzubilden.*

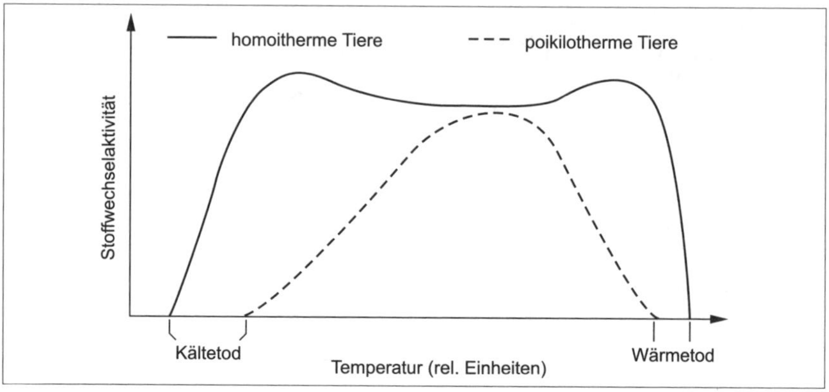

Wechselwarme Tiere können ihre Körpertemperatur nicht aktiv regulieren, sie ist von der Umgebungstemperatur abhängig. Unterhalb einer bestimmten Minimaltemperatur tritt der Kältetod ein. Mit steigender Umgebungstemperatur steigt auch die Stoffwechselaktivität der wechselwarmen Organismen. Hauptgrund dafür ist der Anstieg der Reaktionsgeschwindigkeit temperaturabhängiger Enzymreaktionen. Die Steigerung der Reaktionsgeschwindigkeit folgt der RGT-Regel (Reaktionsgeschwindigkeits-Temperatur-Regel). Bei Temperaturen zwischen 25 und 35 °C haben die Enzymreaktionen der meisten Organismen die größte Reaktionsgeschwindigkeit. In diesem Bereich der Umgebungstemperatur gibt es daher ein Maximum der Stoffwechselaktivität wechselwarmer Tiere. Oberhalb einer kritischen Umgebungstemperatur von etwa 40 °C werden die Enzymreaktionen gehemmt. Der Grund dafür liegt in der fortschreitenden Denaturierung der Enzyme. Mit der temperaturbedingten Veränderung ihrer Raumstruktur geht auch die Reaktivität der Enzyme verloren; die Stoffwechselrate sinkt. Bei einem kritischen Temperaturmaximum tritt der Hitzetod ein.

Gleichwarme Tiere halten ihre Körpertemperatur durch verschiedene Regulationsmechanismen konstant. Sie sind damit von den Umgebungstemperaturen in ihren Lebensräumen relativ unabhängig. Dementsprechend können sie über einen weiten Temperaturbereich eine hohe Stoffwechselrate aufrechterhalten. Die Regulationsmöglichkeiten stoßen aber sowohl bei sehr niedrigen als auch bei sehr hohen Temperaturen an ihre Grenzen. Auch Gleichwarme können nur in einem bestimmten, wenn auch breiteren Temperaturbereich leben. Denaturierung sowie Hitze- und Kältetod sind bei ihnen ebenfalls zu beobachten.

Im Bereich der Extremtemperaturen kann eine erhöhte Stoffwechselrate beobachtet werden, da die Tiere für die Regulationsprozesse zur Kühlung bzw. Wärmefreisetzung ihren Stoffwechsel intensivieren.

2 *Da keine genauen Vorgaben gemacht werden, können die Gegenüberstellungen und die Schlussfolgerungen auch tabellarisch erfolgen.*

	Gleichwarme	**Wechselwarme**
Vorteile	auch in Zeiten mit niedrigen Temperaturen hohe Aktivität möglich	in Kälteperioden geringerer Energiebedarf, daher geringe Nahrungsaufnahme notwendig
Nachteile	– hoher Energieaufwand zur Aufrechterhaltung der Körpertemperatur – Nahrungsaufnahme zu jeder Jahreszeit erforderlich ⇒ Gefahr der Nahrungsverknappung in der kalten Jahreszeit	Kältestarre und damit verbundene Inaktivität birgt Gefahren
Verbreitung (Schlussfolgerungen)	kalte und warme Regionen können mit entsprechenden Strategien mit etwa gleichem Erfolg besiedelt werden	kalte Regionen können schlecht besiedelt werden

3 *Jeder Vergleich umfasst Gemeinsamkeiten und Unterschiede. Beginnen Sie mit den Gemeinsamkeiten.*

Vergleich

In der Abbildung 1 ist die Gewichtsentwicklung von Raupen des Frostspanners in Abhängigkeit von der Fraßzeit dargestellt. Dabei werden die Ergebnisse von zwei unterschiedlichen Versuchsreihen präsentiert. Die Versuchsreihen unterscheiden sich im Alter der an die Tiere verfütterten Eichenblätter. In einem Versuch wurden die Larven mit jungen, im anderen mit alten Blättern gefüttert.

Gemeinsamkeiten: Die beiden Kurven ähneln sich in ihrem generellen Verlauf. Vom 30. Mai bis etwa zum 8. Juni steigen beide Kurven an, um dann in ähnlicher Weise wieder abzufallen.

Unterschiede: Die mit jungem Laub gefütterten Larven wachsen schneller, der Anstieg der Kurve verläuft steiler. Am 8. Juni erreichen die reifen Larven ein Maximalgewicht von 46 mg. Demgegenüber erreichen die mit altem Laub gefütterten Larven in der gleichen Zeit lediglich ein Gewicht von 18,5 mg. Am Ende des Experimentes weisen die Puppen ein Gewicht von 31 bzw. 10 mg auf.

Erklärung

In beiden Experimenten erfolgt mit fortschreitender Fütterung ein Wachstum der Larven. Bei Einsetzen der Puppenreife wird keine Nahrung mehr aufgenommen. Die Larven zehren von der vorher aufgebauten Biomasse. Da die Dissimilationsrate größer ist als die Assimilationsrate, wird ein Teil der Biomasse wieder abgebaut und die Larven verlieren an Gewicht. Weil die Umbauprozesse von der Larve zur Puppe viel Energie benötigen, ist der Gewichtsverlust am Anfang ziemlich groß. In der Puppenruhe verläuft der Gewichtsverlust langsamer.

Die Unterschiede in den Kurvenverläufen sind auf die spezifischen Anteile der Inhaltsstoffe des Futtermaterials zurückzuführen: Junge Blätter enthalten mehr Wasser, aber auch mehr Proteine und sind daher nahrhafter für die Larven. Mit diesen Blättern gefütterte Tiere wachsen schneller als die der Vergleichsgruppe, die mit proteinarmen und relativ trockenen Blättern gefüttert wurden. In alten Blättern ist außerdem der Tanningehalt höher. Da die Substanz dem Fraßschutz dient, ist zu vermuten, dass die Larven im Vergleich zu ihren Artgenossen in der anderen Gruppe weniger Blattmaterial fressen, was ebenfalls das geringere Gewicht erklären würde.

4 Eine Population ist die Summe aller Individuen einer Art, die in einem bestimmten Gebiet eine Fortpflanzungsgemeinschaft bilden.

Dichteabhängige Faktoren sind z. B.:
- Raumangebot
- Nahrungsangebot
- Infektionskrankheiten

Dichteunabhängige Faktoren sind z. B.:
- Temperaturverläufe im Lebensraum
- Umweltkatastrophen
- nicht ansteckende Krankheiten.

5 *Gliedern Sie Ihre Hypothesen nach den verschiedenen Arten, zu denen Sie Hypothesen bilden sollen.*

Effekte auf die Meisen: Die Eiablage der Meisen ist von den Temperaturen im zeitigen Frühjahr abhängig. Da sich die Frühjahrstemperaturen kaum geändert haben, ist auch keine Veränderung des Brutverhaltens der Vögel zu erwarten. Kohlmeisen nutzen überwiegend die Raupen des Frostspanners zur Jungenaufzucht. Die Falter schlüpften aber im Jahr 2000 deutlich zeitiger als noch im Jahr 1980. Dies hatte zur Folge, dass für die heranwachsenden Vögel nicht mehr genug Futter zur Verfügung stand. Die Raupen waren verpuppt, bevor die Jungenaufzucht abgeschlossen war. Durch die Engpässe bei der Fütterung erreichten wahrscheinlich weniger Jungvögel die Geschlechtsreife, wodurch es mittelfristig zu einem Rückgang der Populationsgröße kommen könnte.

Effekte auf die Frostspanner:
- **Hypothese 1:** Durch den aufgrund der Temperaturverhältnisse verschobenen Schlupfbereich könnte sich der Fraßdruck auf den Kleinen Frostspanner verringern, da er nicht mehr so lange als Nahrungsquelle für die Meisenküken zur Verfügung steht. Auch durch die rückläufige Populationsdichte der Kohlmeisen wäre der Schmetterling begünstigt.
  Aufgrund dieser Effekte könnte man von einem Populationswachstum des Kleinen Frostspanners ausgehen.

– **Hypothese 2:** Die Raupen erreichten im Jahr 2000 im Vergleich zu 1980 etwa 14 Tage zeitiger ihre maximale Dichte, da die Temperaturen im Spätwinter und im Frühjahr angestiegen waren. Frostspanner ernähren sich von jungen Eichenblättern. Wenn die Spanner vor dem Austrieb der Eichenblätter schlüpfen, verhungern sie. Bei einem späten Schlupf müssen sie das gerbstoffhaltige Spätlaub fressen, was unter Umständen ihre Entwicklung behindern könnte.

6 Das Beziehungsgefüge eines Ökosystems ist durch das Wechselspiel abiotischer und biotischer Faktoren gekennzeichnet. Im Beispiel wurden Nahrungsbeziehungen zwischen Eichen, Frostspannern und Kohlmeisen nachgewiesen. Dabei tritt die Eiche als Primärproduzent in Erscheinung. Sie erzeugt über die Fotosynthese organische Stoffe, von denen sich die Larven der Frostspanner ernähren. Frostspanner sind demnach Konsumenten erster Ordnung (Primärkonsumenten). Als Konsumenten zweiter Ordnung (Sekundärkonsumenten) fressen Kohlmeisen die Frostspanner.
Die Veränderung des Temperaturregimes wirkt sich auf die natürliche Abfolge der biologischen Ereignisse (Phänologie) aus. Im vorliegenden Fall kommt es z. B. zur Verschiebung der Blattbildung von Eichen und des Schlupftermins der Frostspanner. Sind die biologischen Abläufe nicht mehr synchronisiert, könnte es zum Abbruch der Nahrungsbeziehungen zwischen den Arten kommen. Können die beteiligten Spezies nicht auf andere Nahrungsquellen ausweichen, entwickeln sich die Bestände rückläufig. Arten, die sehr stark aufeinander spezialisiert sind, können im Zuge dessen aussterben.

Leistungskurs Biologie (Brandenburg): Abituraufgaben 2012
Aufgabe B: Genetik

Thema: Epigenetik – Vererbung ist mehr als die Summe der Gene

Nach der erfolgreichen Sequenzierung des humanen Genoms verbleiben noch fundamentale Fragen, welche die Genetik bisher nur unzureichend geklärt hat: Wie kann es sein, dass eineiige Zwillinge, von denen ja angenommen wird, dass sie ein identisches Erbgut besitzen, oftmals so unterschiedlich aussehen oder Kinder „nach ihrem Vater oder ihrer Mutter kommen"? Mit diesen Fragen beschäftigt sich ein noch junger Forschungszweig, die Epigenetik. Sie versucht herauszufinden, welche Ursachen und Mechanismen dafür verantwortlich sind, dass z. B. Merkmale vererbt werden können, die nicht in der DNA-Sequenz festgeschrieben sind bzw. welchen Einfluss Erfahrungen, Umwelt und Lebensstil auf unsere Gene haben.

Aufgaben

1 Beschreiben Sie unter Verwendung des Material 1 den Bau und die Raumstruktur der DNA.
Erläutern Sie die Bedeutung der unterschiedlichen Packungszustände. 10

2 Vergleichen Sie die Genomorganisation von *Drosophila* (Fruchtfliege), Maus und Mensch.
Leiten Sie eine begründete Schlussfolgerung zu den Ursachen der starken Unterschiede im Grad der Komplexität und der Entwicklung der Organismen ab. 8

3 Erläutern Sie mithilfe des Materials 3 die Regulation der Genaktivität bei Eukaryoten. 8

4 Beschreiben Sie unter Einbeziehung der Abbildungen die epigenetischen Mechanismen der Transkriptionsregulation. 10

5 Analysieren und interpretieren Sie die Untersuchungsergebnisse zu den Methylierungsmustern beim Chromosom 1.
Leiten Sie Folgen ab. 10

6 Die Entwicklung von Tumorzellen[1] hat wahrscheinlich häufig epigenetische Ursachen.
Entwickeln Sie eine Hypothese, wie es zur Entstehung von Tumorzellen kommen kann. 4

1 Tumorzellen sind die zelluläre Grundlage von Tumoren. Im engeren Sinn sind damit vor allem die Zellen gemeint, die entartet sind, d. h. sich ohne Rücksicht auf das umgebende Gewebe teilen. Man nennt sie auch Krebszellen.

Material 1: Raumstruktur der DNA

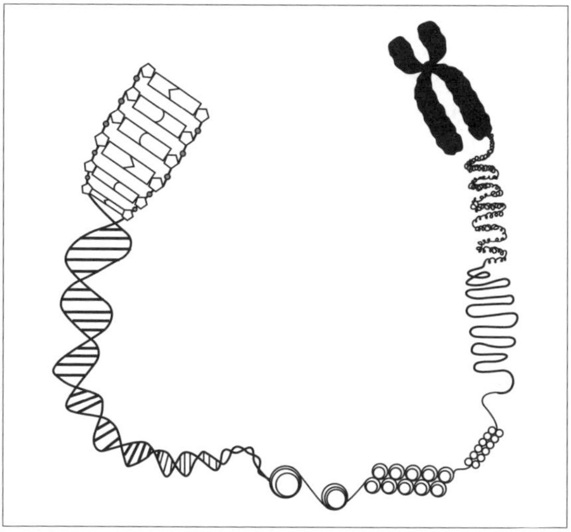

Verändert nach:
Natura – Biologie für Gymnasien,
Oberstufe Lehrerband Teil A;
1. Auflage, S. 126/127

Material 2: Genomorganisation verschiedener Organismen

„Wenn wir die Gene kennen, verstehen wir den Menschen", hatten Forscher versprochen und das Human Genom Projekt gestartet. Als das Erbgut des Menschen dann im Jahr 2000 entziffert war, kam die Ernüchterung. „Weniger Gene als bislang angenommen" – so lautete im Februar 2001 die Schlagzeile eines Nachrichtenmagazins, nachdem Wissenschaftler die vollständige Sequenzierung des menschlichen Genoms verkündet hatten.

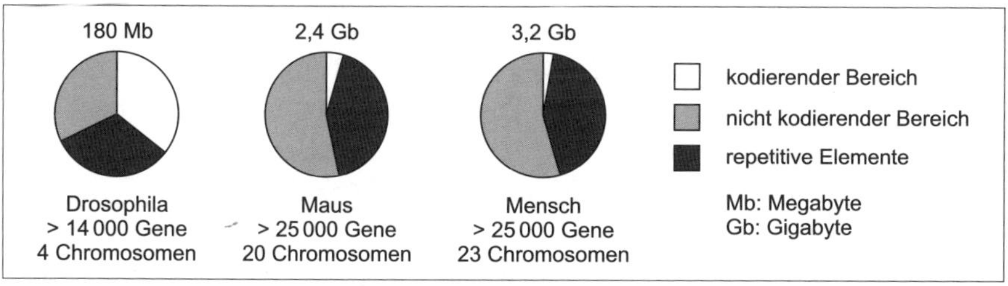

Material 3: Regulation der Genaktivität bei Eukaryoten

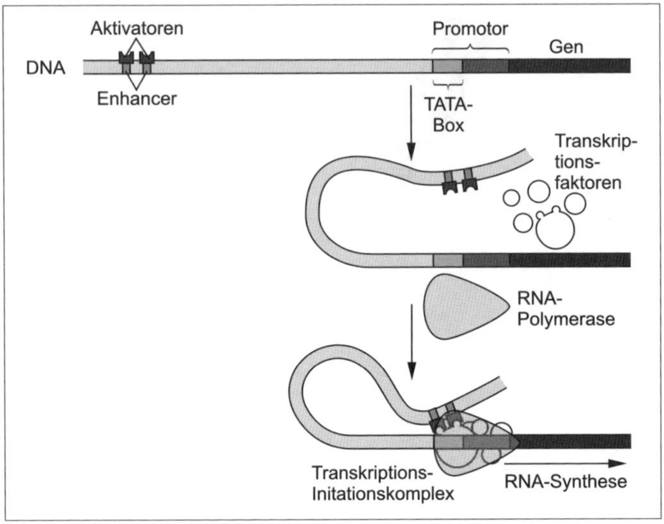

Quelle: Reece, J., Campbell, N. A.: Biologie; Übersetzer: Held, A.; Pearson Education Deutschland, 2006

Material 4: Epigenetische Mechanismen

Eine weitere Möglichkeit der Regulierung der Genaktivität sind Markierungen durch Methylierung und Acetylierung – epigenetisches Muster genannt.
Verschiedene Umwelteinflüsse sind in der Lage, in die Regulationsmechanismen einzugreifen und epigenetische Mechanismen zu beeinflussen. So können beispielsweise Benzol oder hormonaktive Chemikalien wie Bisphenol A das epigenetische Muster verändern. Fehlerhafte epigenetische Markierungen ihrerseits können eine Vielzahl negativer Auswirkungen zur Folge haben. Sie sind unter anderem an der Krebsentstehung und an der Entwicklung von Fehlbildungen beteiligt.

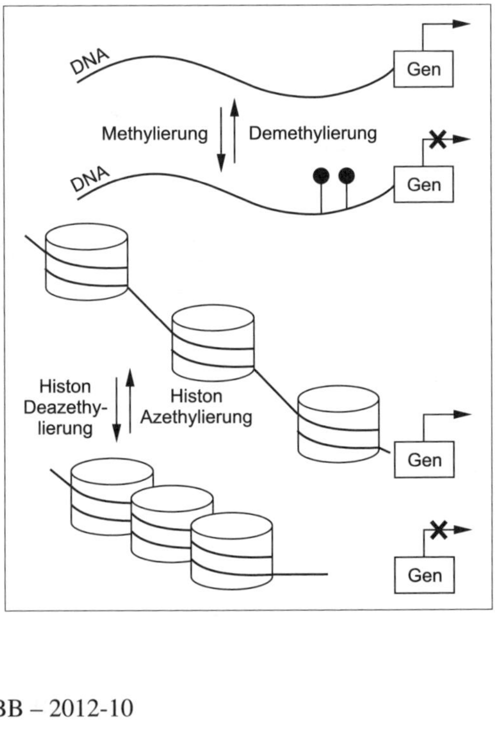

Material 5: DNA-Methylierung beim Chromosom 1 im Vergleich

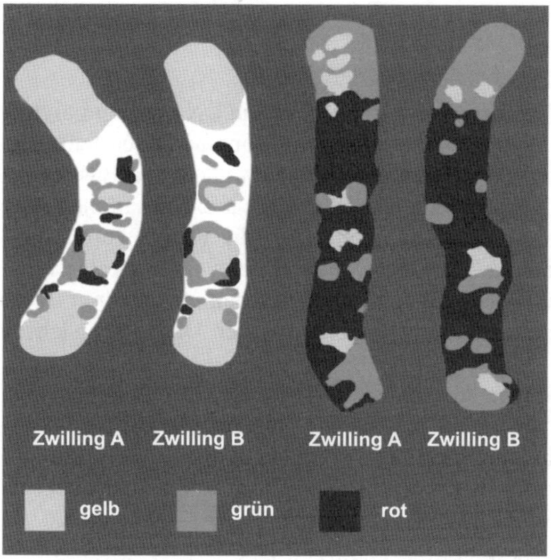

Forschungsergebnisse von Wissenschaftlern des Nationalen Spanischen Krebszentrums in Madrid. Sie untersuchten das Methylierungsmuster eineiiger Zwillinge im Alter von drei (linke Abbildung) und 50 Jahren (rechte Abbildung).

Anmerkung: gelbe Farbe entsteht durch gleiche Anteile grüner und roter Signale; grüne Signale zeigen Übermethylierung, rote Signale Untermethylierung an.

Verändert nach: www.pnas.org/content/102/30/10604.full

Lösungsvorschläge

1 *Die Aufgabenstellung fordert die Beschreibung der Struktur der DNA. Es ist nicht erforderlich, auf die chemischen Details einzugehen.*

Beschreibung von Bau und Raumstruktur der DNA: Die DNA ist ein polymeres Makromolekül, das aus einzelnen Nukleotiden, den Monomeren, besteht. Diese setzen sich aus Desoxyribose, einer daran gebundenen organischen Base (Adenin, Guanin, Thymin oder Cytosin) und einem Phosphatrest zusammen. Die Phosphatreste verbinden die einzelnen Nukleotide über die Kohlenstoffatome 3 und 5 der Desoxyribose miteinander. Auf diese Weise bilden sich einzelne Polynukleotidstränge. Über Wasserstoffbrücken zwischen den komplementären Basen zweier Polynukleotidstränge entsteht der Doppelstrang der DNA, der sich zu einer Doppelhelix aufwindet.
Die Doppelhelix ist in regelmäßigen Abständen an Histoneiweiße gebunden. Diese bilden mit der sie umwindenden DNA sogenannte Nukleosomen, die sich wiederum mithilfe anderer Proteine untereinander verbinden können. Durch die Spiralisierung und Verdichtung kondensiert der Strang immer weiter und bildet jeweils ein Chromatid eines Chromosoms.

Erläuterung der Bedeutung der Packungszustände: Nur in ihrer entspiralisierten Form kann die DNA transkribiert und repliziert werden. Im hoch kondensierten Zustand ist dies nicht möglich, da die dichte Packung die Arbeit der steuernden Enzyme behindert. Im kondensierten Zustand liegt die DNA in ihrer Transportform vor. Nur in Form der stark verdichteten Chromosomen kann das Erbgut die Mitose und die Meiose durchlaufen.

2 *Da die Aufgabenstellung die Form des Vergleichs offen lässt, können Sie die Genomorganisation der genannten Organismen auch tabellarisch oder stichpunktartig vergleichen. Beginnen Sie mit den Gemeinsamkeiten.*

Vergleich
Gemeinsamkeiten:
- In allen Genomen sind kodierende, nicht kodierende und repetitive *(sich wiederholende)* Elemente enthalten.
- Die Genome von Mensch und Maus ähneln sich stark im Hinblick auf die Anteile der verschiedenen Elemente und auf die Anzahl der Gene.

Unterschiede:
- Die Chromosomenzahlen der drei Organismen unterscheiden sich. Die größten Unterschiede bestehen zwischen dem Insekt Drosophila und den Säugetieren Maus und Mensch.
- Die Genomgrößen (in Mb und Gb) sind verschieden. Die größten Unterschiede bestehen auch hier zwischen Drosophila und den beiden Säugetieren.
- Die Genanzahl des Insekts ist kleiner als die der Säugetiere.

Schlussfolgerungen
Drosophila ist im Vergleich zu den beiden Säugetieren weniger komplex gebaut.

Dies äußert sich unter anderem in der geringeren Anzahl an Genen bei der Fliege. Obwohl die Gesamtzahl der Gene bei der Maus und beim Mensch mit mehr als 25 000 Genen umfangreicher ist als bei Drosophila (mehr als 14 000), ist der relative Anteil kodierender Elemente bei Drosophila viel höher als bei den Säugetieren. Nur ein kleiner Teil des Genoms der Säugetiere besteht aus kodierenden Sequenzen, der überwiegende Teil ist nicht direkt an der Proteinbiosynthese beteiligt. Das legt den Schluss nahe, dass die nicht-kodierenden Bereiche regulative Funktionen haben, durch die die Komplexität der Organismen weiter erhöht wird.

3 *Orientieren Sie sich bei der Konzeption und der Umsetzung Ihrer Lösung an der Grafik im Material 3. Wenn Sie die molekularen Abläufe genau beschreiben, haben Sie die Erwartungen voll erfüllt.*

Im Material 3 ist die Regulation der Genaktivität bei Eukaryoten dargestellt. Ziel dieser Regulation ist es, zu einem bestimmten Zeitpunkt im zellulären Leben ganz bestimmte Gene zu exprimieren *(in Proteine umzusetzen)*. Bei den Eukaryoten ist die Abfolge der Gene nicht lückenlos. Zwischen den Genen existieren regulative Elemente *(nicht-kodierende Elemente)*, welche die Genaktivität beeinflussen. Dazu gehören unter anderem die im oberen Teil der Abbildung dargestellten Enhancer *(Verstärker)* und Aktivatoren.
Vor dem Gen befindet sich die Promotorregion. Diese dient der Erkennung und Anheftung der mRNA-Polymerase, die das Gen transkribiert. Die mRNA-Polymerase bindet dabei an die sogenannte TATA-Box. Bei einem inaktiven Gen ist die mRNA-Polymerase nicht in der Lage, an die TATA-Box zu binden und es werden keine mRNA-Kopien des Gens erzeugt. Erst wenn Transkriptionsfaktoren vorhanden sind, entsteht ein Transkriptions-Initiationskomplex. Er besteht aus der mRNA-Polymerase, den Elementen der Transkriptionsfaktoren, die in spezifischer Weise binden, und den Aktivatoren der Enhancer-Region. Wenn diese Elemente miteinander wechselwirken, startet die RNA-Synthese. Damit reguliert das Vorhandensein der Transkriptionsfaktoren die Genaktivität.

4 Durch die **Demethylierung** *(Abtrennung von Methylgruppen – CH_3 von den Basen)* der DNA werden Gene aktiviert. Dieser Vorgang ist reversibel. **Methylierung** führt zur Inaktivierung der entsprechenden Gene. Die Folge ist die Verhinderung der Transkription der methylierten Bereiche.
Die **Acetylierung** bewirkt eine Aktivierung der Gene. Dabei lockert sich die Verbindung zwischen den Histoneiweißen und der DNA. Die DNA geht von einer stark kondensierten in eine weniger stark kondensierte Form über. DNA kann nur transkribiert werden, wenn sie in unkondensierter oder wenig kondensierter Form vorliegt *(Interphase)*. Der Grund dafür liegt unter anderem in der schlechten Zugänglichkeit „verpackter“ DNA für Enzyme wie zum Beispiel die mRNA-Polymerase. Der Vorgang der Acetylierung ist wie die Methylierung reversibel. Durch **Deacetylierung** kondensiert die DNA wieder.
Durch Methylierung und Acetylierung verändert sich über den Packungszustand die Aktivität der entsprechenden Gene eines DNA-Abschnittes.

5 *Beachten Sie den Zeitaspekt in der Darstellung des Materials 5. Außerdem müssen Sie hier Informationen aus Material 4 nutzen, in dem die Bedeutung von Umweltfaktoren für die Ausbildung epigenetischer Muster angeführt wird.*

Analyse: Beim Vergleich der Methylierungsmuster der beiden 3-jährigen eineiigen Zwillinge fällt die große Übereinstimmung auf. Rote und grüne Bereiche entsprechen einander weitgehend. Dies weist auf annähernd gleiche Genaktivität hin. Betrachtet man die Chromosomenbilder der 50-jährigen eineiigen Zwillinge, so wird deutlich, dass diese Geschwister individuell verschiedene Muster ausgebildet haben.
Zwischen den Methylierungsmustern der 3-jährigen und der 50-jährigen Zwillinge, gibt es deutliche Unterschiede. So weisen die Chromosomen der älteren Zwillinge einen deutlich höheren Anteil untermethylierter Bereiche auf.

Interpretation: Im Laufe des Lebens sind auch eineiige Zwillingsgeschwister in der Regel unterschiedlichen Umwelteinflüssen ausgesetzt. Trotz ihres identischen Genoms ergeben sich im Laufe des Alterns von Zwillingspaaren daher teilweise gravierende Unterschiede in den Methylierungsmustern.

Folgen: Die unterschiedliche Aktivität bestimmter Gene, die aus der Intensität der Methylierung resultiert, äußert sich in der charakteristischen Ausbildung von Merkmalen der eineiigen Zwillingsgeschwister. Je älter die Paare und je unterschiedlicher ihre Lebensumstände sind, desto stärker sollte der Effekt der epigenetischen Mechanismen auf die Ausbildung von Merkmalen sein. So kommt es beispielsweise vor, dass manchmal trotz gleicher Gene nur ein Zwillingsgeschwister an einer Krankheit leidet, die epigenetische Ursache hat.

6 *Heute sind sehr viele verschiedene Tumor-Wachstumsmechanismen bekannt. Sie sollten sich auf ein Beispiel konzentrieren und dieses in Zusammenhang mit den im Material vorgestellten epigenetischen Aspekten bringen.*

Tumore sind auf das unkontrollierte Wachstum entarteter Zellen zurückzuführen. Die betreffenden Zellen teilen sich ungebremst, ungeachtet der Signale benachbarter Zellen.

Hypothesenbildung: Die Ursache für eine ungebremste Zellteilung könnte Untermethylierung sein. Wenn die DNA der betreffenden Zellen aktive Onkogene enthält, könnte eine hohe Aktivität dieser Gene Zellwachstum und -teilung fördert und somit das Tumorwachstum verursachen.

Oder:
Theoretisch sind epigenetische Effekte auf Gene denkbar, die Zellteilungen verhindern sollen. So könnten beispielsweise Tumor-Suppressor-Gene durch Übermethylierung inaktiviert werden. Dies könnte dazu führen, dass die Genprodukte, die eigentlich die übermäßige Zellteilung verhindern sollten, nicht mehr gebildet werden. Dies hätte zur Folge, dass sich die betroffenen Zellen unbegrenzt teilen würden.

Leistungskurs Biologie (Brandenburg): Abituraufgaben 2012
Aufgabe C: Evolutionsbiologie, Ökologie, Neurobiologie

Thema: Blinde Delfine – Zurück in die Zukunft

Quelle: Uko Gorter/American Cetacean Society/ Puget Sound

Die Süßwasser-Delfine des Ganges werden auch „blinde Delfine“ genannt, weil ihren Augen die Linse fehlt und sie somit bis auf Helligkeitsunterschiede fast nicht sehen können. Zur Orientierung verlassen sie sich auf ein raffiniertes Echolot-System.
Der horizontale Schwanz (Fluke) dient wie bei anderen Walen dem Vortrieb. Ihre Brustflossen (Flipper) sind breit und ruderförmig. Sie werden zur Steuerung, aber auch zur Orientierung durch Ertasten des Bodens genutzt. Anstelle einer herausragenden Rückenfinne besitzen sie weit hinten am Rücken einen kleinen, dreieckigen Kamm. Paarige Hinterflossen sind embryonal angelegt, kommen bei erwachsenen Delfinen aber nicht zur Ausprägung.

Aufgaben

1 Erläutern Sie die Bedeutung homologer und analoger Organe für die Evolutionstheorie.
Ordnen Sie die Brustflosse der Delfine und die Hand des Menschen einer dieser Kategorien begründet zu. 8

2 Vergleichen Sie die Rückbildung der Augen des Ganges-Delfins nach den Theorien von LAMARCK und DARWIN. 10

3 Formulieren Sie auf der Grundlage der Synthetischen Evolutionstheorie eine Hypothese zur Entstehung von Süßwasserdelfinen auf zwei verschiedenen Kontinenten aus einer ursprünglichen Salzwasserform. 10

4 Begründen Sie die unterschiedliche Wasseraufnahme und -abgabe bei Delfinen im Salz- bzw. Süßwasser. 6

5 Verantwortlich für die Ultraschall-Hörfähigkeit der Delfine sind spezialisierte Hörsinneszellen.
Beschreiben Sie den Vorgang der Signal-Übertragung an der Synapse zwischen der Hörsinneszelle und der nachfolgenden Nervenzelle der Delfine. 8

6 Beurteilen Sie den Fund eines vierflossigen Delfins und die Einschätzung durch den Forscher. 8

Material 1: Brustflosse des Ganges-Delfins *Platanista gangetica*

Die Knochen in der Flosse des Ganges-Delfins sind lang und stark gespreizt, stärker als bei anderen Delfinen. Im Verhältnis zum Körper hat er viel breitere Flossen. Der erste Finger, der dem Daumen entspricht, ist stark verkümmert und besteht nur aus zwei freien Gliedern, während die anderen Finger fünf Glieder aufweisen. Interessanterweise ist die Anzahl der Mittelhandknochen bei den unterschiedlichen Exemplaren nicht konstant und kann sogar an der linken und rechten Flosse des Einzeltieres verschieden sein, je nachdem, welche der einzelnen Mittelhandknochen mit Nachbarknochen verschmolzen sind.

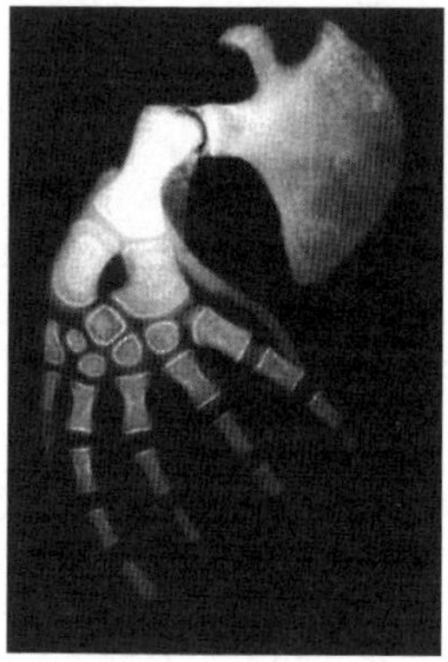

Material 2: Verbreitungskarte der Süßwasserdelfine

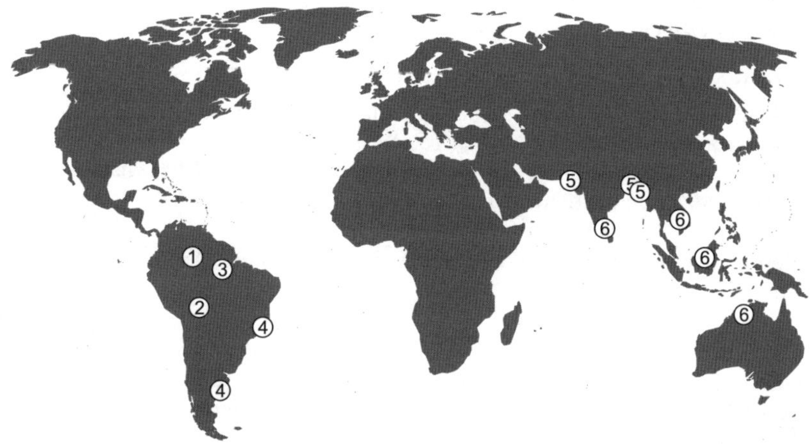

1	2	3	4	5	6
Amazonas-Flussdelfin *Inia geoffrensis*	Bolivianischer Flussdelfin *Inia boliviensis*	Grauer Flussdelfin *Sotalia fluviatilis*	La Plata-Delfin *Pontoporia blainvillei*	Ganges-Flussdelfin *Platanista gangetica*	Irrawadi-Flussdelfin *Orcaella brevirostris*

Material 3: Unterschiede im Wasserhaushalt von Delfinen im Süß- bzw. Salzwasser

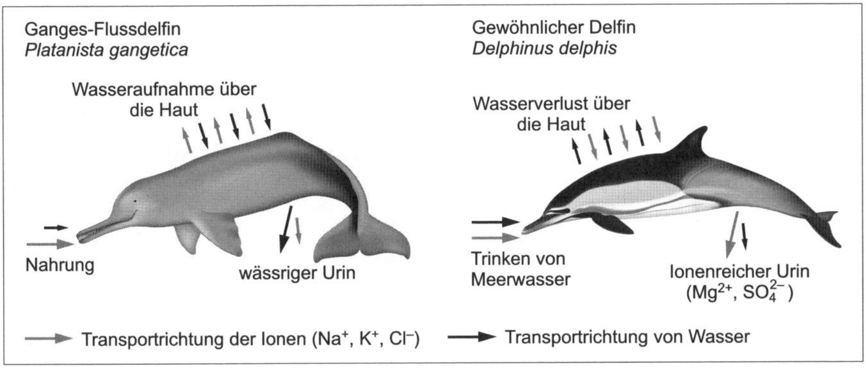

Quelle Delfin-Abbildungen: Uko Gorter/American Cetacean Society/Puget Sound

Material 4: Ultraschallhören der Delfine

Die ausschließlich im Süßwasser lebenden Arten können kaum sehen, dafür ist ihr hoch entwickeltes Sonarsystem umso besser an die Gegebenheiten in trüben Gewässern angepasst. Sie nutzen es zum Jagen beziehungsweise zur Nahrungssuche und zum Navigieren.

Das Funktionsprinzip des Sonarsystems ist: Die Tiere senden Ultraschalllaute aus und errechnen aus deren Echos ein Bild ihrer Umgebung. Verantwortlich für die Ultraschall-Hörfähigkeit der Delfine sind hoch spezialisierte Hörsinneszellen.

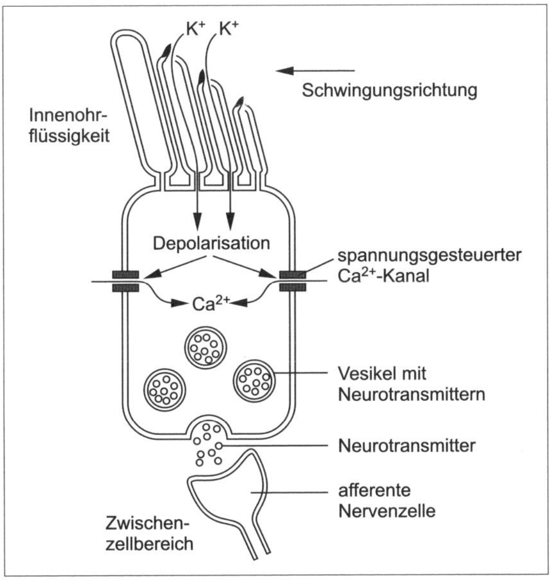

Material 5: Delfin mit vier Bauchflossen entdeckt

Tokio, 06. 11. 2006: Japanische Forscher gaben den Fund eines Delfins bekannt, der über ein zweites Paar von Bauchflossen verfügt, die etwa die Größe einer menschlichen Hand haben. Der große Tümmler ist knapp drei Meter lang und etwa fünf Jahre alt. „Ich glaube, dass die Flossen Überreste aus der Zeit sein könnten, in der die frühen Vorfahren der Delfine an Land lebten", erklärte der Forscher Seiji Osumi vom Institut für Walforschung in Tokio auf einer Pressekonferenz. „So eine Entdeckung ist bisher ohne Beispiel."

Quelle: ddp images/AP

Lösungsvorschläge

1 *Beginnen Sie Ihre Darstellung am besten mit einer kurzen Begriffsdefinition.*

Homologe Organe sind einander entsprechende Strukturen, die bei verschiedenen Arten auftreten können. Die betreffenden Merkmale haben also einen gemeinsamen stammesgeschichtlichen Ursprung, nicht aber notwendigerweise die gleiche Funktion. Über das Vorliegen von Homologien wird mithilfe der Homologiekriterien entschieden:
- Kriterium der Lage
- Kriterium der spezifischen Qualität
- Kriterium der Stetigkeit (Übergangsformen)

Analoge Organe sind Strukturen, die bei nicht näher verwandten Arten unabhängig voneinander durch gleiche Anpassung an den Lebensraum oder an eine bestimmte Funktion entstanden sind.

Homologe Organe können die Verwandtschaftsverhältnisse zwischen den betrachteten Arten aufzeigen. Damit belegen sie die stammesgeschichtliche Veränderung von speziellen Merkmalen.
Analoge Organe zeigen die Wirkung von Umweltfaktoren auf Selektionsprozesse. Unter vergleichbaren Umweltverhältnissen entwickeln sich hinsichtlich der Funktion vergleichbare Merkmale.
Homologe und analoge Organe sind demnach **Belege für Evolutionsprozesse**.

Die Hand des Menschen und die Brustflosse der Delfine sind **homologe Organe**, da einige Homologiekriterien erfüllt sind:
- Die menschliche Hand und die Delfinflosse zeigen ein ähnliches Skelett. Beide Handskelette sind fünfstrahlig, weisen Handwurzelknochen und Fingerknochen auf. Im Material wird auf die Vergleichbarkeit des ersten Fingers der Flosse mit dem menschlichen Daumen hingewiesen. Weiterhin sind im Röntgenbild auch Schulterblatt, Oberarm und Unterarmknochen zu sehen. Damit ist das Lagekriterium erfüllt.
- Beide Skelette bestehen aus demselben Material, aus der Knochensubstanz. Diese spezifische Qualität ist ein weiteres Homologiekriterium.
- Mögliche Skelettfunde gemeinsamer fossiler Stammarten der Primaten und der Walartigen könnten das Kriterium der Übergangsformen belegen. Darüber gibt das Material aber keine Auskunft.

2 *Der allgemeine Vergleich der Theorien kann tabellarisch erfolgen. Legen Sie sinnvolle Kriterien fest und beginnen Sie mit den Gemeinsamkeiten. Stellen Sie im zweiten Teil der Lösung den Bezug zum Material her.*

Gemeinsamkeiten: Beide Theorien sind Deszendenztheorien *(Evolutionstheorien)*. Sowohl LAMARCK als auch DARWIN gehen von einer evolutiven Entwicklung der Organismen aus: Lebewesen verändern sich und die Veränderungen führen zu schrittweisen *(graduierten)* Angepasstheiten an Umweltverhältnisse.

Unterschiede: Die Unterschiede zwischen beiden Theorien bestehen in den verschiedenen Erklärungsansätzen für die Ursachen der Evolutionsprozesse. Dies soll am Beispiel der Evolution von Süßwasserdelfinen nachfolgend verdeutlicht werden:

- Nach LAMARCK hatten die Delfine ein inneres Bedürfnis zur Vervollkommnung ihrer Angepasstheiten an die gegebenen Umweltverhältnisse, das heißt an das Leben in einem Süßwasserfluss.
  Die Stammart der Flussdelfine war in das Flusssystem gewandert. Hier herrschten andere Umweltbedingungen als im offenen Meer. Unter anderem lebten die Tiere dort in trübem, schwebstoffreichem Flusswasser. Die Stammart war im Hinblick auf verschiedene Merkmale wenig angepasst an das Leben im Fluss. Der Gebrauch und Nichtgebrauch von Organen führte bei den Tieren aber zur Stärkung bzw. Schwächung der entsprechenden Strukturen. Im Fall der Augen führte der Nichtgebrauch im Laufe der Zeit zu einer Rückbildung. Die veränderten individuellen Merkmale wurden an die Nachkommen vererbt. Auf diese Weise veränderte sich die Stammart von Generation zu Generation langsam zu den heutigen gut angepassten Flussdelfinen mit reduzierten Augen.
- DARWINS Theorie stellt die Selektion der am besten angepassten Individuen in den Vordergrund. Die Stammart der Flussdelfine lebte im Mündungsbereich des Flusses. Dort herrschten andere Umweltverhältnisse als im offenen Meer. Die Delfine erzeugten mehr Nachkommen, als zur Arterhaltung notwendig waren. Es herrschte Konkurrenz zwischen den Individuen um begrenzte Ressourcen wie Nahrung und Partner. Die Individuen der Art waren in ihren Merkmalen variabel. So gab es beispielsweise Tiere mit stärker und mit weniger stark ausgeprägten Augen. Die Delfine mit den weniger stark ausgeprägten Augen hatten Vorteile gegenüber ihren Artgenossen, da sie die Energie, die sie nicht für die Bildung und den Erhalt der im trüben Wasser nutzlosen Augen verbrauchten, anderweitig einsetzen konnten. Möglicherweise bot die Reduktion der Augen auch einen gewissen Schutz vor durch Schwebstoffe im Wasser verursachten Augenleiden. Diejenigen Individuen, die am besten angepasst waren, in diesem Fall die Tiere mit den rückgebildeten Augen, konnten die Ressourcen am besten nutzen und brachten mehr Nachkommen hervor. Mit der Zahl der Nachkommen stieg der Anteil der besser angepassten Individuen an der Population. Dadurch veränderte sich die Stammart schrittweise zu den heutigen gut angepassten Flussdelfinen mit den reduzierten Augen.

3 *Planen Sie Ihre Ausführungen sorgfältig, sodass der Text am Ende eine inhaltlich gut nachvollziehbare Struktur aufweist. Die Hypothese sollte logisch begründet werden.*

Hypothese

Bei der Evolution der Süßwasserdelfine könnte ein allopatrischer Artbildungsprozess *(das heißt eine Artbildung durch räumliche Trennung)* abgelaufen sein. Dies wird wie folg begründet:

Die Süßwasserdelfine stammen von einer gemeinsamen Ursprungsart ab, welche relativ weit in den Weltmeeren verbreitet war. Einige der Delfine gelangten zufällig in die verschiedenen geographischen Regionen der Erde, wo sie auch in die Mündungsbereiche der verschiedenen Flusssysteme einwanderten. Da die Abwanderung in die Flüsse wahrscheinlich nur wenige Tiere betraf, wurden auch nur wenige Genotypen mit speziellen Merkmalskombinationen geografisch voneinander isoliert. Diese zufällige Veränderung der Allelhäufigkeit *(Allelfrequenz)* in den kleinen Populationen wirkte als Evolutionsfaktor. Da die zufällige Auswahl der abwandernden Individuen nur einen kleinen Ausschnitt der gesamten genetischen Variabilität enthielt, unterschieden sich diese Populationen sowohl untereinander als auch gegenüber der Stammart. Dies wäre ein Beispiel für den Vorgang der Genetischen Drift.
In den Mündungsbereichen der Flüsse gab es keine anderen verwandten konkurrierenden Delfinarten. Die eingewanderten Tiere gründeten individuenstarke Populationen. Die Mitglieder der Populationen waren hinsichtlich verschiedener Merkmale variabel. Die Variabilität war auf Mutationen und Rekombination des genetischen Materials zurückzuführen. In den variablen Populationen gab es wiederum schlechter und besser angepasste Individuen. Einige gut angepasste Tiere wanderten gänzlich in das Süßwasser der jeweiligen Flüsse und wurden dadurch von der Stammpopulation im Mündungsbereich geografisch isoliert. Die am besten an das Süßwasser angepassten Tiere brachten mehr Nachkommen hervor, was zur transformierenden Selektion innerhalb der Population führte. Nach vielen Generationen waren die Veränderungen so gravierend, dass effektive Fortpflanzungsbarrieren zwischen der Ausgangsform und den verschiedenen Flussformen bestanden. Individuen, die miteinander keine fortpflanzungsfähigen Nachkommen hervorbringen können, gehören nicht mehr zur selben Art.

4 *Beziehen Sie in Ihre Ausführungen die Konzentrationsverhältnisse im Innen- und im Außenmedium der Delfine ein. Achten Sie auf die richtige Verwendung von Fachbegriffen.*

Der **Süßwasserdelfin** befindet sich in einer hypotonischen Lösung. Das bedeutet, dass die Konzentration der gelösten Stoffe im Inneren seines Körpers die Konzentration der gelösten Stoffe im Außenmedium übersteigt. Infolgedessen gelangt Wasser über die Haut in den Delfin. Die Aufnahme erfolgt über Osmose. Das Wasser als Lösungsmittel diffundiert von außen in den Delfin, wohingegen die gelösten Stoffe die semipermeablen Membranen (Hautschichten) des Delfins nur unwesentlich durchdringen können. Der Süßwasserdelfin muss deshalb kaum Wasser trinken. Sein Urin enthält trotzdem große Mengen an Wasser, das er mithilfe seiner Nieren aus dem Körper ausschleusen muss, um seinen Wasserhaushalt stabil zu halten.
Der **Salzwasserdelfin** lebt in einer hypertonischen Lösung. Das Meerwasser enthält sehr viele gelöste Stoffe, vor allem Ionen. Ihre Konzentration ist im Außenmedium sehr viel höher als im Inneren des Tieres. Der Delfin verliert deshalb ständig osmotisch Wasser an das ihn umgebende Medium und nimmt geringe

Mengen Ionen über die Haut auf. Den Wasserverlust muss er durch Trinken von Meerwasser ausgleichen. Mit dem aufgenommenen Wasser gelangen aber zusätzlich Ionen in das Innere des Tieres. Die Abgabe hochkonzentrierten Harns, der nur wenig Wasser enthält, wirkt dem dadurch entstehenden Überschuss an Ionen entgegen.

5 *Die Aufgabenstellung erfordert lediglich die Beschreibung der Signalübertragung zwischen einer prä- und einer postsynaptischen Zelle.*

Durch die mechanische Reizung der Sinneszelle werden Kaliumkanäle geöffnet. Da die Innenohrflüssigkeit eine hohe Kaliumionen-Konzentration aufweist, strömt Kalium ein. Unterstützt wird dieser Vorgang durch die negative Innenladung der Zelle. Der Einstrom von Kalium bewirkt eine Depolarisation der Zelle, wodurch spannungsgesteuerte Calciumionenkanäle geöffnet werden. Das einströmende Calcium ermöglicht das Verschmelzen der mit Transmittern gefüllten Vesikel mit der präsynaptischen Membran. Die Transmitter werden durch Exocytose in den synaptischen Spalt abgegeben, wo sie zur postsynaptischen Membran der afferenten Nervenzelle diffundieren. Dort binden sie an Rezeptoren, die über eine Signalkette Natriumkanäle öffnen (muscarinische Synapse). Möglicherweise fungieren die Kanäle auch direkt als Rezeptoren (nikotinische Synapse). Die in die postsynaptische Zelle einströmenden Natriumionen lösen ein postsynaptisches Potenzial aus, das sich im weiteren Verlauf abschwächt. Wird am Axonhügel der Schwellenwert noch erreicht, kann ein neues Aktionspotenzial ausgelöst werden. Die Transmittermoleküle werden aus dem synaptischen Spalt entfernt. Dies kann durch Spaltung und Aufnahme der Spaltprodukte (Acetylcholin) oder durch direkte Aufnahme in die präsynaptische Zelle erfolgen. Durch die Entfernung wird die Signalübertragung unterbrochen.

6 *Sie sollten die von dem Wissenschaftler geäußerte Meinung persönlich beurteilen und fachlich begründen.*

Das Auftreten eines vierflossigen Delfins kann als Atavismus gewertet werden. Atavismen sind hin und wieder auftretende „Rückschläge“ in der Ausbildung von Merkmalen, sodass diese in ihrer Form den Merkmalen stammesgeschichtlich älterer Stammformen mehr oder weniger entsprechen. Dabei sind die Gene zur Merkmalsausbildung vorhanden, werden aber durch die Wirkung von Kontrollgenen unterdrückt. Durch eine Mutation der Kontrollgene kann die Unterdrückung ausbleiben und das ursprüngliche Merkmal wird ausgebildet.
Dies könnte im vorliegenden Fall des vierflossigen Delfins auf vierbeinige, landlebende Vorfahren hinweisen. Die fehlenden Hintergliedmaßen sind embryonal angelegt. Das bedeutet, dass die Gene für die überzähligen Flossen vorhanden sein müssen. Unter diesen Voraussetzungen könnte der Wissenschaftler eine fachlich begründete Einschätzung des Fundes gegeben haben.

Leistungskurs Biologie (Brandenburg): Abituraufgaben 2013
Aufgabe A: Stoff- und Energiewechsel, Neurobiologie

Thema: Alles Banane

Im Durchschnitt verspeist jeder Deutsche mehr als 15 Kilogramm Bananen pro Jahr. Aufgrund ihres sehr hohen Kohlenhydratanteils ist die Banane ein idealer Energiespender, Vitamin-B-Lieferant und hilft bei der Wundheilung. Außerdem liefert sie besonders viele Kaliumionen, die z. B. Muskel- und Nervenzellen benötigen.
Mit Bananen kann man sich angeblich auch „glücklich essen". Ursache dafür ist Serotonin, welches im Körper durch die Aufnahme kohlenhydratreicher Nahrung, wie Bananen, produziert wird.

Aufgaben

1 Beschreiben Sie Aufbau und Struktur eines Enzyms.
Stellen Sie den Ablauf einer Enzymreaktion mithilfe beschrifteter Skizzen schematisch dar. 8

2 Führen Sie das in Material 1 beschriebene Experiment durch.
Zeigen Sie das Ergebnis der Aufsicht führenden Lehrkraft.
Skizzieren Sie die erhitzte Stelle der Bananenschale und beschriften Sie diese bezogen auf Ihre Beobachtungen im Experiment.
Erklären Sie Ihre Beobachtungen mithilfe Ihrer Kenntnisse über die Enzymreaktionen. 10

3 Begründen Sie die Behandlung der Bananen während des Transports, der Reifung und der Lagerung. 8

4 Zeichnen und beschriften Sie den Aufbau einer erregenden neuromuskulären Synapse.
Stellen Sie die Erregungsübertragung in einem Fließschema dar. 8

5 Beschreiben und erklären Sie die Untersuchungsergebnisse an Nervenzellen der Formatio reticularis in Material 4.
Begründen Sie die Bedeutung von Serotonin für unser Gehirn. 8

6 Vergleichen Sie tabellarisch nach selbstgewählten Kriterien eine erregende neuromuskuläre Synapse mit der von Serotonin beeinflussten Synapse. 8

Material 1: Experiment mit einer Banane

Führen Sie das Experiment mit einem ca. 8 mal 3 cm großen Stück Bananenschale auf einer feuerfesten Unterlage durch. Halten Sie die Außenseite der Schale waagerecht im Abstand von 1 cm über ein brennendes Teelicht (Abb.). Erhitzen Sie die Schale 30 Sekunden, bis deutliche Veränderungen eintreten.

Material 2: Reifeprozess von Bananen

Aufgeschnittene Äpfel, Birnen und Bananen werden nach einiger Zeit braun. Vereinfacht läuft diese enzymatisch gesteuerte Reaktion des „Braunwerdens" nach dem Schema in der folgenden Abbildung ab.

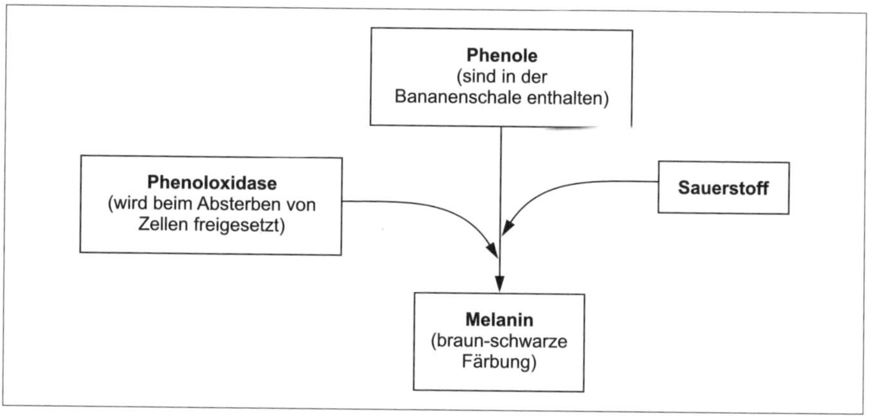

Bananen werden in der Regel unreif geerntet und in Kühlschiffen bei Temperaturen zwischen 6 °C und 10 °C transportiert. Zur Reifung werden die Bananen in Reifehallen bei ca. 20 °C unter Begasung mit Ethen behandelt. Dabei wird die in unreifen Bananen vorhandene Stärke zunehmend zu Glucose abgebaut.
Bei längerer Lagerung reifer Bananen werden diese braun.

Material 3: Serotonerge Synapsen – Synapsen mit dem Neurotransmitter Serotonin

Serotonin fungiert auch als Neurotransmitter. Dieser Transmitter wird aus sogenannten serotonergen Neuronen ausgeschüttet und bindet an spezifischen Rezeptoren, die je nach Organ zu unterschiedlichen Reaktionen führen können.

Kurz nach der Freisetzung werden alle Serotonin-Moleküle mithilfe von präsynaptischen Serotonin-Transportern ins Zytoplasma der Präsynapse aktiv zurückgeführt und wieder in Vesikel verpackt. Freies intrazellulares Serotonin wird von einem speziellen Enzym, das sich an der Außenmembran der Mitochondrien befindet, abgebaut.

Material 4: Wirkung von Serotonin

Serotonin wirkt als Neurotransmitter u. a. in der Formatio reticularis, einem großen Neuronennetzwerk. Dieses durchzieht den gesamten Hirnstamm und ist neben der Steuerung der Bewusstseinslage und der Regulation lebenswichtiger Reflexe auch ein Verarbeitungszentrum für Informationen von allen Sinnesorganen zum Großhirn und limbischen System („Gefühlshirn“).

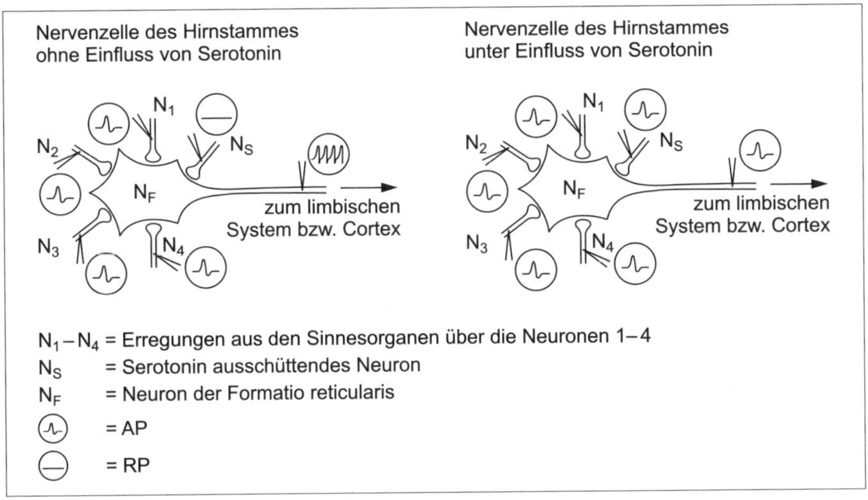

Abb. 3

Materialgrundlage:
Markl Biologie Oberstufe, Arbeitsbuch; Hrsg.: Markl, J.; Klett Verlag, Stuttgart 2010
Unterrichts-Materialien Biologie, Sek. II; Stark Verlag
Jaenicke, J.: Materialien-Handbuch Kursunterricht Biologie – Band 7; Aulis Verlag, 1999
http://de.wikipedia.org/wiki/5-HT1A-Rezeptor
http://edoc.ub.uni-muenchen.de/13851/1/Hess_Marielle.pdf
www.db-thueringen.de/servlets/DerivateServlet/Derivate-21718/Mueller/Dissertation.pdf

Lösungsvorschläge

1 *In der Aufgabenstellung ist die Beschreibung des Aufbaus und der Struktur eines Enzyms gefordert. Es ist nicht erforderlich, auf die chemischen Details des Aufbaus von Proteinen oder auf die Wirkungsweise von Biokatalysatoren einzugehen.*

Beschreibung: Enzyme sind Proteine, die aus Aminosäuren zusammengesetzt sind. Aus der räumlichen Struktur ergeben sich Bindungsstellen für die vom jeweiligen Enzym umgesetzten Substrate. Diese Bindungsstellen werden aktive Zentren genannt. Die Raumstruktur sowie die Ladung der Substratmoleküle und der Aminosäuren im aktiven Zentrum sind dafür verantwortlich, dass von einem Enzym nur ganz spezifische Substrate bearbeitet werden können. Diese Eigenschaft bedingt die Substratspezifität von Enzymen.

Einige Enzyme verfügen zusätzlich über allosterische Zentren oder prosthetische Gruppen (häufig auch Coenzyme).

Schematische Darstellung des Ablaufes einer Enzymreaktion:

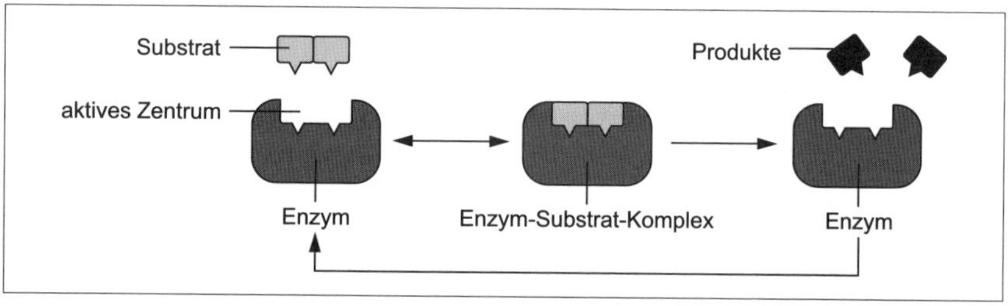

2 *Je nachdem wie dicht Sie die Bananenschale an die Kerzenflamme halten, können die Ergebnisse unterschiedlich ausfallen. Wenn Sie genau nach der Versuchsanleitung vorgehen, ist ein kreisrunder heller Fleck mit einem dunklen Außenring, wie in Variante A dargestellt, zu beobachten. Selbstverständlich sollen Sie nur diejenige Variante skizzieren, die bei Ihnen auch wirklich zu beobachten ist.*

Mögliche Skizzen:

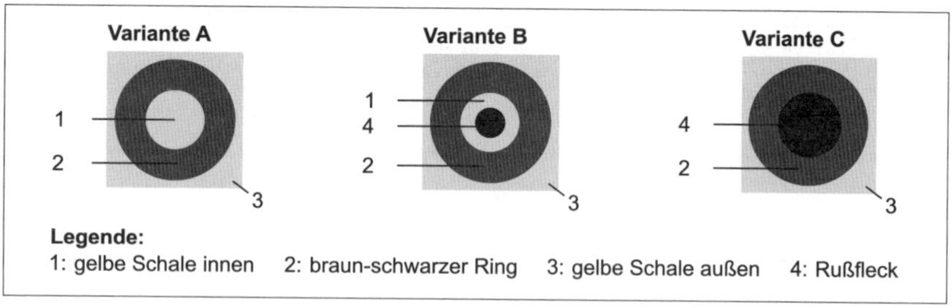

Erklärung *(zu Variante A):* In der hellen Mitte (1) herrschte bei der Erhitzung die höchste Temperatur. Es ist zu vermuten, dass in diesem Bereich das für die Melaninbildung verantwortliche Enzym Phenoloxidase thermisch denaturiert wurde. Eine Enzymreaktion von Phenolen zu braunem Melanin blieb hier somit aus. Vom Zentrum der Erhitzung ausgehend, nahm die Temperatur nach außen hin kontinuierlich ab. In einem kreisförmigen Bereich um das Zentrum war die Temperatur höher als auf der übrigen Bananenschale außerhalb der erwärmten Zone. Hier wurde die Melaninproduktion beschleunigt, sodass sich ein braunschwarzer Ring aus dem Pigment bildete (2). Die Enzymreaktion folgte der RGT-Regel, nach der die Reaktionsgeschwindigkeit mit steigender Temperatur ansteigt. Außerhalb der erwärmten Zone (3) erfolgt die Melaninbildung weiterhin stark verlangsamt, wie beim natürlichen Reifungsprozess der Banane. Eine Veränderung konnte in diesem Bereich nicht beobachtet werden.

Bei den Varianten B und C gilt grundsätzlich die gleiche Erklärung wie bei A. Abweichungen:
- *Variante B: Wird die Kerzenflamme zu dicht an die Schale geführt, lagert sich im Zentrum Ruß (4) ab.*
- *Variante C: Der Rußfleck (4) kann so groß werden, dass er den Bereich „gelbe Schale innen“ (1) überdeckt und den Melaninring (2) erreicht.*

3 *Im ersten Teil der Prüfungsaufgabe A geht es um Enzymreaktionen. Stellen Sie deshalb in Ihrer Lösung unbedingt den Zusammenhang zwischen den Lagerungsbedingungen und deren Auswirkungen auf die Enzymreaktionen her.*

Beim **Transport** der Bananen soll das Braunwerden der Früchte verhindert werden. Der Vorgang der Verfärbung wird durch eine Enzymreaktion katalysiert. Da Enzymreaktionen bei höheren Temperaturen beschleunigt werden, versucht man durch niedrige Temperaturen während des Transports unterhalb der optimalen Arbeitsbedingungen der Phenoloxidase zu bleiben. Die Abbaureaktionen werden dadurch verlangsamt, die Früchte verändern sich auf dem Transportweg nur wenig, die Reifung wird verzögert.
Am Zielort werden die Früchte zur **Reifung** mit Ethen begast und bei Temperaturen von ca. 20 °C **gelagert**. Dies hat den Effekt, dass ein Teil der Bananenstärke zu Glukose abgebaut wird. Die Bananen erhalten ihre Süße.
Werden Bananen zu lange gelagert, erfolgt die im Material beschriebene Melaninbildung, die Früchte werden braun.

4 *Fertigen Sie eine große übersichtliche Skizze an, aus der sowohl die grobe Gliederung als auch die einzelnen Bestandteile und Prozesse hervorgehen, die Sie später im Fließschema aufgreifen. Ihre Darstellung überzeugt noch mehr, wenn Sie die einzelnen Elemente des Ablaufes nummerieren und die Nummerierung auch auf das Fließschema übertragen.*

Zeichnung:

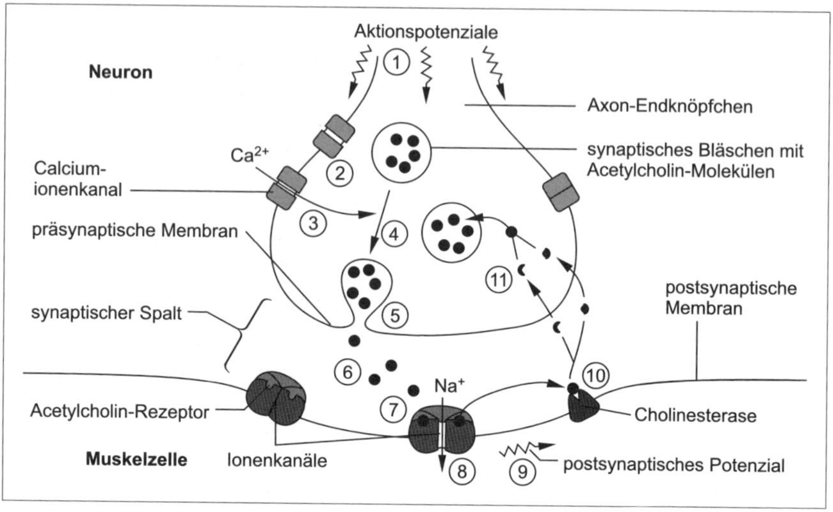

Fließschema:

1 Aktionspotenziale laufen in Axon-Endknöpfchen ein

2 Öffnung spannungsgesteuerter Ca^{2+}-Ionenkanäle

3 Einstrom von Ca^{2+}-Ionen in Endknöpfchen

4 Ca^{2+}-Ionen aktivieren Enzymreaktionen ⇒ Aktivierung von Vesikeln

5 Vesikel verschmelzen mit präsynaptischer Membran und setzen durch Exocytose den Transmitter Acetylcholin (ACh) frei

6 Diffusion des ACh durch den synaptischen Spalt

7 Bindung des ACh an Acetylcholinrezeptoren

8 Öffnung der chemisch gesteuerten (ligandengesteuerten) Natriumkanäle der postsynaptischen Membran und Einstrom von Na^{+}-Ionen in die Muskelzellen

9 Entstehung eines postsynaptischen Potenzials an der Muskelzelle

10 Abbau des ACh im synaptischen Spalt durch Cholinesterase

11 Aufnahme der Spaltprodukte, Neusynthese des Transmitters und Einschluss in Vesikel

5 **Beschreibung:** Ohne den Einfluss von Serotonin (linkes Schema im Material 4) führen die Aktionspotenziale der Neuronen 1 bis 4 am Neuron F der Formatio reticularis zur Ausbildung eines hochfrequenten Aktionspotenzials. Dieses Signal wird an das limbische System bzw. das Großhirn weitergeleitet.
Unter Einfluss von Serotonin, welches das aktive serotonerge Neuron N_S ausschüttet (rechtes Schema, Material 4), wird das Signal an N_F verändert: Bei sonst gleicher Aktivität der Neuronen 1 bis 4 wird an N_F lediglich ein einzelnes Aktionspotenzial ausgebildet.

Erklärung: Die Signale zuführenden Neuronen 1 bis 4 sowie S sind konvergent mit dem Neuron F verbunden. Einlaufende Signale können durch räumliche und zeitliche Summation verrechnet werden. Der Vergleich der beiden unterschiedlichen Fälle lässt den Schluss zu, dass es sich bei dem Signal des Neurons S um ein inhibitorisches Signal einer hemmenden Synapse handelt, während die Neuronen 1 bis 4 exzitatorische Signale über erregende Synapsen erzeugen.
Die Ausschüttung von Neurotransmittern durch die Neuronen 1 bis 4 depolarisiert die postsynaptische Membran am Neuron F. Die entstehenden exzitatorischen postsynaptischen Potenziale (EPSPs) summieren sich räumlich. Am Axonhügel von N_F wird der Schwellenwert zur Auslösung von Aktionspotenzialen deutlich überschritten. Eine hochfrequente Serie von Aktionspotenzialen entsteht.
In der rechten Abbildung kommt die Wirkung eines inhibitorischen postsynaptischen Potenzials (IPSP) der serotonergen Synapse zwischen N_S und N_F hinzu, die zu einer Hyperpolarisation der Membran führt. Neben den EPSPs der Neuronen 1 bis 4 wirkt also zeitgleich ein IPSP von N_S. Alle postsynaptischen Potenziale summieren sich räumlich, das an der Zelle N_F resultierende Signal ist ein niederfrequentes Aktionspotenzial.

Begründung der Bedeutung: Ohne Serotonin würden alle Signale aus den Sinnesorganen ohne Filterung in das limbische System oder das Großhirn gelangen. Dies würde zu einer Reizüberflutung führen. Die Verarbeitungsprozesse im Gehirn wären gestört. Somit kommt dem Serotonin eine beruhigende und reizfilternde Wirkung zu.

6 *Die Aufgabenstellung gibt nicht vor, wie viele Kriterien für den Vergleich herangezogen werden sollen. Berücksichtigen Sie bei Ihrer Auswahl aber auf jeden Fall sowohl Gemeinsamkeiten als auch Unterschiede.*

Kriterium	**Neuromuskuläre Synapse**	**Serotonerge Synapse**
Allgemeiner Aufbau	prä- und postsynaptische Zelle, synaptischer Spalt	
Neurotransmitter	Acetylcholin (ACh)	Serotonin
Rezeptortypen	ACh-Rezeptoren	Serotonin-Rezeptoren
Abbau des Neurotransmitters	durch Esterasen im synaptischen Spalt	durch spezielles Enzym an der Außenseite der Mitochondrienmembran
Potenzialantwort	EPSP (Depolarisation)	IPSP (Hyperpolarisation)

Leistungskurs Biologie (Brandenburg): Abituraufgaben 2013
Aufgabe B: Ökologie

Thema: Nicht ohne meine Muschel

„Wenige unserer Flussfische kommen dem Bitterling … an Zierlichkeit der Gestalt und Schönheit der Färbung gleich; ja, man sagt schwerlich zu viel, wenn man behauptet, dass dieser etwa 5 cm lange zwergenhafte Karpfen den berühmten Goldfisch an Pracht noch übertreffe." schrieb 1892 Alfred Brehm über den Bitterling.
„Wegen des bitteren Geschmackes, der das Fleisch dieses Fischchens für uns fast oder wirklich ungenießbar macht, wird es wenig gefangen und gewöhnlich nur zum Ködern der Angeln benutzt."
Zwischenzeitlich ist der damals häufige, in vielen Seen und schwach strömenden Gewässern Europas verbreitete Fisch deutschlandweit als „stark gefährdet" eingestuft und genießt in Europa den Schutz der Fauna Flora-Habitat-Richtlinie (FFH-RL), die die Einrichtung von Schutzgebieten für den Bitterling verfügt.

Quelle: Brehms Tierleben, 8. Band – Die Fische; Hrsg.: Pechuel-Loesche; Bibliographisches Institut, Leipzig, Wien, 1892

Aufgaben

1 Stellen Sie die räumliche Gliederung des Ökosystems See in einer beschrifteten Skizze dar.
Begründen sie die Lage der bevorzugten Lebensräume von Bitterlingen und Großmuscheln. 12

2 Analysieren Sie die Schlupfergebnisse von Bitterlingen.
Beurteilen Sie die Aussagekraft der Daten in Material 3. 6

3 Definieren Sie die Begriffe Symbiose und Parasitismus.
Diskutieren Sie die Zuordnung von Bitterling und Großmuschel zu einer dieser Beziehungen. 10

4 Stellen Sie die Beziehungen zwischen den Organismen eines Bitterlingsgewässers in einem Nahrungsnetz dar.
Ordnen Sie die Trophiestufen zu. 8

5 Interpretieren Sie die extrem unterschiedlichen Eizahlen ausgewählter einheimischer Fischarten. 6

6 Begründen Sie vier der Maßnahmen zum Schutz des Bitterlings *Rhodeus amarus* nach FFH-Richtlinie. 8

Material 1: Fortpflanzung des Bitterlings *Rhodeus amarus* und mehr

Zur Paarungszeit im April bis Juni suchen sich die Männchen eine bis drei Großmuscheln (Teich- oder Flussmuscheln der Gattungen *Unio, Anodonta und Pseudanodonta*) aus und verteidigen diese gegenüber Konkurrenten. Sobald ein Weibchen auftaucht, wird es zur Muschel eskortiert, um Eier in der lebenden Muschel abzulegen. Hierzu bilden die Weibchen zur Paarungszeit eine bis zu 5 cm lange Legeröhre aus, mit der sie durch die Einstromöffnung der Muschel ein bis zwei Eier in die Kiemenhöhle der Muschel legt. Häufig legen mehrere Weibchen ihre Eier in derselben Muschel ab. Unmittelbar nach der Eiablage gibt das Männchen seine Spermien ab, welche über das Atemwasser der Muschel eingesaugt werden und die Eier befruchten. Nach drei Tagen schlüpfen die Jungfische, bleiben aber noch weitere zwei bis drei Wochen in der Muschel. In dieser Zeit ernähren sie sich, festgeklemmt in den Kiemen der Muschel, von den Nährstoffen ihres angeborenen Dottersackes.
Nach dem Verlassen der Muschel durch die Ausstromöffnung ernähren sich die jungen Fische hauptsächlich von Zooplankton (wie Wasserflöhen und Hüpferlingen), später kommen neben Insektenlarven und anderen Wirbellosen auch pflanzliche Einzeller und weiche Teile größerer Pflanzen dazu.
Im zweiten Jahr sind die Tiere mit 4 cm Länge geschlechtsreif. Meistens werden sie nur 3 bis 4, selten auch bis zu 8 Jahren alt, wenn sie nicht vorher von Fischen wie Aal, Hecht, Barsch, Zander und Forelle gefressen werden.

Quelle: Landesamt für Umwelt, Naturschutz und Geologie Mecklenburg-Vorpommern; Steckbriefe der in M.-V. vorkommenden Arten nach Anhang II und IV der FFH-RL. Bitterling (Rhodeus amarus); www.lung.mv-regierung.de/dateien/ffh_asb_rhodeus_amarus.pdf

Material 2: Lebensweise der Großmuscheln

Mithilfe ihres Fußes graben sich die Großmuscheln (Najaden) zu etwa zwei Dritteln ihrer Körperlänge in den Grund der Gewässer. Lange und schnelle Wanderungen sind ihnen so nicht möglich. Selbst ihre Verwandtschaft, die sprichwörtlich langsamen Schnecken, überholen die Muscheln noch. So sind die Tiere darauf angewiesen, dass ihre Nahrung zu ihnen kommt. Plankton und auch abgestorbenes organisches Material (sog. Detritus) strömt ständig an ihnen vorbei. Mithilfe von Flimmerhaaren strudeln die Muscheln das Wasser durch die wimpernbesetzte Einstromöffnung in den Körper. Hier werden die Nahrungsbestandteile aus dem Wasser gefiltert und von den Kiemen wird dem Wasser Sauerstoff entzogen. Auf diese Art werden pro Tag bis zu 80 Liter Wasser durch eine einzige Muschel gereinigt.
Im Frühsommer nehmen die weiblichen Muscheln die von den Männchen ins Wasser abgegebenen Spermien ebenfalls durch die Kiemen auf und befruchten hier auch ihre

Eizellen. Sind diese dann zu den 0,2 mm langen Glochidien, zweiklappigen Larven, herangewachsen, werden 1 000 bis 50 000 von ihnen ins Wasser abgegeben. Obwohl die Glochidien nicht aktiv schwimmen können, müssen sie sich nach spätestens 3 bis 6 Tagen in den Kiemen eines Fisches festgesetzt haben. Dies schafft nur jede hunderttausendste Larve. Denn als Transporter für die Muschellarven sind neben dem Bitterling nur wenige Fischarten geeignet. Nach etwa einem Monat, in dem sich die Glochidien vom Körpergewebe der Fische ernährt haben, fallen die Larven mit 1,6 Millimeter Länge aus den Kiemen und graben sich einige Zentimeter tief in den Gewässerboden, sofern dieser locker und sauerstoffreich genug ist. Hier verbringen die Jungmuscheln die ersten ein bis drei Jahre ihres Lebens, bevor sie an die Oberfläche zurückkehren und mit drei bis vier Jahren geschlechtsreif werden.
Auch wenn sie einige natürliche Feinde haben – neben ihren Wirtsfischen (die natürlich die Glochidien-Larven als Nahrung nicht verschmähen) sind Otter, Bisam, Waschbär, Mink und Blessralle als Muschelfresser bekannt – ist doch der Mensch die größte Gefahr für die Existenz der Flussmuscheln.

Material 3: Schlupf-Ergebnisse von Bitterlingen an zwei Standorten im Donau-Einzugsgebiet

Muschelarten	**Standort 1**		
	Zahl der untersuchten Muscheln	mittlere Anzahl der geschlüpften Bitterlinge pro Muschel	maximale Anzahl der geschlüpften Bitterlinge pro Muschel
Malermuschel *Unio pictorum*	9	14,7	48
Große Flussmuschel *Unio tumidus*	3	44,0	71
Gemeine Teichmuschel *Anodonta anatina*	2	1,0	2

Muschelarten	**Standort 2**		
	Zahl der untersuchten Muscheln	mittlere Anzahl der geschlüpften Bitterlinge pro Muschel	maximale Anzahl der geschlüpften Bitterlinge pro Muschel
Malermuschel *Unio pictorum*	6	6,0	21
Große Flussmuschel *Unio tumidus*	1	0,0	0
Gemeine Teichmuschel *Anodonta anatina*	4	0,5	2

Quelle: Grabner, Th., et al: Ökologische Zusammenhänge zwischen der Reproduktion des Bitterlings Rhodeus sericeus amarus (BLOCH 1782) und den Großmuscheln (Unionidae) in den Regelsbrunner Donauauen; Verh. Zool.-Bot. Ges. Österreich 135 (1998): 95–115

Material 4: Eizahlen ausgewählter einheimischer Fischarten

Fischart	Anzahl der Eier/Embryonen pro Weibchen
Bitterling	40–100
Kabeljau	6 600 000
Flunder	1 000 000
Hering	>20 000
Bachforelle	1 500
Belugastör (europäischer Hausen)	7 000 000
Rotfeder	>100 000
Hecht	>40 000
Karpfen	1 500 000
Dornhai (lebend gebärend)	6–8

Quelle: Müller, H.: Fische Europas; 2. Auflage; Neumann Verlag, Leipzig, Radebeul, 1987

Material 5: Maßnahmen zum Schutz des Bitterlings *Rhodeus amarus* nach FFH-Richtlinie

Die Schutzmaßnahmen ergeben sich aus den Gefährdungsursachen:

→ Verringerung des Nährstoffeintrages insbesondere in Kleingewässer

→ Absammlung und Wiedereinbringung von Muscheln und anderen gefährdeten Arten bei unausweichlichen Maßnahmen

→ Keine Sedimententnahme oder Schädigung von sedimentbewohnenden Organismen (Großmuscheln) bei Gewässerentkrautung

→ Renaturierung und Verbindung isolierter Gewässer

→ Kein Aussetzen von fischereilich attraktiven Fischen wie Forelle, Hecht und Aal in Kleingewässern mit Bitterlingsvorkommen

Quelle: Landesamt für Umwelt, Naturschutz und Geologie Mecklenburg-Vorpommern; Steckbriefe der in M.-V. vorkommenden Arten nach Anhang II und IV der FFH-RL. Bitterling (Rhodeus amarus); www.lung.mv-regierung.de/dateien/ffh_asb_rhodeus_amarus.pdf

Lösungsvorschläge

1 *In der Aufgabe wird kein besonderer jahreszeitlicher Aspekt gefordert. Die Verwendung der thermischen Schichten (Epi-, Meta- und Hypolimnion) ist an die Sommerstagnation gebunden. Vermerken Sie dies an Ihrer Skizze. Alternativ können Sie auch die allgemeinen Begriffe Nährschicht (trophogene Zone), Kompensationsschicht und Zehrschicht (tropholytische Zone) verwenden.*

Skizze:

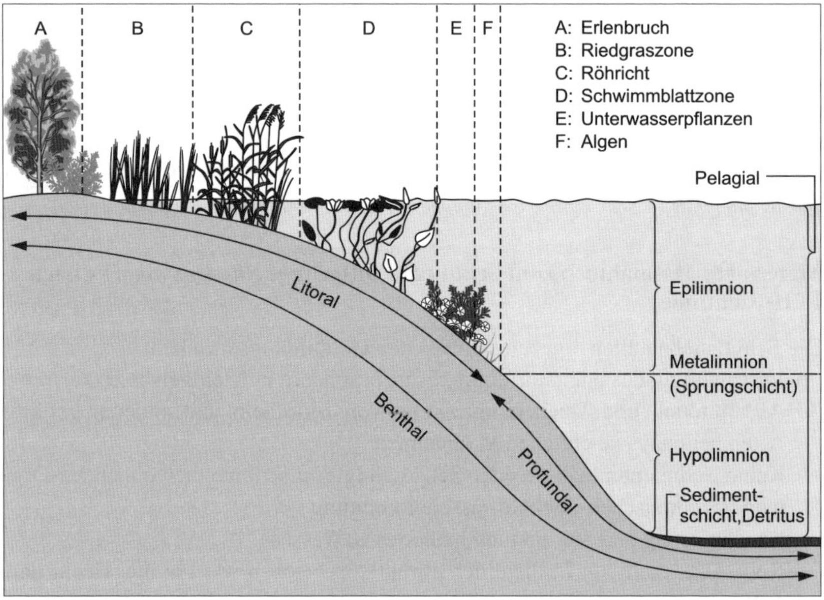

Räumliche Gliederung des Ökosystems See. Die hier dargestellte thermische Schichtung ist nur während der Sommerstagnation zu beobachten.

Begründung der bevorzugten Lebensräume: Großmuscheln leben eingegraben im Bodengrund, sie ernähren sich unter anderem von Detritus. Bitterlinge halten sich zur Paarungszeit bevorzugt in der Nähe der Muscheln auf. Beide Arten sind im Litoral zu finden, da in dieser Region aerobe Bedingungen herrschen und für beide Arten genug Nahrung zur Verfügung steht.

2 **Analyse:** Von Bitterlingen werden scheinbar die beiden Unio-Arten bevorzugt. Mit maximalen Schlupfzahlen von 71 Bitterlingen pro Muschel scheint die Große Flussmuschel eine größere Bedeutung als Wirt für die Entwicklung der Fische zu haben als ihre Verwandte, die Malermuschel (max. 48 Bitterlinge).

Begründetes Urteil: Die Daten der untersuchten Muscheln der beiden Standorte weichen stark voneinander ab. Die Abweichungen betreffen sowohl die Stichprobengröße als auch die Variation der Ergebnisse. Während sich beispielsweise die

Große Flussmuschel am Standort 1 hinsichtlich der Fortpflanzungsbiologie der Bitterlinge als wichtigste Art präsentiert, entwickelte sich in der einen am Standort 2 untersuchten Muschel der gleichen Art kein einziger Bitterling.
Die Gemeine Teichmuschel zeigt allgemein eine geringere Eignung als Entwicklungsort für die Fischbrut als die Unio-Arten. An beiden Standorten schlüpfen aus den Teichmuscheln nur wenige Bitterlinge.
Aufgrund der geringen Stichprobengröße sind die Daten wahrscheinlich nicht repräsentativ. Verallgemeinernde Schlüsse zur Eignung und Bevorzugung einzelner Muschelarten sollten auf der Grundlage dieser Untersuchung nicht gezogen werden.

3 **Definitionen:**
Symbiose: Eine Symbiose ist eine Wechselwirkung von Individuen zweier oder mehrerer verschiedener Arten, aus der alle beteiligten Arten einen Nutzen ziehen.
Parasitismus: Als Parasitismus bezeichnet man eine Wechselwirkung von Individuen zweier verschiedener Arten, bei der ein Parasit auf Kosten eines Wirtes lebt.

Diskussion:
Für eine Symbiose spricht, dass sowohl Muscheln als auch Fische einen Vorteil aus der Wechselwirkung ziehen. Die Glochidien der Muscheln werden von den Fischen transportiert und die Fischlarven sind im Inneren der Muscheln optimal geschützt.
Gegen eine Symbiose spricht, dass Glochidien regelmäßig auch von den Fischen gefressen werden und dass die Glochidien selbst in den Kiemen der Fische parasitieren, indem sie sich von deren Blut ernähren. Die Fischlarven behindern zudem durch ihre Anwesenheit die Atmung der Muscheln.
Fazit: Die Zuordnung ist in diesem speziellen Fall nicht zweifelsfrei möglich, da Aspekte beider Typen von Interaktionen (Symbiose und Parasitismus) zu beobachten sind.

4 *Beachten Sie die Pfeilrichtungen im Schema. Die Pfeile zeigen die Richtung des Stoffflusses (also der Nahrung) an.*

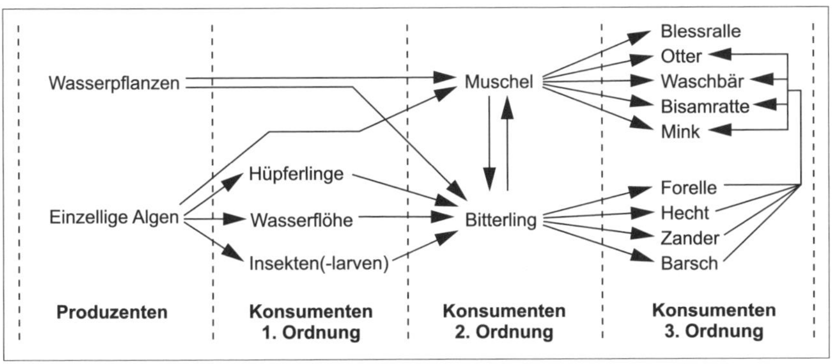

5 Viele der in der Tabelle erfassten Fischarten haben mehr als tausend Mal so hohe Eizahlen wie der Bitterling, dessen Weibchen 40 bis 100 Eier legen können. Die Spitzenreiter bei der Eizahl sind der Belugastör mit 7 000 000 und Kabeljau mit 6 600 000 Eiern. Am unteren Ende des Spektrums liegt der lebendgebärende Dornhai, der weniger als 10 Junge zur Welt bringt.
Durch die besondere Form der Brutpflege genießen die Fischlarven der Bitterlinge den Schutz der Muscheln. Dadurch überlebt ein großer Teil der Brut. Noch intensiver ist die Brutpflege der lebendgebärenden Dornhaie, die eine noch geringere Nachkommenzahl ermöglicht.
Bitterlinge und Dornhaie dürften damit zu den K-Strategen gehören.

6 – Nährstoffeinträge fördern die Eutrophierung der Gewässer. Vor allem die Populationen von Planktonalgen wachsen unter diesen Bedingungen stark an. Nach dem Absterben bilden sie große Mengen an Sediment, das zunächst aerob abgebaut wird. Die einsetzende Sauerstoffzehrung am Bodengrund verschlechtert die Lebensbedingungen für die Muscheln. Unterschreitet der Sauerstoffgehalt einen kritischen Wert, können Muscheln in diesen Gewässerbereichen nicht mehr überleben. Durch die **Verringerung der Nährstoffeinträge** kann dies verhindert werden.
– Durch das **Absammeln und Wiedereinbringen** von Muscheln bei unausweichlichen Maßnahmen (wie z. B. wasserbauliche Arbeiten am Gewässergrund) sollen die Muscheln und damit auch die Brutstätten der Bitterlinge erhalten werden.

*Das **Verbot von Sedimententnahme** bei der Gewässerentkrautung verfolgt mit dem Schutz der Muschelvorkommen das gleiche Ziel.*

– Die **Renaturierung und Verbindung** vorher isolierter Gewässer trägt zur Aufrechterhaltung der genetischen Variabilität und damit der Anpassungsfähigkeit der Bitterlingspopulationen bei.
– Die **Unterbindung künstlichen Fischbesatzes** reduziert Konkurrenz und Prädationseffekte, die negativ auf die Bitterlingspopulationen wirken.

Leistungskurs Biologie (Brandenburg): Abituraufgaben 2013
Aufgabe C: Stoffwechsel, Evolutionsbiologie, Genetik

Thema: Was ein Mitochondrium so alles macht

Mitochondrien sind die Kraftwerke der Zelle und kommen in den Zellen fast aller Eukaryoten vor. Ihre Größe beträgt etwa 0,5 bis 10 µm. Meist besitzt eine Zelle je nach Stoffwechselaktivität Hunderte oder sogar Tausende dieser Organellen. In Zeitrafferaufnahmen lebender Zellen erkennt man, wie sie im Cytoplasma umherwandern, ihre Form verändern und sich zweiteilen. Sie besitzen eine eigene Erbsubstanz, die sogenannte mitochondriale DNA (mtDNA).

Aufgaben

1 Zeichnen und beschriften Sie ein Mitochondrium. 6

2 Beschreiben Sie das Verfahren der Gelelektrophorese.
Interpretieren Sie das Ergebnis der Gelelektrophorese in Hinblick auf die Annahme von PÄÄBO im Material 1. 10

3 Im Material 2 ist eine Theorie zur Evolution der Zelle als Cartoon dargestellt.
Erläutern Sie am Beispiel der Entstehung der Mitochondrien diesen Teil der Theorie fachlich korrekt. Überprüfen Sie die Richtigkeit dieser Theorie anhand der Informationen im Material 3. 8

4 Beschreiben Sie den im Material 4 dargestellten Vorgang. 7

5 Erklären Sie die Vererbung der in den Stammbäumen im Material 5 dargestellten Krankheiten. 10

6 Begründen Sie die folgenden Aussagen mithilfe aller relevanten Materialien.
- Es gibt extrachromosomale Vererbung.
- Derselbe mitochondriale Fehler kann innerhalb einer Person in unterschiedlichen Geweben unterschiedliche Folgen haben.
- mtDNA eignet sich sehr gut für die Erstellung evolutionärer Stammbäume. 9

Material 1: Spurensuche im Ötztal

Im September 1991 machte man auf einem Gletscher in den Ötztaler Alpen einen sensationellen Fund: die Mumie eines Mannes, der vermutlich vor mehr als 5 000 Jahren ums Leben gekommen war. Die vom Volksmund „Ötzi" getaufte Leiche wurde bei der Bergung an der linken Seite verletzt. Von dieser sowieso geschädigten Stelle wurde Probenmaterial entnommen. Prof. PÄÄBO erhielt die Erlaubnis, genetische Untersuchungen damit durchzuführen. Er entschied sich dafür, mitochondriale DNA und nicht etwa Kern-DNA zu untersuchen. Es war nämlich zu erwarten, dass die DNA insgesamt stark geschädigt und mehr oder weniger abgebaut war. Die Chance, in den Proben einzelne intakte Sequenzen zu finden, ist aber umso größer, je zahlreicher die entsprechenden Moleküle von vornherein im Gewebe vorhanden waren. Da jede Zelle sehr viele Mitochondrien, aber nur einen Kern enthält, ist die Wahrscheinlichkeit, längere mitochondriale DNA-Stücke zu finden, größer als bei Kern-DNA.

Prof. PÄÄBO ging von der Annahme aus, dass aus den mumifizierten Zellen DNA-Stücke von maximal 200 Basenpaaren (bp) zu gewinnen und zu vermehren sind. Diese Erfahrung hatte Prof. PÄÄBO zuvor bei der Erforschung anderer Mumien gemacht.

Ein DNA enthaltender Gewebeextrakt Ötzis wurde gleichmäßig auf 4 Reaktionsgefäße A–D verteilt. Zusätzlich wurden alle für die PCR nötigen Bestandteile einpipettiert, die Kettenreaktion durchgeführt und die Reaktionsprodukte mithilfe der Gelelektrophorese identifiziert.

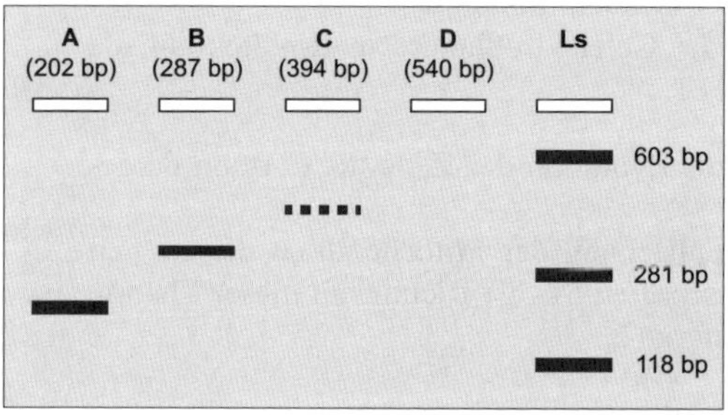

Gelelektrophoretische Auftrennung der PCR Produkte
Ls: Längenstandard mit DNA-Fragmenten der rechts angegebenen Länge
A–D: PCR Produkte

Quelle (Text und Abb.): Greber, E., Greber, W.: Die Anwendung der PCR in Archäologie und Kriminalistik; Unterricht Biologie, Nr. 209, 19. Jahrg., September 1995, Friedrich Verlag, Seelze

Material 2: Cartoon zur Entstehung der Eukaryotenzelle

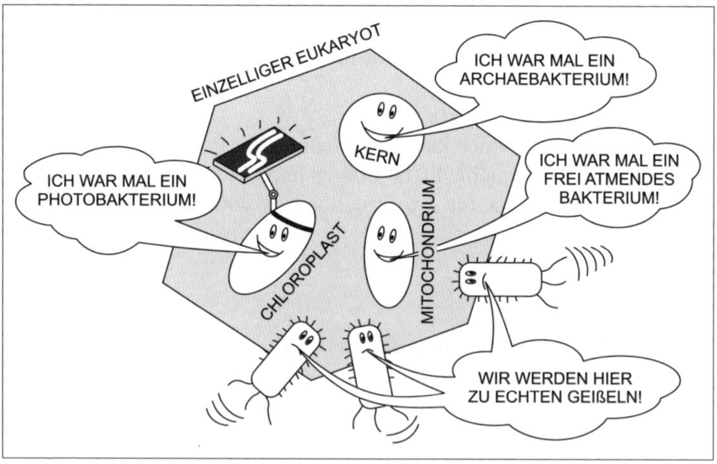

Quelle: Hopf, Norbert. W.: Biologie macchiato, illustriert von Boris Krauß, Pearson Deutschland GmbH, München 2009

Material 3: Membranlipide

Membran	Lipidbezeichnung					
	CH	PC	PE	PI	PS	CL
Eukaryotenzellmembran	+	+	+	+	+	–
Innere Mitochondrienmembran	–	+	+	+	–	+
Äußere Mitochondrienmembran	+	+	+	+	+	–
Bakterienmembran	–	+	+	+	–	+

Material 4: Vererbung der Mitochondrien

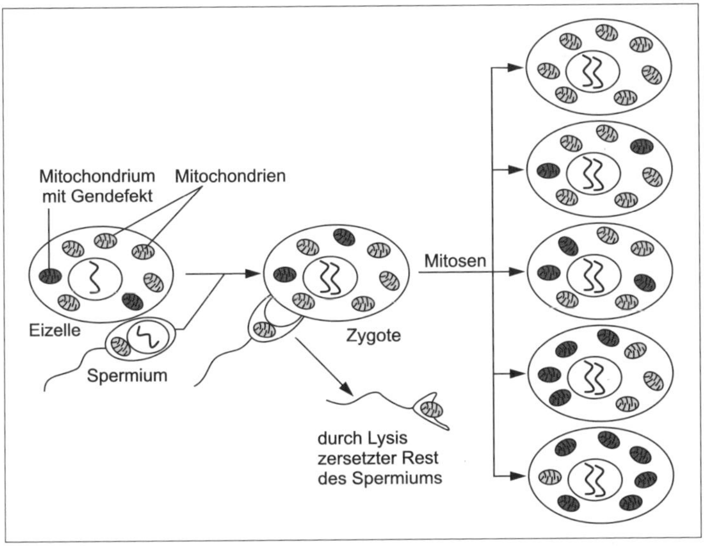

Quelle: Unterricht Biologie, Nr. 237, © 1998 Friedrich Verlag GmbH, Seelze

Material 5: Stammbäume zweier Familien

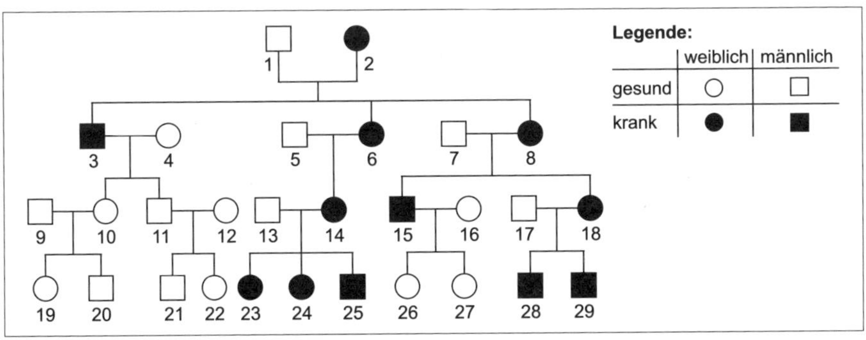

Stammbaum 1 einer Familie mit einer mitochondrialen Erbkrankheit

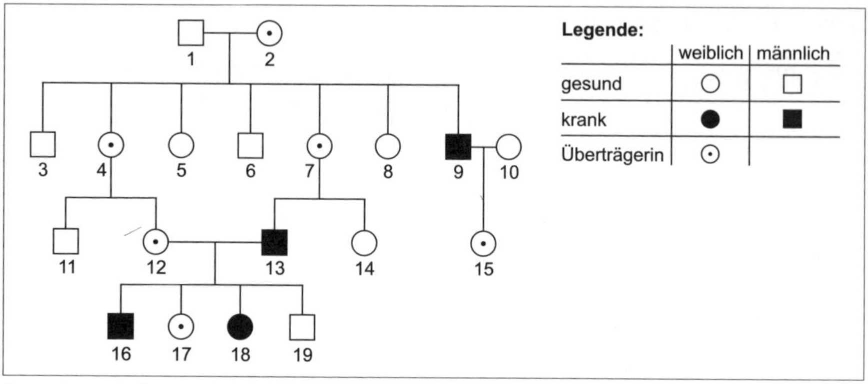

Stammbaum 2 einer Familie mit Rot-Grün-Blindheit

Weitere Materialgrundlage:
Campbell, N. A.: Biologie; Spektrum Akademischer Verlag; Heidelberg, Berlin, Oxford; Amerikanische Originalausgabe 1996, Übersetzung und Hrsg. J. Markl, Spektrum Akademischer Verlag

Lösungsvorschläge

1 *Beschriften Sie die Skizze sauber und übersichtlich.*

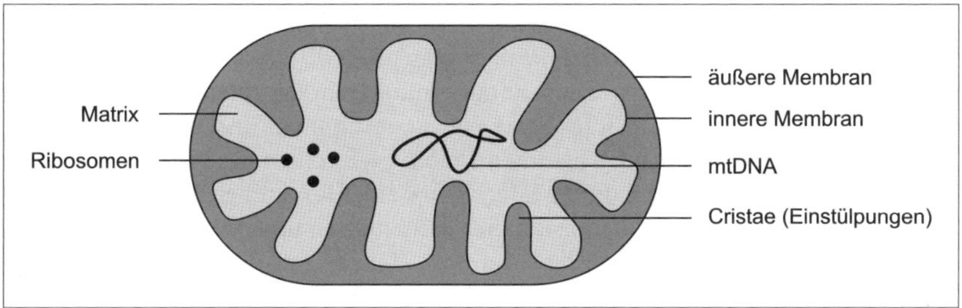

Zusätzlich können Sie auch noch den mitochondrialen Spalt (Intermembranraum) zwischen äußerer und innerer Membran beschriften und Lipidtröpfchen einzeichnen.

2 **Beschreibung der Gelelektrophorese:**

Das Verfahren wird nicht nur bei der Trennung von DNA-Fragmenten verwendet. Es lassen sich auch Gemische anderer geladener organischer Moleküle trennen. Sie können also entweder eine konkrete Gelelektrophorese an DNA oder eine universelle Gelelektrophorese beschreiben.

Für das Trennverfahren der Gelelektrophorese wird ein Agarose-Gel verwendet. Die zu trennenden Proben werden in Geltaschen einpipettiert. Das Gel befindet sich in einer Pufferlösung. Unter Einfluss eines elektrischen Feldes wandern die geladenen Moleküle durch das Gel. Dabei bewegen sich negativ geladene Moleküle zum Plus- und positiv geladene zum Minuspol. Je nach Größe und Ladung wandern die Moleküle unterschiedlich schnell: Kleine Moleküle gelangen schneller durch das Gel hindurch als große. Nach einer gewissen Zeit hat sich das zu untersuchende Stoffgemisch entsprechend seiner Inhaltsstoffe aufgetrennt. Wurden die Proben vor der Elektrophorese mit einem Farbstoff oder mit einer radioaktiven Substanz markiert, kann das Ergebnis mit geeigneten Mitteln (UV-Licht oder Autoradiografie) sichtbar gemacht werden. Der Betrachter sieht ein charakteristisches Bandenmuster, in dem jede Bande eine bestimmte Molekülgröße repräsentiert. Die Bandenmuster können verglichen und ausgewertet werden.

Interpretation: Entgegen der Erfahrung von Prof. PÄÄBO ist die DNA von Ötzi besser erhalten als bei anderen Mumien. Im Elektrophoresemuster gibt es auch relativ lange Fragmente von über 200 Basenpaaren, die bei anderen Mumien selten sind.

Der gute Erhaltungszustand der Mumie ist auf ihre Lagerung unter Bedingungen des Permafrostes im Gletschereis zurückzuführen.

3 *Entsprechend der Aufgabenstellung müssen Sie sich lediglich auf die Evolution der Mitochondrien beziehen.*

Erläuterung: Im Cartoon ist die **Endosymbiontentheorie** dargestellt. Danach stammen diejenigen Zellorganellen der Eukaryoten, die eine Doppelmembran aufweisen, von ursprünglichen Prokaryoten ab.
Mitochondrien beispielsweise sind auf einfache Prokaryoten zurückzuführen, die durch Zellatmung organische Stoffe abbauen konnten und dadurch Energie gewannen. Die Vorläufer der heutigen Eukaryoten (ebenfalls Prokaryoten) nahmen die aeroben Prokaryoten durch Endocytose auf. Bei einigen Varianten der aufgenommenen Prokaryoten hatte sich die Zellmembran mutativ so verändert, dass sie von der Wirtszelle nicht verdaut werden konnten. Auf diese Weise entstand eine Endosymbiose, aus der die Symbionten wechselseitige Vorteile zogen: Schutz für den aufgenommenen Organismus und Versorgung mit Energie für die Wirtszelle.

Überprüfung der Richtigkeit:
- Die Mitochondrien sind von einer Doppelmembran umgeben.
- Die Lipidzusammensetzung der inneren Membran lässt auf einen prokaryotischen Ursprung schließen, während die Zusammensetzung der äußeren Mitochondrienmembran dem Aufbau der Cytoplasmamembran der eukaryotischen Wirtszelle entspricht.

4 *Der Operator „Beschreiben" erfordert keine Erklärung für die unterschiedliche Anzahl von defekten Mitochondrien.*

Im Material 4 ist ein Befruchtungsvorgang mit sich anschließenden mitotischen Teilungen der Zygote dargestellt.
Ei- und Samenzelle sind haploid. Während die Eizelle mehrere Mitochondrien aufweist, enthält das Spermium im Schema nur ein Mitochondrium. Einige Mitochondrien der Eizelle weisen einen Gendefekt auf.
Die Zellkerne beider Gameten verschmelzen bei der Befruchtung und bilden eine diploide Zygote. Beim Befruchtungsvorgang wird das Mitochondrium der Samenzelle nicht in die Zygote integriert; es bleibt außerhalb der Eizelle zurück und wird abgebaut. Durch mitotische Teilungen entstehen aus der Zygote weitere diploide Zellen, wobei die Anzahl der Mitochondrien mit Gendefekten unterschiedlich ausfällt.

5 *Es empfiehlt sich, die Stammbäume einzeln abzuarbeiten. Formulieren Sie eine Hypothese zur Art des zugrundeliegenden Erbgangs und überprüfen Sie Ihre Annahme anhand der Fakten aus den Stammbäumen. Zur Verdeutlichung der Sachverhalte sollten Sie die Nummerierungen der Individuen nutzen.*

Stammbaum 1: Es handelt sich um eine extrachromosomale Erbkrankheit, die laut Material 5 von den Mitochondrien ausgeht. Die Kinder betroffener Mütter (z. B. 2) sind immer selbst betroffen (3, 6, 8). Die Kinder erkrankter Väter (z. B. 3) erkranken selbst nicht (10, 11). Die Ursache liegt darin begründet, dass die Mitochondrien ausschließlich von der Mutter in die neue Generation übertragen werden (vergleiche Material 4). Die Väter können deshalb keine Anlage für die Krankheit vererben.

Stammbaum 2: Die dargestellte Rot-Grün-Blindheit ist auf einen dominant-rezessiven X-chromosomalen Erbgang zurückzuführen, bei dem sich das Allel für die Farbenblindheit rezessiv verhält. Phänotypisch gesunde Eltern (1, 2) können erkrankte Kinder haben (9). Der Stammbaum zeigt, dass vorwiegend männliche Nachkommen von der Erkrankung betroffen sind (9, 13, 16). Im Falle der Nachkommenschaft eines erkrankten Vaters (9) und einer gesunden Mutter (10) sind alle weiblichen Nachkommen gesund aber selbst Konduktorinnen (15), da sie in jedem Fall das X-Chromosom mit dem rezessiven Gendefekt vom Vater erhalten. Ist die Mutter Konduktorin (z. B. 2), können gesunde (3, 6) aber auch kranke Söhne (9) entstehen, je nachdem, welches X-Chromosom sie von der Mutter erhalten. Lediglich bei Eltern, bei denen die Mutter Konduktorin (12) und der Vater erkrankt ist (13), ist es möglich, dass kranke weibliche Nachkommen (18) auftreten, da hier zwei X-Chromosomen mit den rezessiven Allelen kombiniert werden können.

6 **Aussage:** Es gibt extrachromosomale Vererbung.
Begründung: Mitochondrien besitzen mit ihrer ringförmigen DNA ein eigenes Genom. Dieses Genom wird unabhängig von der DNA der Zellkerne (Chromosomen) vererbt.

Aussage: Derselbe mitochondriale Fehler kann innerhalb einer Person in unterschiedlichen Geweben unterschiedliche Folgen haben.
Begründung: Mitochondrien vermehren sich durch Autoreduplikation (Selbstteilung) unabhängig von der Zellteilung. Weiterhin können in unterschiedlichen Geweben unterschiedlich viele Mitochondrien mit Gendefekten weitergegeben werden, da die Verteilung dieser Organellen bei der Zellteilung zufällig erfolgt. Die Wirkung defekter Mitochondrien ist unter anderem von ihrer Häufigkeit in den Geweben abhängig.

Aussage: mtDNA eignet sich sehr gut für die Erstellung evolutionärer Stammbäume.
Begründung: Die mitochondriale DNA wird über das Cytoplasma der Eizelle nur durch die mütterliche Linie vererbt. Der auf mtDNA basierende Stammbaum repräsentiert also ausschließlich die mütterliche Linie, da keine Meiose-Effekte auftreten.

Erhöhtes Anforderungsniveau Biologie (Brandenburg): Abituraufgaben 2014
Aufgabe A: Ökologie, Stoffwechsel, Genetik

Thema: Gegen Malaria ist ein Kraut gewachsen

Malaria ist eine in den Tropen und Subtropen verbreitete Krankheit, an der jährlich weltweit 100 Millionen Menschen erkranken und über 1 Million Menschen sterben. Die Krankheit wird durch Stechmücken *(Anopheles)* übertragen, die mit einzelligen Lebewesen *(Plasmodien)* infiziert sind und äußert sich in wiederkehrenden Fieberanfällen.
Eines der wirksamsten Malaria-Medikamente stammt aus einer Pflanze – dem Einjährigen Beifuß *(Artemisia annua)*.

Aufgaben

1	Formulieren Sie für drei biotische Umweltfaktoren Definitionen, um die einzelnen biotischen Beziehungen voneinander abzugrenzen. Ordnen Sie den Erreger der Malaria *(Plasmodium)* beim Menschen einem biotischen Beziehungstyp begründet zu.	8
2	Skizzieren und beschriften Sie allgemein den Aufbau eines Enzyms und erläutern Sie an zwei selbst gewählten Beispielen die Bedeutung der Enzyme.	8
3	Beschreiben und interpretieren Sie die in Material 2 dargestellten Kurvenverläufe einer enzymatischen Reaktion unter Berücksichtigung der kausalen Zusammenhänge. Gehen Sie dabei auch auf die Bedeutung des „*Steady-state*-Bereiches“ ein.	10
4	Die Wirkung von Medikamenten wie Artemisinin auf enzymatische Reaktionen ist Gegenstand pharmazeutischer Forschung. Erklären Sie anhand des Materials 3 die mögliche Wirkung des Artemisinins.	6
5	Stellen Sie die gentechnische Herstellung der Artemisininsäure in Hefezellen als Fließschema unter Verwendung von Fachbegriffen dar. Entwickeln Sie eine Hypothese, aus welchem Grund die eukaryotischen Hefezellen und nicht Bakterien zur gentechnischen Produktion genutzt werden.	8
6	Führen Sie das in Material 5 beschriebene Experiment durch und notieren Sie Ihre Beobachtungen. Erklären Sie Ihre Beobachtungen mit Hilfe Ihrer Kenntnisse über die Enzymreaktion.	10

Material 1: Der Entwicklungszyklus des Malariaerregers

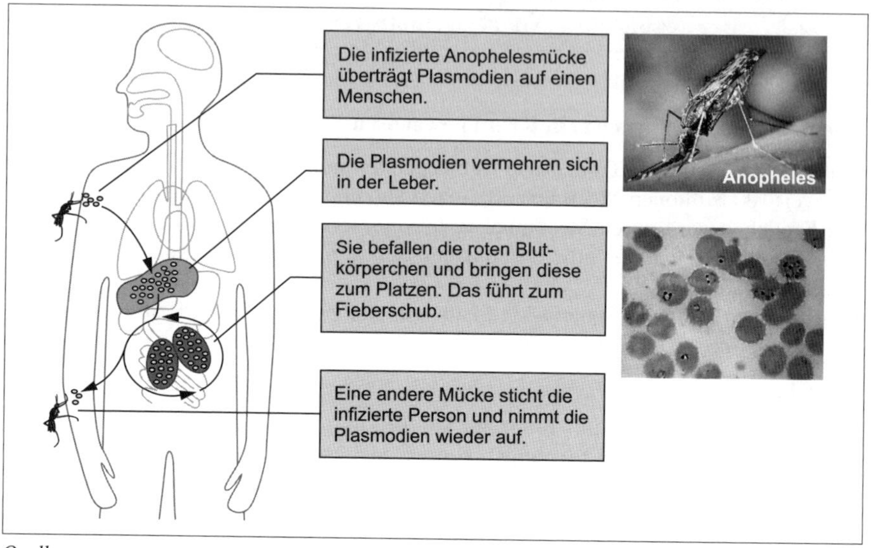

Quellen:
Malariamücke: CDC/James Gathany, PHIL No. 7861
Erythrozyten: Erythrozyten: CDC/Mae Melvin, PHIL No. 2193

Material 2: Ablauf einer enzymkatalysierten Reaktion

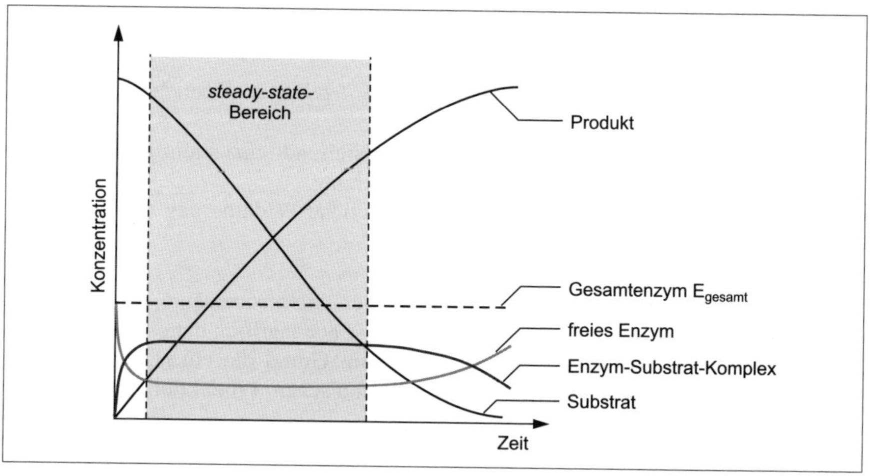

Material 3: Artemisinin und seine Wirkung

Der Einjährige Beifuß ist eine asiatische Pflanze, die vor allem in China und Vietnam heimisch ist. Dort wird der Einjährige Beifuß schon seit langer Zeit gegen fieberhafte Erkrankungen eingesetzt, denn aus der Pflanze lässt sich ein wirksames Mittel gegen Malaria gewinnen: Artemisinin. Artemisinin reichert sich in den roten Blutkörperchen der infizierten Menschen an und reagiert mit den Eisenionen, die dort in hoher Konzentration vorliegen. Wenn Artemisinin mit Eisenionen in Berührung kommt, wird eine chemische Reaktion ausgelöst, die freie Radikale entstehen lässt. Bei der Malariabehandlung greifen die freien Radikale die Zellmembranen der Malariaerreger an und brechen sie auf. Damit töten sie den Krankheitserreger.
Es gibt aber auch Hinweise darauf, dass Artemisinin-Derivate Einfluss auf bestimmte Enzyme haben könnten.

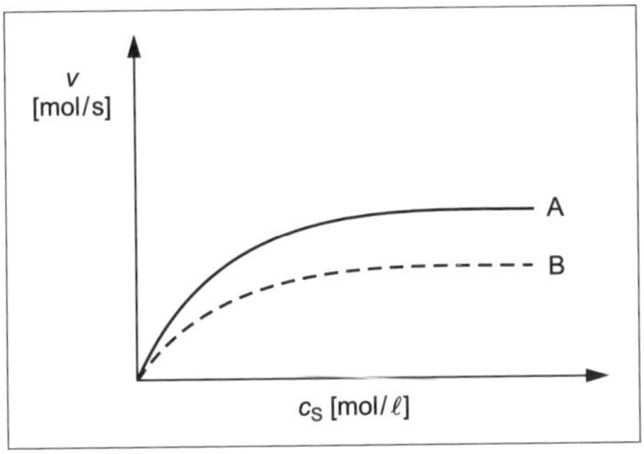

Schematische Darstellung einer möglichen enzymatischen Reaktion bei Abwesenheit von Artemisinin (A) und bei Anwesenheit von Artemisinin (B)
v: Reaktionsgeschwindigkeit
c_S: Konzentration des Substrats

Material 4: Malariamedikament Artemisinin bald günstiger verfügbar

Aus einem Hektar Pflanzen lassen sich ein bis zwei Tonnen Blätter ernten, aus denen rund zwei bis drei Kilogramm Artemisinin gewonnen werden können. Die Gewinnung aus pflanzlichen Rohstoffen wird dadurch erschwert, dass der Artemisinin-Gehalt der Pflanzen sehr gering ist und beträchtliche Schwankungen aufweist. Er liegt meist zwischen 0,1 und 0,4 % bezogen auf das Trockengewicht.
Malariapatienten in Entwicklungsländern könnten bald von günstig gentechnisch hergestelltem Artemisinin profitieren. Der von den Wissenschaftlern entwickelte Syntheseweg setzt sich aus mehreren Schritten zusammen. Dazu werden einige Gene des Beifuß in das Erbgut von Bäckerhefe gebracht. Bäckerhefezellen sind Eukaryoten, die als Besonderheit neben Chromosomen auch ringförmige Plasmide im Zellkern enthalten. Diese gentechnisch veränderte Hefe produziert Artemisininsäure, welche durch weitere chemische Prozesse zu Artemisinin oxidiert wird. Das Pharmaunternehmen Sanofi hat am 11. April 2013 mit der Produktion im großen Maßstab begonnen.

Material 5: Experimente mit Enzymen

Wasserstoffperoxid (H_2O_2) ist ein starkes Zellgift, das in den Peroxisomen der Leber- und Nierenzellen gebildet wird, um giftige Alkohole und Aldehyde durch Oxidation unschädlich zu machen. Überschüssiges H_2O_2 wird durch das Enzym Katalase schnell wieder zu Wasser und Sauerstoff abgebaut. Katalase ist in allen Organen von Tieren und Pflanzen und auch in Hefen vorhanden.

Materialien: Hefeaufschlämmung aus frischer Hefe, 3%ige Wasserstoffperoxid-Lösung (Vorsicht: giftig und ätzend, Schutzbrille!), 0,1 M Silbernitrat-Lösung, Reagenzglasständer, 2 Reagenzgläser (RG), Uhr

Durchführung: In jedes RG 2 *mℓ* Hefeaufschlämmung geben

- RG 1: Zugabe von 2 *mℓ* Wasserstoffperoxid-Lösung
- RG 2: Zugabe von 15 Tropfen Silbernitrat-Lösung, 3 Minuten warten, anschließend Zugabe von 2 *mℓ* Wasserstoffperoxid-Lösung

Weitere Materialgrundlage:
www.phytodoc.de/heilpflanze/beifuss-einjaehriger/wirkung/
www.sueddeutsche.de/gesundheit/mittel-gegen-malaria-hefe-als-arznei-fabrik-1.1646179-3
Probst, W., Schuchardt, P. (Hrsg.): Biologie, Gymnasiale Oberstufe, Ausgabe B; 1. Aufl. 2007, S. 156; Duden Paetec Gmbh, Berlin

Lösungsvorschläge

Die „Pflichtaufgabe“ A 1 muss von jedem Schüler bearbeitet werden. Dabei werden Kenntnisse zu den intra- und interspezifischen Beziehungen im Ökosystem, zum Bau und zur Funktion von Enzymen sowie zu den Grundprinzipien der Gentechnik vorausgesetzt. Für die Lösung werden überwiegend Kompetenzen im Definieren, Zuordnen, Beschreiben, Skizzieren, Erklären und Hypothesenbilden verlangt.
Die Basiskonzepte Steuerung und Regelung, Struktur und Funktion sowie Information und Kommunikation stehen methodisch und inhaltlich im Mittelpunkt der Bearbeitung.

1 *Es ist sinnvoll, zunächst den Oberbegriff „Umweltfaktor“ zu klären und die biotischen von den abiotischen Faktoren abzugrenzen. Die Definitionen sollten besonders auf die stoffwechselphysiologischen Wechselbeziehungen eingehen. Da in der Aufgabenstellung nicht explizit verlangt wird, dass drei Umweltfaktoren aus dem zugehörigen Material definiert werden, können Sie sich auch auf allgemeine Beispiele aus dem Unterricht konzentrieren.*

Als **Umweltfaktoren** werden in der Ökologie alle Einflüsse bezeichnet, die auf die Lebensfähigkeit von Organismen einwirken. Während **biotische Umweltfaktoren** aus der Interaktion von Arten resultieren, also mittelbar oder unmittelbar auf Lebewesen zurückzuführen sind, werden als **abiotische Umweltfaktoren** die Einflüsse aus der unbelebten Natur zusammengefasst.

Definitionen für biotische Umweltfaktoren sind z. B.:
- **Symbiose:** Als Symbiose wird das Zusammenleben von Individuen unterschiedlicher Arten zum gegenseitigen Vorteil bezeichnet.
- **Mutualismus:** Mutualismus ist eine lockere Beziehung zwischen Individuen unterschiedlicher Arten, bei der beide Partner zum gegenseitigen Vorteil agieren, sich jedoch nicht lebensnotwendig ergänzen und sich daher jederzeit trennen können.
- **Parasitismus:** Der Begriff Parasitismus beschreibt die Beziehung zwischen zwei Organismen verschiedener Arten, bei der sich der Parasit auf Kosten des Wirts ernährt oder ihm anderweitig Schaden zufügt (z. B. Brutparasitismus).

Alternativen wären z. B.:
- ***Episitismus:*** *Episitismus (Prädation) ist die biotische Interaktion zwischen Organismen unterschiedlicher Art, bei der die eine Art, die Räuber, die andere Art, die Beute, auffrisst.*
- ***Konkurrenz:*** *Als Konkurrenz wird die Beanspruchung der gleichen limitierten Ressource durch Individuen derselben Art (intraspezifische Konkurrenz) oder unterschiedlicher Arten (interspezifische Konkurrenz) bezeichnet. Bei der intraspezifischen Konkurrenz geht es dabei meist um den gleichzeitigen Bedarf der Individuen einer Population an Fortpflanzungspartnern, Brutplätzen, Revieren, Lebensräumen und spezifischer Nahrung.*

Begründete Einordnung: Die Plasmodien als Erreger der Malaria leben **parasitär**. Sie nutzen Stechmücken (Anopheles) als Überträger, um in ihren Wirt, den Menschen, zu gelangen. Dort angekommen, zehren sie von ihrem Wirt und vermehren sich in ihm. Durch den Stoffwechsel der Plasmodien wird dem Wirt zusätzlicher Schaden zugefügt: Leberzellen werden geschädigt und zerstört und die Erythrozyten platzen beim Freisetzen der Schizonten. Die Malariakrankheit führt beim Menschen infolgedessen zu schweren wiederkehrenden Fieberschüben, Schmerzen und körperlichem Verfall. Die Plasmodien als Parasiten profitieren von dieser Beziehung, da sie sich im Wirt vermehren und ihren Entwicklungszyklus immer wieder neu schließen können.

2 *Die Skizze sollte groß genug angelegt (ca. 1/3 einer Seite), sauber, übersichtlich, auf das Wesentliche reduziert und mit den Funktionseinheiten beschriftet sein. Der Operator Erläutern verlangt von Ihnen die Veranschaulichung des Sachverhalts und die Anreicherung mit weiteren Informationen. Achten Sie dabei darauf, dass Sie möglichst zwei Enzyme mit unterschiedlichen Bedeutungen und Funktionen wählen (z. B. nicht zwei Verdauungsenzyme), um dem Anspruch des Anforderungsbereichs II zu genügen.*

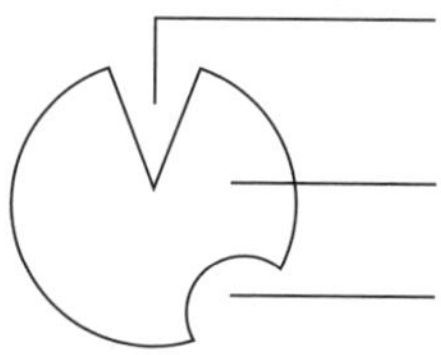

Erläuterung der Bedeutung der Enzyme: Enzyme katalysieren biochemische Reaktionen und Prozesse, wie z. B. Stoff- und Energiewechselprozesse, und sind somit essenziell für jedes Lebewesen.
Als **Verdauungsenzyme** (z. B. **Amylasen, Proteasen, Peptidasen und Lipasen**) katalysieren sie die hydrolytische Spaltung der Nährstoffe in vom Dünndarm resorbierbare Monomere, wie Glucose, Aminosäuren, Glycerol und Fettsäuren. Ohne die Verdauungsenzyme wäre eine Umsetzung der Nährstoffe nicht möglich.
Vor jeder Mitose zum Wachstum oder zur Zellvermehrung muss eine Replikation der DNA ablaufen, an der gleich mehrere Enzyme wie **Helicasen, Ligasen, Primasen und DNA-Polymerasen** beteiligt sind. Wären diese Enzyme nicht vorhanden, könnten die Mitosevorgänge nicht ablaufen.

Eine Alternative wäre z. B.:
In den Peroxisomen der Nieren, der Leber und der roten Blutzellen des Menschen wird das Enzym ***Katalase*** *produziert. Es dient dazu, Wasserstoffperoxid, das bei der Oxidation von Fettsäuren und der Umsetzung von Purinen entsteht, katalytisch abzubauen. Ohne diesen enzymatischen Abbau würde das Zellgift Katalase physiologische Schäden an Proteinen und Mutationen verursachen.*

3 *Analysieren Sie das Diagramm im Material 2 gründlich und suchen Sie nach Zusammenhängen zwischen den jeweiligen Kurven. Lassen Sie sich nicht von der Bezeichnung „Steady-state-Bereich" beeindrucken, denn selbst ohne Kenntnis dieses Fachbegriffs können Sie die Bedeutung dieses Abschnitts der chemischen Reaktion ableiten.*
Erinnern Sie sich an die grundlegenden Wirkprinzipien einer jeden katalytischen Reaktion und die im Unterricht vermittelten Modellvorstellungen zur Enzymreaktion. Geben Sie dann zunächst die im Diagramm dargestellten Zusammenhänge beschreibend wieder. Leiten Sie anschließend logische Kausalketten zur Interpretation der Kurvenverläufe ab.
Holen Sie bei dieser Teilaufgabe relativ weit aus (Grundwissen) und formulieren Sie strukturiert unter Anwendung der Fachsprache – es geht hier um zehn Bewertungseinheiten.

Beschreibung: Das in Material 2 abgebildete Diagramm zeigt den Ablauf einer enzymkatalysierten Reaktion. Dargestellt ist die Abhängigkeit der Produkt- und der Substratkonzentration, der Konzentration freier Enzyme und der Konzentration der Enzym-Substrat-Komplexe (E-S-Komplexe) von der Zeit. Außerdem ist eine gestrichelte Markierungslinie für die Gesamtenzymkonzentration eingezeichnet und der *Steady-state*-Bereich ist markiert.
Zu erkennen ist, dass die Substratkonzentration bei einem hohen Wert startet und zum Ende des dargestellten Zeitraums auf nahezu Null abnimmt. Die Produktkonzentration startet im Koordinatenursprung und steigt bis zum Ende der Reaktion ständig an. Zum Ende hin erreicht der Graph der Produktkonzentration fast den Ausgangswert der Substratkonzentration, wobei die Kurve im oberen Konzentrationsbereich nicht mehr so stark wie anfangs ansteigt und knapp unter dem Ausgangswert des Substrats stagniert. Die Substratkurve verhält sich gegenläufig dazu: Sie sinkt also bis kurz vor Null und stagniert dort.
Die Kurven des freien Enzyms und des E-S-Komplexes verlaufen ihrer Form nach komplett identisch und ebenfalls gegenläufig. Die Konzentration an E-S-Komplexen steigt vom Koordinatenursprung sehr rasch an, bleibt dann lange konstant und sinkt gegen Ende der Reaktion ab. Die Konzentration der freien Enzyme verhält sich spiegelsymmetrisch zur vorher beschriebenen Kurve, nimmt also vom Ausgangswert, der dem Wert der Enzymgesamtkonzentration entspricht, sehr schnell ab, bleibt dann lange konstant und steigt schließlich wieder an. Der *Steady-state*-Bereich entspricht dem Abschnitt, in dem die Kurven der Produkt- und der Substratkonzentration am stärksten steigen bzw. fallen. Die Konzentrationen der freien Enzyme und der E-S-Komplexe bleiben im *Steady-state*-Bereich konstant, das System befindet sich im Fließgleichgewicht.

Interpretation: Enzyme können biochemische Reaktionen beschleunigen, indem sie mit dem Substrat unbeständige Zwischenverbindungen (E-S-Komplexe) bilden und dadurch die Aktivierungsenergie für die Reaktion und den Stoffumsatz herabsetzen. Die aktiven Zentren der Enzyme docken nach dem Schlüssel-Schloss-Prinzip an die Rezeptorstellen der Substrate an.

Da am Anfang des im Diagramm dargestellten Zeitraums alle Rezeptorstellen und alle aktiven Zentren frei sind, treffen diese (durch die Brown'sche Molekularbewegung) schnell aufeinander und es kommt zum zügigen Stoffumsatz.
Die gebildeten E-S-Komplexe zerfallen anschließend sofort in die Enzyme und die Produkte. Dadurch stehen die Enzyme erneut für wirksame Zusammenstöße mit dem Substrat zur Verfügung und neue E-S-Komplexe bilden sich und zerfallen wieder. Daraus resultierend steigt die Produktkonzentration bis zur Erschöpfung des Substrats (die Substratkonzentration sinkt). Da die meisten Enzyme in den E-S-Komplexen gebunden sind, verringert sich die Konzentration an freien Enzymen rasch und steigt erst nach dem *Steady-state*-Bereich wieder an. Im *Steady-state*-Bereich sind die Enzyme optimal ausgelastet, es werden genauso viele E-S-Komplexe gebildet, wie zeitgleich zerfallen. Der enzymatische Stoffumsatz ist im Fließgleichgewicht am effektivsten, die Wechselzahl als Maß für den maximalen katalytischen Stoffumsatz pro Zeiteinheit wird erreicht. Zum Ende des *Steady-state*-Bereichs nimmt die Wahrscheinlichkeit für weitere Zusammentreffen von Enzymen und Substratmolekülen ab, da immer weniger Substrat vorhanden ist und die Enzyme durch die in hoher Konzentration vorliegenden Produkte beim Stoffumsatz behindert werden. Folglich werden immer weniger E-S-Komplexe gebildet. Die Substratkonzentration sinkt langsam gegen Null, die Produktkonzentration nähert sich ebenso langsam ihrem Maximalwert an. Auch die Zahl der freien Enzyme steigt, da sie auch nach der Reaktion wieder unverändert vorliegen. Die Gesamtenzymkonzentration muss während der kompletten Reaktion konstant bleiben, da die Enzyme nach jedem Stoffumsatz in unveränderter Form vorliegen, das heißt nicht verbraucht werden.

4 *Im Text von Material 3 finden Sie Informationen zur physiologischen Wirkung des Artemisinins in den Erythrozyten infizierter Menschen. Im dazugehörigen Diagramm wird der Einfluss der Artemisinin-Derivate auf bestimmte Enzyme dargestellt. Aus den Kurven lassen sich Aussagen zur Reaktionsgeschwindigkeit enzymkatalysierter Reaktionen (Ordinate) bei Ab- (A) und bei Anwesenheit (B) von Artemisinin in Abhängigkeit von der Substratkonzentration (Abszisse) ableiten. Nutzen Sie Ihr Grundwissen zur Hemmbarkeit enzymatischer Reaktionen und formulieren Sie die Zusammenhänge nachvollziehbar und verständlich mit eigenen Worten. Die geforderte Erklärung des Wirkmechanismus verlangt die Entwicklung einer sinnvollen begründeten Hypothese (Anforderungsbereich III) unter Zuhilfenahme der im Material dargelegten Fakten und des eigenen Fachwissens.*

Wird einem an Malaria erkrankten Menschen Artemisinin verabreicht, so reichert sich der Pflanzenstoff in dessen roten Blutkörperchen an. Dort reagiert er mit den vorhandenen Eisenionen, wodurch in einer chemischen Reaktion freie Radikale entstehen. Die freien Radikale brechen die Zellmembran der Malariaerreger auf, mit denen sie in Berührung kommen, töten diese damit ab und heilen so den Erkrankten bzw. befreien ihn zumindest teilweise von den Erregern.
Forschungen zeigen aber auch, dass Artemisininderivate einen Einfluss auf die Wirksamkeit bestimmter Enzyme haben können. Durch Artemisininabkömmlinge

werden besagte Enzyme in ihrer Tätigkeit beeinträchtigt, sodass bestimmte lebenswichtige Reaktionen an Geschwindigkeit verlieren. Das lässt sich direkt aus dem Diagramm im Material 3 ableiten, aus dem eine nichtkompetitive Hemmung ablesbar ist. Bei Anwesenheit von Artemisinin ist die Reaktionsgeschwindigkeit bei allen Substratkonzentrationen geringer als ohne Artemisinin, die maximale Reaktionsgeschwindigkeit kann also aufgrund der Enzymhemmung nicht erreicht werden. Das Zellgift Artemisinin hat folglich Nebenwirkungen, die sich negativ auf die Gesundheit der Malariapatienten auswirken könnten.

5 *Fließschemata oder Flussdiagramme werden genutzt, um Abläufe, Entwicklungen oder Herstellungsprozesse sukzessive in ihren Teilschritten übersichtlich abzubilden. Im einfachsten Fall werden die aufeinanderfolgenden Sequenzen stichpunktartig niedergeschrieben, eingerahmt und durch Pfeile verbunden.*
Zur Bearbeitung der vorliegenden Aufgabenstellung bietet sich jedoch auch die vereinfachte grafische Darstellung des aus dem Unterricht bekannten Schemas des Gentransfers an, das mit Pfeilen verbunden und auf das Beispiel bezogen kommentiert werden sollte. Beachten Sie den Hinweis „unter Verwendung von Fachbegriffen“ in der Aufgabenstellung.

1. Isolation von Beifuß-DNA und Gewinnung der Artemisininsäure-Gene aus der DNA durch ein Restriktionsenzym

↓

2. Isolierung von Plasmiden aus Hefezellen

↓

3. Aufspalten der Plasmide durch das gleiche Restriktionsenzym, mit dem die Artemisininsäure-Gene herausgeschnitten wurden

↓

4. Einbau der Fremd-DNA (Artimisininsäure-Gene aus Beifuß-DNA) in die Hefe-Plasmide (passende Schnittstellen)

↓

5. Ligase verbindet *sticky ends* von Fremd- und Plasmid-DNA

↓

6. Fremd-DNA-Teil der Plasmid-DNA kann von den Hefezellen genutzt werden, um Artemisininsäureproduktion zu realisieren (Proteinbiosynthese)

↓

7. Selektion von Hefezellen mit funktionsfähigen Plasmiden (Marker)

↓

8. Artemisininsäure/Artemisinin wird produziert

Alternative in Kombination mit den beschreibenden Texten z. B.:

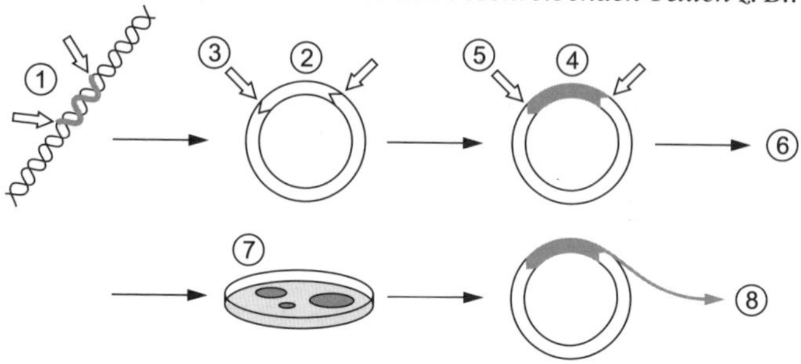

Prokaryoten und Eukaryoten weisen deutliche Unterschiede bei der Realisierung der Erbinformation auf. Während bei Prokaryoten die Translation direkt im Anschluss an die Transkription erfolgt, muss die Eukaryoten-prä-mRNA noch einer Prozessierung unterzogen werden. Dabei werden nichtcodierende Abschnitte (Introns) aus der prä-mRNA herausgeschnitten (Splicing), sodass nur noch die codierenden Abschnitte (Exons) übrigbleiben. So entsteht die sogenannte reife mRNA, die dann außerhalb des Zellkerns an den Ribosomen als Matrize für die Translation zur Verfügung steht.
Da Bakterien als Prokaryoten nicht über die erforderlichen Mechanismen für das Splicing verfügen, Hefezellen als Eukaryoten aber durchaus, sind Hefezellen für den Gentransfer bei der Artemisininproduktion besser geeignet als Bakterien.

6 *Haben Sie keine Scheu vor dem Experimentieren. Denken Sie daran, dass unter den logistischen Bedingungen einer landesweiten Abiturprüfung nur ganz einfache, wenig aufwendige und daher überschaubare Experimente durchgeführt werden können. In der Regel sind die durchzuführenden Experimente außerdem aus dem Unterricht bekannt.*
Lesen Sie sich aufmerksam die Hinweise zum Experiment in Material 5 durch. Ihre Fachlehrer stellen Ihnen alle Geräte und Chemikalien bereit. Überlegen Sie, welche Substanz als Enzym und welche als Substrat fungiert und welchen Zweck die Silbernitrat-Lösung erfüllen könnte. Identifizieren/Vergleichen Sie die aufgeführten Chemikalien mit denen, die am Arbeitsplatz bereitstehen. Beachten Sie unbedingt den Arbeitsschutz! Fertigen Sie ein Kurzprotokoll an, auch wenn dies nicht explizit verlangt ist, es hilft Ihnen bei der Auswertung.

1. Aufgabe:
Führen Sie das in Material 5 beschriebene Experiment durch und erklären Sie Ihre Beobachtungen mithilfe Ihrer Kenntnisse über die Enzymreaktion.

2. Geräte/Chemikalien:
Geräte: Reagenzglasständer, 2 Reagenzgläser, Uhr, Kittel, Schutzbrille
Chemikalien: Hefeaufschlämmung, 3%ige H_2O_2-Lösung, 0,1 M Silbernitratlösung ($AgNO_3$)

3. Durchführung und Beobachtungen:

Durchführung	Beobachtung
Zugabe von 2 *mℓ* Hefeaufschlämmung in Reagenzglas 1 und Reagenzglas 2	milchig weiße Lösung
Zugabe von 2 *mℓ* H_2O_2 in Reagenzglas 1	Aufschäumen, starke Bläschenbildung, Reagenzglas wird unten sehr warm
Zugabe von 15 Tropfen Silbernitratlösung in Reagenzglas 2, dann 3 Minuten warten	leichter Niederschlag bildet sich
Zugabe von 2 *mℓ* H_2O_2 in Reagenzglas 2	kein Aufschäumen, geringe Blasenbildung, kaum Erwärmung

4. Auswertung/Erklärung:

Die Hefeaufschlämmung enthält das Enzym Katalase. Die lebenden, sich teilenden Hefezellen produzieren dieses Enzym, um das im Stoffwechsel anfallende überschüssige Wasserstoffperoxid (H_2O_2; Zellgift) schnell in die unschädlichen Produkte Wasser und Sauerstoff abbauen zu können. Die Wirkungsweise des Enzyms beruht darauf, dass es die Aktivierungsenergie der Redoxreaktion herabsetzt, indem es unbeständige Zwischenverbindungen (Enzym-Substrat-Komplexe) bildet, die zu einem schnelleren Stoffumsatz bei niedrigeren und dadurch physiologisch tolerierbaren Temperaturen führen.
Da im **Reagenzglas 1** nach Zugabe von H_2O_2 eine starke Schaumbildung zu erkennen war und sich das Reagenzglas erwärmte, ist hier von einer exothermen enzymatischen Reaktion auszugehen. Sauerstoff steigt als Gas auf (Bläschen) und das entstehende Wasser verdünnt die Lösung.
Im **Reagenzglas 2** war die Blasenbildung nur sehr gering und die Erwärmung kaum spürbar. Daraus kann man ableiten, dass die chemische Reaktion nur sehr langsam und daher mit sehr geringem Stoffumsatz abgelaufen ist. Ursache dafür kann nur die Zugabe des Enzymgiftes $AgNO_3$ sein. Es denaturiert den Proteinanteil der Katalase und hemmt dadurch das Enzym.

Thema: Spur der Vorfahren

Schon in der Trias-Zeit hatten die Vorfahren der Säugetiere einen hohen Entwicklungsstand erreicht.
Eines dieser frühen „säugetierähnlichen Reptilien" war *Cynognathus crateronotus* (der „Hundekiefer").

Rekonstruktionszeichnung *Cynognathus crateronotus*
Quelle: Nobu Tamura; http://en.wikipedia.org/wiki/ File:Cynognathus_BW.jpg; cc-by-sa 3.0 unported

Aufgaben

1 Definieren Sie den Begriff ökologische Nische.
Beschreiben Sie die perfekte Anpassung des *Cynognathus* an seine ökologische Nische. 6

2 Beschreiben Sie die vermutete Ausbildung eines Fells bei *Cynognathus* auf der Grundlage der Synthetischen Evolutionstheorie. 10

3 Geben Sie Vor- und Nachteile der gleichwarmen Lebensweise von *Cynognathus* an. 8

4 Erläutern Sie die Begriffe homologe und analoge Organe.
Beurteilen Sie die Bedeutung homologer und analoger Organe als Belege für Evolution. 8

5 Vergleichen Sie die in Material 2 markierten Knochen der Wirbeltiere.
Diskutieren Sie das Ergebnis Ihres Vergleichs als Beleg für die Evolution. 8

6 Entwickeln Sie Hypothesen für den im Material 3 dargestellten Kurvenverlauf auch unter Einbeziehung ökologischer Aspekte. 10

Material 1: *Cynognathus crateronotus*

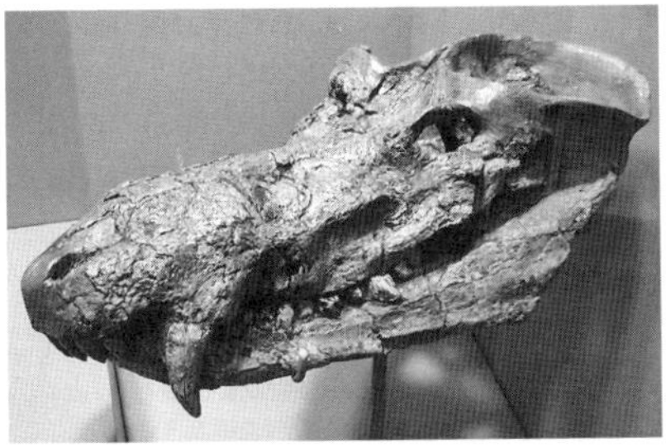

Fossilienfunde des *Cynognathus crateronotus* zeigen, dass er einen schlanken Körper, Tasthaare und einen kräftigen Schwanz hatte. Er gilt als gefährlicher Räuber, der in Rudeln im hügeligen Hochland Afrikas und Amerikas lebte und zu den gierigsten Fleischfressern in der Trias-Zeit gehörte. Seine Beine waren relativ lang und ließen sich bei der Beutejagd nah an den Körper heranziehen. Wahrscheinlich besaß *Cynognathus* schon eine Art Fell.
Bei einer Körperhöhe von etwa einem Meter betrug die Schädellänge von *Cynognathus* 30 bis 40 cm. Fast der gesamte Unterkiefer war aus einem einzigen Knochen gebildet. Hier war auch das gesamte Gebiss verankert. Die Zähne waren bereits differenziert ausgebildet. Im vorderen Kieferbereich befanden sich kleine Schneidezähne, dahinter große Reißzähne, gefolgt von scharfkantigen Backenzähnen. Über einen Gelenkfortsatz wurde die Verbindung zum Schädel geschaffen. Außerdem fand hier auch die kräftige Kaumuskulatur eine breite Ansatzfläche.
Der knöcherne Gaumen, der das gleichzeitige und damit effektive Atmen und Fressen ermöglichte, bringt Wissenschaftler zu der Überzeugung, dass *Cynognathus* im Gegensatz zu seinen Vorfahren aus der Perm-Zeit schon ein gleichwarmes Tier war.

Material 2: Entwicklung der Kiefergelenkknochen zu den Gehörknöchelchen Hammer, Amboss, Steigbügel

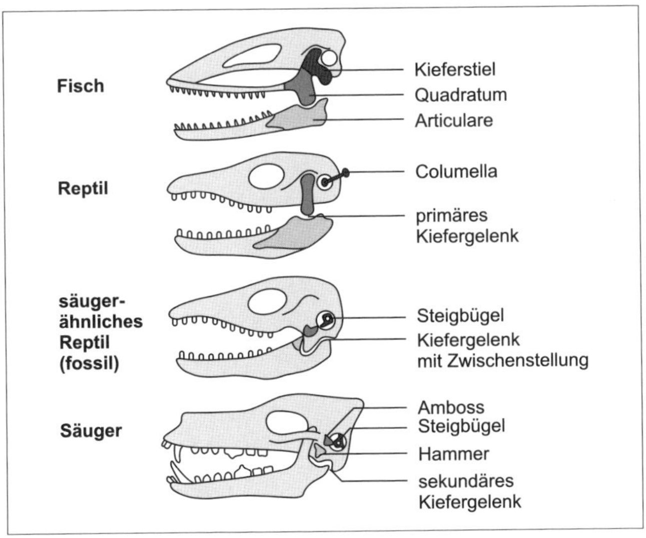

Material 3: Anzahl „säugetierähnlicher Reptilien“ in Perm und Trias

Das größte Massenaussterben der Erdgeschichte am Ende des Perm hatte tiefgreifende Auswirkungen auf das Leben an Land und im Meer, mit dem Verlust von nicht weniger als 90 % der marinen Organismen und 70 % der terrestrischen Arten.

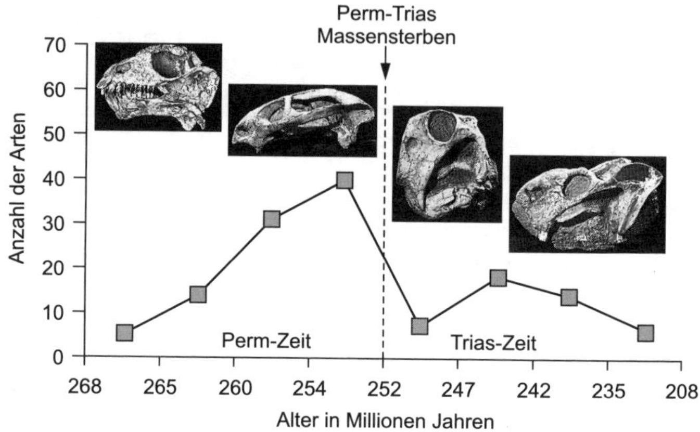

Prof. Jörg Fröbisch, http://download.naturkundemuseum-berlin.de/presse/Aussterbeereignisse/Froebisch_Grafik.jpg

Weitere Materialgrundlage:
Cox, B. et al.: Dinosaurier und andere Tiere der Vorzeit; Mosaik-Verlag GmbH, München, 1994
http://idw-online.de/de/news547165

Lösungsvorschläge

Zur Lösung des Aufgabenblocks B sind sichere Grundkenntnisse zur Wirkung der Evolutionsfaktoren, zur synthetischen Evolutionstheorie, zum Einfluss der Temperatur bei gleich- und bei wechselwarmen Tieren sowie zur Anwendung des ökologischen Nischenkonzepts erforderlich.
Im Mittelpunkt der Erarbeitung der Lösungen stehen die Basiskonzepte Steuerung und Regelung, Stoff- und Energieumwandlung, Geschichte und Verwandtschaft, Struktur und Funktion sowie Variabilität und Angepasstheit.

1 *Alle Informationen für die Erläuterung der perfekten Angepasstheit des Cynognathus sind im Material 1 nachzulesen. Nutzen Sie diese Bausteine und veranschaulichen Sie die speziellen Anpassungen des Tieres mithilfe Ihrer Kenntnisse zu den Basiskonzepten.*

Definition „ökologische Nische“: Der Begriff der ökologischen Nische beschreibt die Gesamtheit aller abiotischen und biotischen Umweltfaktoren, an die ein Organismus angepasst ist. Dabei sind die biotischen Interaktionen, die von ihm selbst ausgehen und auf die Umwelt wirken, mit zu betrachten.
Vereinfachend wird auch oft vom „Beruf“ einer Art im Ökosystem gesprochen. Damit soll veranschaulicht werden, welche Ressourcen die Art dort nutzt und welche Wechselwirkungen mit dem Biotop und der Biozönose daraus resultieren.

Beschreibung der perfekten Anpassung: Cynognathus war perfekt an seine ökologische Nische angepasst, da er als fleischfressender Räuber unter anderem ein ausgeprägtes differenziertes Gebiss aus scharfen Schneide-, Reiß- und Backenzähnen besaß, um seine Beute zu reißen und zu zerteilen. Die ausgeprägte Kiefermuskulatur diente dabei zum Packen und Halten der Beute.
Sein Körperbau zeichnete sich durch eine schlanke Gestalt mit langen Beinen aus. Diese Merkmale ermöglichten es ihm, sich schnell und wendig durch seinen hügeligen Lebensraum im Hochland zu bewegen und dort erfolgreich zu jagen.
Als gleichwarmes Tier, das wahrscheinlich auch schon ein Fell besaß, konnte er außerdem den Widrigkeiten der Umgebung trotzen, solange er genügend Nahrung fand, um seine Körpertemperatur aufrechtzuerhalten. Cynognathus konnte dadurch zu jeder Tageszeit und bei jeder Witterung aktiv sein, was ihm Vorteile gegenüber seinen wechselwarmen Beutetieren oder seinen wechselwarmen Konkurrenten verschaffte.

2 *Der Operator Beschreiben verlangt die fachsprachlich richtige Wiedergabe von Sachverhalten und Zusammenhängen. Da die Zusammenhänge auf der Grundlage der synthetischen Evolutionstheorie hergestellt werden sollen und diese Theorie ein komplexes Kausalgefüge darstellt, empfiehlt es sich, die einzelnen Betrachtungsebenen vor der Ausformulierung auf einem „Schmierblatt“ stichpunktartig zu skizzieren. Das kann Ihnen dabei helfen, die Zusammenhänge zu verdeutlichen und das Wirken der Evolutionsfaktoren möglichst umfassend darzustellen.*

Die Vorfahren des Cynognathus besaßen wahrscheinlich kein Fell und waren wechselwarm. Die Tiere waren von Generation zu Generation dem ständigen Einfluss von Mutationen und Rekombinationen bei der Fortpflanzung, Gendrift, Genfluss über verschiedene besiedelte Lebensräume hinweg und eventuell auch horizontalem Gentransfer durch Viren ausgesetzt. Dadurch konnten sich die Allelhäufigkeiten im Genpool und das Erscheinungsbild der Individuen innerhalb der Art verändern.
Wie alle anderen Arten zeugten auch die Vorfahren von Cynognathus mehr Nachkommen als theoretisch zur Arterhaltung notwendig waren. Irgendwann führten Mutationen im Erbgut eines oder mehrerer Tiere dazu, dass anstelle der Hornschuppen eine Behaarung ausgebildet wurde. Unter den Nachkommen der Cynognathus-Population gab es nun einige wenige felltragende und viele felllose Individuen. In der Auseinandersetzung mit der Umwelt, z. B. beim Jagen in der Kälte, erwiesen sich die felltragenden Individuen ihren felllosen intraspezifischen Konkurrenten überlegen. Dies führte dazu, dass sie sich häufiger fortpflanzen konnten, also fitter waren, als die Cynognathen ohne Fell. Eventuell konnten sie durch ihr Fell sogar so viel Energie sparen, dass sie sich besser um den Nachwuchs kümmern konnten (Brutpflege), bis dieser geschlechtsreif war. Die verhältnismäßig große Zahl an Nachkommen hatte mit großer Wahrscheinlichkeit die genetischen Anlagen zur Fellbildung geerbt, bildete somit ebenfalls die Behaarung aus und gab die entsprechenden Allele weiter. Eine dynamische (und später stabilisierende) Selektion in Richtung Fellbildung durch die Umwelt nahm ihren Lauf. Dadurch nahm der Anteil der Fell-Allele im Genpool zu, wurde durch Rekombination und Genfluss umverteilt und in andere Populationen übertragen. Gendriftereignisse und horizontaler Gentransfer sowie Mechanismen der reproduktiven Isolation könnten den Prozess begleitet und weiter beschleunigt haben.

3 *Alternativ könnten Vor- und Nachteile auch stichpunktartig in einer Tabelle gegenübergestellt werden.*

Ein **Vorteil** der gleichwarmen Lebensweise von Cynognathus war, dass er durch das dauerhafte Aufrechterhalten einer konstanten Körpertemperatur von Temperaturschwankungen in seiner Umwelt weitgehend unbeeinflusst blieb. Er hatte also einen in Bezug auf die Temperatur breiten Toleranzbereich. Folglich war er robuster und konnte darüber hinaus das ganze Jahr über aktiv sein, statt bei kalten Temperaturen z. B. in Kältestarre zu verharren. So konnte das Reptil relativ unabhängig vom vorherrschenden Klima große Verbreitungsgebiete besiedeln (relative Umweltunabhängigkeit).

Ein **Nachteil** für ihn war der drastisch gesteigerte Energiebedarf, der sich aus der Aufrechterhaltung seiner Körpertemperatur ergab. Die Stoffwechselaktivität von Cynognathus war dauerhaft erheblich höher als bei anderen Reptilien. Das bedeutete für die Tiere, dass sie sehr viel mehr Nahrung aufnehmen musste, um ihren Energie- und Stoffwechsel zu unterhalten. Dies war vor allem in Zeiten problematisch, in denen das Nahrungsangebot umweltbedingt knapp wurde.

Darüber hinaus muss eine konstante Körpertemperatur ständig reguliert werden. Bei hohen Außentemperaturen ist es nötig, die Wärme abzuführen, um nicht zu überhitzen und die Funktionsfähigkeit der Enzyme zu gefährden. Bei sehr niedrigen Temperaturen müssen Kälteschutzmechanismen aktiviert werden, die, wie z. B. das Muskelzittern, Energie verbrauchen.
Dem breiten Toleranzbereich gegenüber der Temperatur stehen demnach schmale Pessima am Rande als Nachteil gegenüber.

4 *In dieser Teilaufgabe wird zum Erläutern der Begriffe homologe/analoge Organe und zum Beurteilen ihrer Bedeutung aufgefordert. Da die Aufgabe keinen Materialbezug hat, können Sie sich auf die im Unterricht erworbenen Grundlagen und Beispiele konzentrieren. Formulieren Sie also mithilfe Ihres Fachwissens ein selbstständiges Urteil mit Begründung.*

Erläuterung und Beurteilung:

- **Homologe Organe:** Um homologe Organe handelt es sich, wenn bei zwei verschiedenen Arten (oder anderen systematischen Kategorien) Strukturen unterschiedlicher oder gleicher Funktion in gleichen Gefügesystemen vorkommen und auf einen gemeinsamen Grundbauplan und damit gleichartige Gene zurückzuführen sind. Homologien zeugen von stammesgeschichtlicher Verwandtschaft der betrachteten Arten.
  Zur Erkennung einer Homologie dienen Homologiekriterien. Das Kriterium der Lage setzt voraus, dass homologe Organe gleich angeordnet sein müssen. Das Kriterium der speziellen Qualität besagt, dass Organe dann homolog sind, wenn sie in vielen Sondermerkmalen übereinstimmen. Das Kriterium der Stetigkeit postuliert, dass eine Homologie vorliegt, wenn sich zwei Organe über Zwischenformen miteinander in Verbindung bringen lassen.
- **Analoge Organe:** Analoge Organe (Konvergenzen) sind Strukturen, deren Ähnlichkeiten stammesgeschichtlich völlig unabhängig voneinander entstanden sind, das heißt nicht auf Verwandtschafts- und Evolutionsbeziehungen beruhen. Die Merkmalsübereinstimmungen lassen sich damit erklären, dass Arten mit völlig unterschiedlichen Bauplänen im Laufe der Evolution an vergleichbare Umweltbedingungen (vergleichbare ökologische Nischen) ähnlich angepasst (selektiert) wurden.

Konvergenzen und Homologien zeigen in vielen Fällen deutlich eine evolutionäre Linie auf, gerade wenn sich eine Verwandtschaft über Zwischenformen beweisen lässt, die klar eine morphologische Entwicklung und damit Evolution zeigt. Während Homologien Verwandtschaftsbeweise erbringen und beim Aufstellen von Stammbäumen helfen können, verdeutlichen uns Analogien, wie Umweltanpassung über natürliche Selektion funktioniert.

5 *Der Operator Diskutieren fordert Sie auf, Pro- und Kontra-Argumente aus dem Vergleich der im Material 2 abgebildeten Strukturen gegenüberzustellen und abzuwägen. Analysieren Sie also zunächst das Material gründlich (Anzahl, Schattierungen, Formen und Funktionen der Knochen), ermitteln Sie Gemeinsamkeiten und Unterschiede und wenden Sie sich dann der Diskussion zu.*

Gemeinsamkeiten	Unterschiede
– Die Knochen weisen einen gemeinsamen Bauplan auf. – Die Anzahl der Knochen ändert sich nicht.	– Kieferstiel ⇒ Columella ⇒ Steigbügel – Quadratum ⇒ primäres Kiefergelenk ⇒ Amboss – Articulare ⇒ primäres Kiefergelenk ⇒ Hammer – Die genaue Lage, die Form und die Größe der Knochen verändern sich.

– **Pro:** Die untersuchten Schädelknochen der Wirbeltiere zeigen zunächst einmal nicht nur die Entwicklung der Gehörknöchelchen aus den Kiefergelenkknochen, sondern auch die Entwicklung vom Wasser- zum Landleben. Die Ausbreitung der Schallwellen im Wasser und in der Luft unterscheidet sich, dadurch waren die Tiere im Vorteil, deren Kieferknochen in Richtung Schallleitungsorgane selektiert wurden.
Bereits bei den Fischen liegen die Kiefergelenkknochen (Kieferstiel, Quadratum, Articulare) nah am Gehör. Sie üben jedoch eine andere Funktion aus und ähneln den Gehörknöchelchen noch nicht. Fische und Reptilien verbindet das primäre Kiefergelenk des Reptils, das noch von Strukturen aufgebaut wird, die dem Quadratum und dem Articulare ähneln. Der Kieferstiel des Fisches liegt hier schon als Columella im Bereich des Hörorgans vor. Beim säugerähnlichen Reptil haben sich bereits drastische Änderungen vollzogen: Die Columella hat sich zum Steigbügel ausdifferenziert und die ehemaligen Kieferknochen sind stark verkleinert worden, was auf eine Entwicklung in Richtung Gehörknöchelchen hindeutet. Die Säuger besitzen schließlich die den ehemaligen Kieferknochen homologen Organe Hammer, Amboss und Steigbügel als Schallwellenverstärker im Mittelohr (Funktionswechsel). Da die betrachteten Knochen immer auf den gleichen Bauplan zurückzuführen sind und sich über Zwischenformen vermitteln lassen (Kriterium der Stetigkeit), liefert der Vergleich der Knochen einen relativ eindeutigen Evolutionsbeleg.
– **Kontra:** Die Anwendung des Kriteriums der Lage ist an diesem Beispiel nicht eindeutig zu belegen. Zwar bleibt das Knochengefügesystem im Komplex erhalten, die Lage und Anordnung der einzelnen Knochen zueinander ändert sich aber so stark, dass ein oberflächlicher Vergleich nicht zwingend zum Verwandtschaftsnachweis führt.
– **Fazit:** Da die Pro-Argumente deutlich überwiegen, ist die Entwicklung der Kieferknochen zu den Gehörknöchelchen Hammer, Amboss und Steigbügel gut als Beleg für die Evolution geeignet.

6 *Bei dieser Teilaufgabe werden überwiegend Kompetenzen des Anforderungsbereichs III verlangt. Für die Entwicklung einer Hypothese studieren Sie bitte den kurzen Einführungstext und das Diagramm im Material 3 gründlich. Beschreiben Sie möglichst lückenlos die Veränderung der Artenzahlen im jeweiligen Erdzeitalter und formulieren Sie zu jeder beschriebenen Veränderung eine wissenschaftliche Begründung auf Basis der Wirkung der Evolutionsfaktoren des Basiskonzeptes Variabilität und Angepasstheit.*

Die Erde durchlief in ihrer Geschichte immer wieder Wärme- und Kälteperioden, veränderte ihre Gestalt durch Kontinentaldrift und wurde von Naturkatastrophen heimgesucht. Diese Faktoren beeinflussten die Artenvielfalt stark und führten einerseits zu explosionsartigen Auffächerungen von Arten, andererseits aber auch zu drastischen Aussterbeereignissen.
Im Diagramm ist abzulesen, dass es während der Perm-Zeit zu einem kontinuierlichen Zuwachs an Arten kam, der seinen Höhepunkt vor etwa 253 Millionen Jahren erreichte. Im Perm erlebten die säugerähnlichen Reptilien somit ihre erste große Blütezeit. Zur Bildung der neuen Arten führten günstige Selektionsbedingungen und geringe interspezifische Konkurrenz. Die Tiere besaßen einen überlegenen Bauplan und konnten sich gut in freie ökologische Nischen einpassen oder durch interspezifische Konkurrenz nicht so gut angepasste Arten verdrängen. Diese Auffächerung der Arten durch Einnischung (adaptive Radiation) könnte den im Diagramm erkennbaren Artenzuwachs bis vor etwa 253 Millionen Jahren erklären.
Der starke Einbruch der Artenvielfalt zwischen Perm und Trias ist wahrscheinlich durch heftige Umweltveränderungen zu erklären. Naturkatastrophen wie beispielsweise starke vulkanische Aktivität veränderten die Lebensbedingungen innerhalb relativ kurzer Zeiträume drastisch. Die Folgen der Katastrophe, bei einem Vulkanausbruch beispielsweise chemische Veränderungen in der Erdatmosphäre und im Meerwasser, dürften das Massenaussterben verursacht haben. Viele Arten, die nicht an die veränderten Bedingungen angepasst (präadaptiert) waren, konnten die neuen Umweltbedingungen nicht tolerieren und wurden selektiert. Das größte Artensterben in der Erdgeschichte war die Folge. Nur wenige Bauplantypen überlebten diese Phase.
Während der Trias nahm der Artenreichtum dann allmählich wieder zu, sobald durch evolutionäre Prozesse lebensnotwendige Anpassungen bei den Überlebenden erfolgt waren. Danach sank die Artenzahl wieder, was wahrscheinlich in weiteren Umweltveränderungen begründet lag, denn auch in der Trias gab es erhebliche klimatische Schwankungen. Eine Ursache für die nicht so erfolgreiche Auffächerung der säugerähnlichen Reptilien in der Trias könnte die rasche Ausbreitung der Dinosaurier und anderer überlegener Bauplantypen gewesen sein, die sich schneller einnischen konnten und konkurrenzstärker waren. Dies verhinderte eine erfolgreichere Evolution der überlebenden Arten. Darüber hinaus kann man das

Massensterben am Ende des Perm auch als globales und lokales Gendriftszenario betrachten, bei dem die säugerähnlichen Reptilien zwar in einigen Arten „die Selektion durch den Flaschenhals“ überlebten, die einzelnen Arten jedoch nur eine relativ geringe Anpassungsfähigkeit besaßen (eventuell durch geringe Allelvariabilität im Genpool). Generell betrachtet, unterliegt die Artenvielfalt im Verlauf der Jahrmillionen immer wieder wellenförmigen Schwankungen.

BB – 2014-20

Erhöhtes Anforderungsniveau Biologie (Brandenburg): Abituraufgaben 2014
Aufgabe C: Ökologie, Genetik, Zellbiologie

Thema: Raupe „Nimmersatt“ – Eichen in Not

Der Eichenprozessionsspinner *(Thaumetopoea processionea)*, kurz EPS genannt, erweitert seit den 1990er Jahren sein Verbreitungsgebiet in Deutschland. Er trat 2013 verstärkt in Brandenburg, Baden-Württemberg, Bayern und Sachsen-Anhalt auf. Dieser Schmetterling ist wärmeliebend. Seine Larven (Raupen) ernähren sich von Blättern der Eiche *(Quercus spec.)*, was forstwirtschaftlich zu großen Schäden führen kann.
Bedenklich ist außerdem die Gefährdung der Gesundheit von Menschen und Tieren, was die Nutzung der betroffenen Areale drastisch einschränkt. Gefährlich für den Menschen sind vor allem die sogenannten „Spiegelhaare“. Sie werden ab dem dritten Larvenstadium gebildet und können bei Kontakt u. a. Haut- und Augenreizungen sowie Atembeschwerden hervorrufen.

Quellen: oben: Grygory Csoka; Forest Research Insitute Hungary, Bugwood.org; via wikimedia cc.by.sa 3.0;
unten: Sarefo; http://commons.wikimedia.org/wiki/File:Thaumatopoeia.processionea.caterpillar.jpg?uselang=de; cc-by-sa 3.0

Aufgaben

1 Stellen Sie den Entwicklungszyklus der Eichenprozessionsspinner in einem Schema unter jahreszeitlichen Aspekten übersichtlich dar. 8

2 In der Populationsökologie werden zwei grundlegende Fortpflanzungsstrategien unterschieden, die r-Strategie und die K-Strategie.
Nennen Sie für jede Strategie jeweils drei Merkmale.
Ordnen Sie die Vermehrung der Eichenprozessionsspinner begründet einer Fortpflanzungsstrategie zu. 8

3 Erläutern Sie mithilfe der relevanten Materialien den Einfluss von je zwei dichteabhängigen und dichteunabhängigen Faktoren auf die Populationsentwicklung der Eichenprozessionsspinner.
Begründen Sie zwei Möglichkeiten für die weitere Populationsentwicklung der Eichenprozessionsspinner in Brandenburg unter Einbeziehung der Abbildung in Material 2. 8

4 Benennen Sie die in der Abbildung 3.1 gekennzeichneten Vorgänge und Strukturen.
Ermitteln Sie für die in der Abbildung 3.2 gegebene Aminosäuresequenz eine mögliche DNA- und mRNA-Sequenz. 10

5 Skizzieren und beschriften Sie einen Ausschnitt einer Biomembran nach aktuellen Modellvorstellungen.
Entwickeln Sie zwei Hypothesen zur Wirkung der Bt-Toxine in den Biomembranen der Darmwandzellen der Raupen der Eichenprozessionsspinner. 10

6 Diskutieren Sie die Eignung von Bt-Bakterien, Schlupfwespen und mechanischen Verfahren für eine Verwendung in der Schädlingsbekämpfung gegen Eichenprozessionsspinner. 6

Material 1: Entwicklung der Eichenprozessionsspinner

Nach dem sogenannten Hochzeitsflug legt das Weibchen im September unmittelbar nach der Paarung etwa einhundert bis zweihundert Eier von etwa einem Millimeter Größe in den Baumkronen der Eichen ab. Bereits im Herbst entwickeln sich kleine Jungraupen, die aber noch in der Eihülle überwintern. Je nach Witterung schlüpfen aus diesen Eiern im darauffolgenden Frühjahr ab Mitte April bis Anfang Mai 1,5 mm große, braune, behaarte Raupen. Die Raupen absolvieren auf ihrem Weg zur Verpuppung insgesamt 6 Larvenstadien in einem Zeitraum von insgesamt 9–12 Wochen. Ab dem dritten Stadium L3 werden die typischen weißlichen Gifthaare gebildet.
Ab dem vierten Stadium L4 leben die Raupen in kleinen Familienverbänden und verspinnen sich täglich an Zweigen und Blättern (daher der Begriff Spinner). In den Gespinsten finden auch die Häutungen statt. Im 5. und 6. Stadium hängen bis zu 1 m lange Gespinste, gefüllt mit behaarten Larvenhäutchen und Kotabsonderungen, an den Stämmen. Von hier aus werden dann in Prozessionsformation die nächtlichen Fraßaktivitäten durchgeführt. Dazu wandern sie nachts in mehreren Reihen (15–30 Raupen) von bis zu zehn Metern Gesamtlänge kolonnenartig in die Baumkrone zur Nahrungsaufnahme und kehren im Morgengrauen in die Nester zurück (daher der Name Prozession).
Im 6. Stadium lässt die Fraßaktivität erheblich nach. Ende Juni/Anfang Juli beginnt die Verpuppung der Raupen in den Gespinsternestern. Die Gifthaare werden während des Verpuppungsprozesses zwar abgestoßen, jedoch in die Kokons mit eingewoben und bleiben auch nach einigen Jahren gefährlich.
Ab etwa Mitte August erfolgt der Schlupf der Eichenprozessionsspinner als nachtaktive Falter. Es handelt sich um eher unscheinbare, braungraue Schmetterlinge, die in den Monaten August bis September umherfliegen.

Falter Ei Larven (Raupen) Verpuppung

Quelle Abb.: Meyers Konversations-Lexikon; 4. Aufl. 1888, Bd. 16, S. 352

Material 2: Herkunft und Ausbreitung in Brandenburg

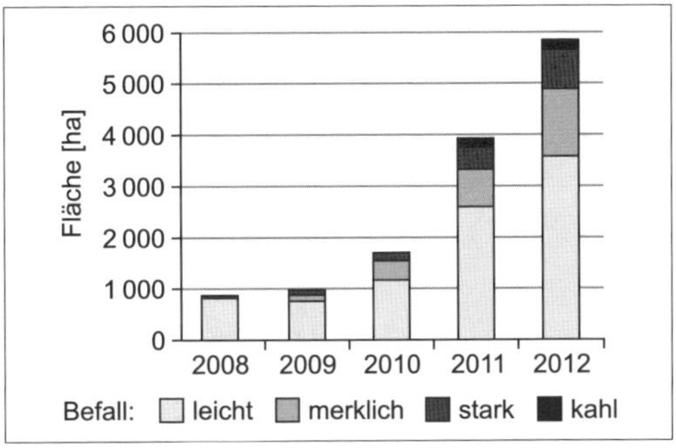

Quelle: Waldschutzbericht 2012; Land Brandenburg; S. 8

Der Eichenprozessionsspinner kommt aus dem heißen und trockenen Klima der iberischen Halbinsel und wurde in Deutschland erstmals im Jahr 1826 nachgewiesen. Lokale Massenvermehrungen wurden seit dieser Zeit dreimal beobachtet (1936, 1950 und 1984), diese blieben aber auf drei bis vier Jahre begrenzt.
Seit 1993 ist dagegen bis heute eine Ausdehnung des Verbreitungsgebietes in Deutschland und seit 2003 im Land Brandenburg zu beobachten. Die nebenstehende Abbildung zeigt die befallenen Flächen mit Eichenprozessionsspinnern in Brandenburger Eichenwäldern auf insgesamt 57 000 Hektar.

Material 3: Wirkung von Insektiziden bei der Bekämpfung der Raupen

Im Land Brandenburg wurde u. a. das Mittel Dipel ES eingesetzt. Es enthält Bakterien der Gattung *Bacillus thuringiensis* (Bt-Bakterien). Diese Bakterien produzieren durch das cry-Gen zunächst ein ungiftiges Kristallprotein, das sogenannte Protoxin.
Die Raupen der Eichenprozessionsspinner nehmen dieses Protoxin mit der Nahrung auf. Im Mitteldarm des Insekts werden die Protoxine durch Enzyme (Proteasen) gespalten und zur eigentlichen Toxinform umgewandelt. Diese können sich nun an spezifische Rezeptoren der Biomembranen der Darmwand binden und diese perforieren.

Darstellung der Bildung von Protoxin bei Bt-Bakterien:

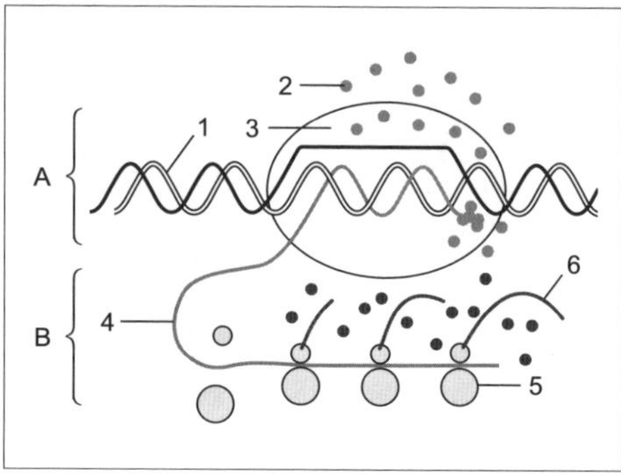

Abb. 3.1

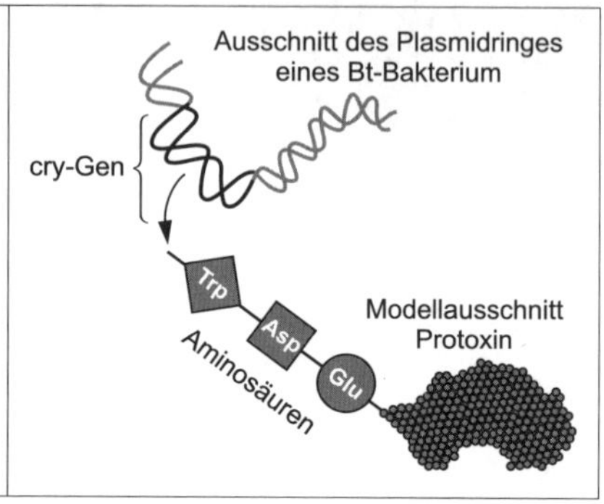

Abb. 3.2

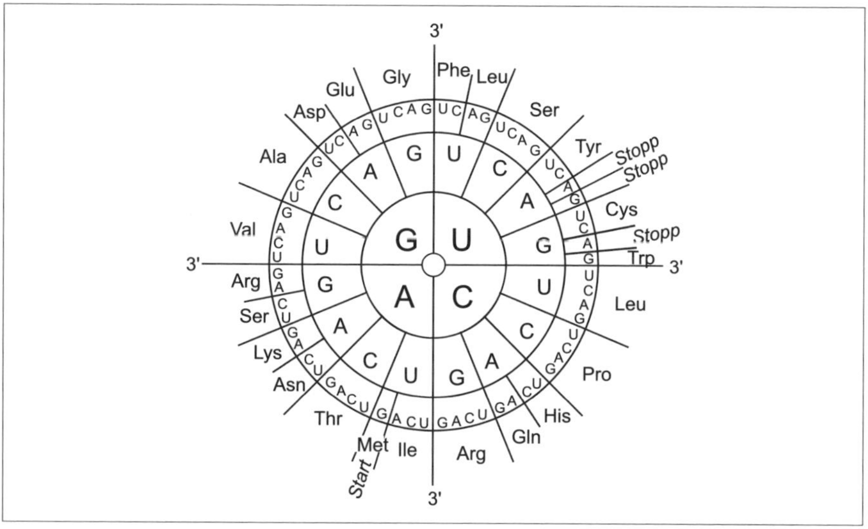

Abb. 3.3: Codesonne

Material 4: Bekämpfungsmaßnahmen

Laut Aussagen des Ministeriums für Infrastruktur und Landwirtschaft favorisiert das Land Brandenburg 2013 aufgrund der Wirksamkeit sowie der Verträglichkeit für Umwelt und Gesundheit das biologische Mittel Dipel ES mit *Bacillus thuringiensis* in Wäldern.

In Siedlungsgebieten erfolgte die Bekämpfung des Eichenprozessionsspinners meist durch mechanische Verfahren wie z. B. Absaugen und Verbrennen der Nester.

Eine andere Möglichkeit ist der Einsatz von Antagonisten (Räubern). Die häufigsten Antagonisten sind Parasiten wie z. B. Schlupfwespen, die ihre Eier in Raupen der Eichenprozessionsspinner legen.
Fledermäuse und Vögel erbeuten vorwiegend Falter. Nur wenige Vogelarten verzehren die Raupen des Eichenprozessionsspinners.

Weitere Materialgrundlage:
Julius Kühn Archiv 440, Nadine Bränsicke, Ökologische Schäden, gesundheitliche Gefahren und Maßnahmen zur Eindämmung des Eichenprozessionsspinners im Forst und im urbanen Grün, Februar 2013
Deutscher Bundestag, Drucksache 17/10020 17. Wahlperiode 15. 06. 2012
Biologie Gymnasiale Oberstufe, Ausgabe B; Hrg. Prof. Dr. Wilfried Probst, Duden Paetec Schulbuchverlag, Berlin, Frankfurt a. M., 1. Auflage 2007
Neil A. Campbell, Jane B. Reece: Campbell Biologie, Gymnasiale Oberstufe; Pearson Deutschland GmbH, 2011
www.biosicherheit.de/basisinfo/487.karriere-bakteriums.html
www.mil.brandenburg.de/sixcms/detail.php/bb1.c.328900.de#body

Lösungsvorschläge

In der zweiten Wahlaufgabe liegt der inhaltliche Schwerpunkt in den Bereichen Autökologie, Populationsökologie, Aufbau von Biomembranen sowie genetischer Code und Proteinbiosynthese.
Schematisches Darstellen, begründetes Zuordnen, Erläutern, Begründen und Diskutieren sowie das Entwickeln von Hypothesen stehen als Operatoren für die von Ihnen geforderten Kompetenzen.
Die Basiskonzepte Angepasstheit und Variabilität, Information und Kommunikation sowie Steuerung und Regelung stehen im Mittelpunkt dieser Prüfungsaufgabe.

1 *Lesen Sie sich das Material 1 gründlich durch. Hier finden Sie alle Informationen zum Lebenslauf des Eichenprozessionsspinners von der Eiablage bis zum erwachsenen Falter. Gliedern Sie die Entwicklungsstufen in übersichtliche Abschnitte und ordnen Sie diese dann möglichst in ein einfaches Kreislaufschema, da es sich ja um einen Entwicklungszyklus handelt. Vergessen Sie nicht, die jeweilige Zeitangabe (Monat/Jahreszeit) zuzuordnen.*

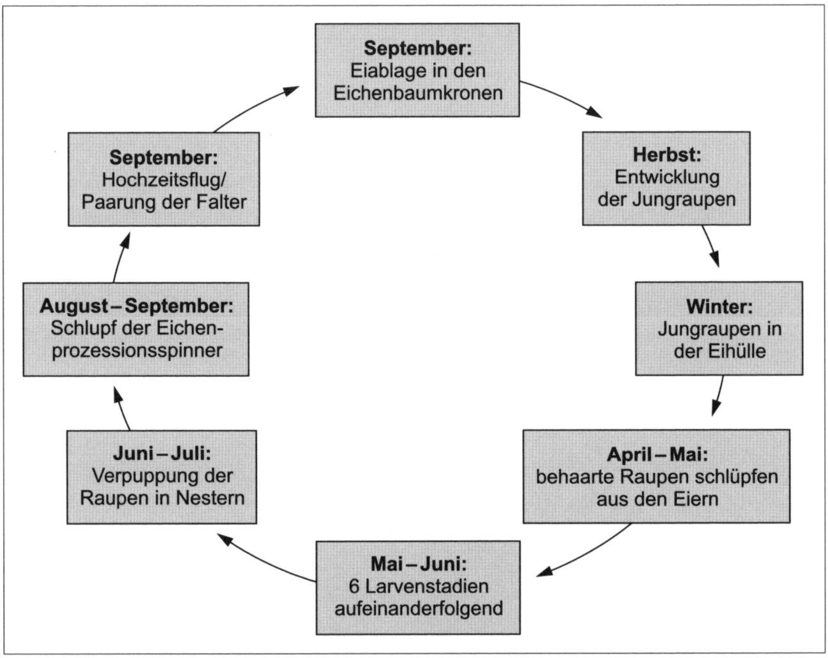

2 *Bei Aufgabenstellungen mit dem Operator „Nennen" genügt eine reine Aufzählung der Fakten.*
*Die Fortpflanzungsstrategien der r- (r = hohe Vermehrungs**r**ate) und K-Strategen (K = hohe Umwelt**k**apazität) haben sich im Laufe der Evolution in fast allen Ökosystemen entwickelt. Während r-Strategen häufig als Pionierarten auftreten und gut an wechselnde Umweltfaktoren angepasst sind, trifft man die K-Strategen typischerweise in sehr alten, artenreichen Ökosystemen (Klimaxstadium) an. Dabei sind r- und K-Strategen extreme Fortpflanzungsstrategien; es gibt viele Zwischenstufen und Mischformen.*

Typische Merkmale von r-Strategen:
- kurze Lebensspanne
- hohe Vermehrungsraten
- früher Fortpflanzungsbeginn

Alternativen:
- *kurze Geburtenabstände*
- *viele Nachkommen pro Fortpflanzungszyklus*
- *rasche Individualentwicklung*
- *keine oder kaum Brutpflege*
- *meist geringe Körpergröße*

Typische Merkmale von K-Strategen:
- lange Lebensspanne
- geringe Vermehrungsraten
- später Fortpflanzungsbeginn

Alternativen:
- *lange Geburtenabstände*
- *wenige Nachkommen pro Fortpflanzungszyklus*
- *meist langsame Individualentwicklung*
- *ausgeprägte Brutpflege*
- *relativ große und schwere Organismen*

Einordnung der Eichenprozessionsspinner:
Aufgrund ihrer hohen Nachkommenzahl, ihrer relativ kurzen Lebensdauer von ca. einem Jahr, der nicht vorhandenen elterlichen Fürsorge und der schnellen Individualentwicklung kann man die Eichenprozessionsspinner eindeutig den **r-Strategen** zuordnen.

3 *Im Einführungstext und in den Materialien finden Sie Hinweise zu Wechselwirkungen der Eichenprozessionsspinner mit diversen Umweltfaktoren. Überlegen Sie, ob diese von der Populationsdichte des Falters oder seiner Larvenstadien in ihrer Wirkung beeinflusst werden oder ob sie davon unbeeinflusst wirken.*
Die Begründung einer Prognose der weiteren Populationsentwicklung ist wegen der Komplexität der Aufgabenstellung dem AB III zuzuordnen. Entwickeln Sie den Kurvenverlauf im Material 2 nach eigenen Vorstellungen in zwei unterschiedliche Richtungen weiter und begründen Sie die Szenarien mit Ihren Kenntnissen zur Abundanzdynamik.

Erläuterung:

- **Dichteunabhängige Faktoren** haben Einfluss auf die Lebewesen einer Population, unabhängig von der Dichte der Population. Zu diesen Faktoren gehören Temperatur, Feuchtigkeit, Naturkatastrophen wie Waldbrände und Überschwemmungen oder auch der Einsatz von Insektiziden.
  Beispielsweise kann ein langer, wechselhafter Winter die Junglarven bei der Überwinterung stark dezimieren oder ein Waldbrand die Population oder Teile davon vernichten.
- **Dichteabhängige Faktoren** verstärken ihre Wirkung in Abhängigkeit vom Wachstum der Population. Typische dichteabhängige Faktoren sind intraspezifische Konkurrenz um Nahrung und Brutplätze, Parasitenbefall, Krankheitserreger und Fraßfeinde (Singvögel).
  Steigt die Abundanz der Eichenprozessionsspinner, so finden z. B. die Schlupfwespen viel leichter Wirte für ihre Larven und können sich so schneller vermehren. Krankheitserreger, wie Bakterien und Viren, können sich durch die hohe Kontaktwahrscheinlichkeit bei hohen Populationsdichten epidemisch ausbreiten.

Begründung:

Verfolgt man die bisherige exponentielle Vermehrung der Forstschädlinge, so könnte man beispielsweise folgende Szenarien ableiten:

- Da der Einfluss der dichteabhängigen Faktoren mit der steigenden Populationsgröße der Eichenprozessionsspinner wächst, wirken diese begrenzend auf das Populationswachstum der Insekten. Damit sinkt die Kapazitätsgrenze und es pendelt sich ein oszillierendes natürliches Gleichgewicht zwischen den Eichenprozessionsspinnern und den Räubern und Parasiten ein.
- Eine andere Möglichkeit der Populationsentwicklung wäre die weitere exponentielle Vermehrung unter den günstigen Klima- und Nahrungsbedingungen in Brandenburg, bis irgendwann die Population aufgrund intraspezifischer Konkurrenz (Entzug der Nahrungsgrundlage durch zu starke Schädigung der Eichenbäume) zusammenbricht.

Darüber hinaus könnte man z. B. auch eine Kausalkette aufstellen, die die Bekämpfungsmaßnahmen durch den Menschen mit einbezieht.

4 *Lesen Sie aus der Abb. 3.2 im Material 3 die Aminosäuresequenz Trp–Asp–Glu ab und suchen Sie in der Codesonne die passenden mRNA-Tripletts. Danach müssen Sie noch „rückwärts" transkribieren, also die komplementären Basen der DNA-Nukleotide bestimmen. Da der genetische Code degeneriert ist, gibt es hier verschiedene Lösungsmöglichkeiten. Die Aufgabenstellung verlangt nur eine davon.*

Beschriftung:

A Transkription
B Translation
1 DNA
2 RNA-Nukleotide
3 RNA-Polymerase
4 mRNA
5 Ribosomen
6 Polypeptidkette

Aminosäuresequenz	Trp – Asp – Glu
mRNA-Sequenz	UGG – GAU – GAA *oder z. B.* UGG – GAC – GAG
DNA-Sequenz	ACC – CTA – CTT *oder z. B.* ACC – CTG – CTC

5 *Die geforderte Skizze eines Biomembranmodells sollte groß, übersichtlich und detailliert angelegt werden. Beschriften Sie alle für die Funktion bedeutsamen Bauelemente der Membran.*
Zur Wirkung der Bt-Toxine an den Biomembranen der Darmwandzellen des Eichenprozessionsspinners finden Sie nur wenige Informationen im Text des Materials 3. Kombinieren Sie diese mit Ihren allgemeinen Kenntnissen zur Physiologie von Biomembranen und entwickeln Sie hypothetische Vorstellungen zur pathologischen Beeinflussung.

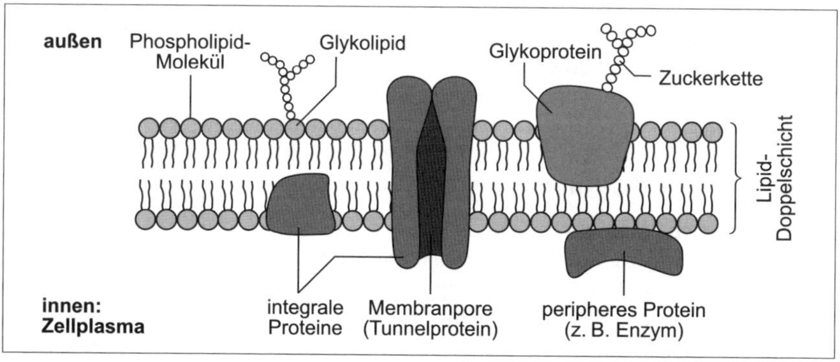

Hypothesen z. B.:

– Das aus dem Protoxin entstandene Toxin dockt an die spezifischen Rezeptoren der Biomembran an und löst als Botenstoff eine temporäre oder permanente Öffnung von Tunnelproteinen aus. Damit wird die Membrandurchlässigkeit erhöht, der Stoffaustausch erheblich beeinflusst und die Zelle kann ihre Lebensprozesse nicht mehr aufrechterhalten.

– Die im Mitteldarm des Insekts durch Proteasen gespaltenen Protoxine wirken in ihrer Toxinform zerstörend auf die Phospholipiddoppelschicht, sodass zusätzliche nichtphysiologische Poren entstehen. Tierische Zellen ohne funktionsfähige Biomembranen können die vielfältigen Funktionen der Stoffaufnahme, der Stoffabgabe, der Zellerkennung und des Informationsaustauschs nicht erfüllen. Eichenprozessionsspinner ohne funktionsfähigen Darm können sich nicht ernähren und sterben ab.

6 *Überlegen Sie für die Diskussion, welche Argumente jeweils für den Einsatz von Bt-Bakterien, Schlupfwespen und mechanischen Verfahren sprechen und welche Argumente dagegen stehen. Bemühen Sie sich um Kreativität und Ausgewogenheit (Anforderungsbereich III). Die Pro- und Kontra-Argumente können ergebnisoffen vorgetragen werden. Eine Lösung bzw. ein abschließendes Urteil wird nicht verlangt.*

Bt-Bakterien: Die Nutzung von Bt-Bakterien zur Bekämpfung der Eichenprozessionsspinner erscheint aufgrund der hohen Vermehrungsrate der Bakterien und ihrer spezifischen Wirkung auf die Schadinsekten effektiv und sinnvoll. Eine großflächig mögliche, relativ kostengünstige Ausbringung stellt einen weiteren Vorteil dieser Maßnahme dar.
Zwar ist das durch die Bakterien produzierte Kristallprotein zunächst ungiftig, bei der Aufnahme des Protoxins könnte es aber auch bei anderen Lebewesen direkt oder über die Nahrungskette zu unerwünschten Schädigungen kommen. Davon könnten mittelbar auch Menschen betroffen sein.

Schlupfwespen: Der Einsatz von Schlupfwespen als biologische Schädlingsbekämpfungsmaßnahme zielt auf die Einstellung einer ausgewogenen Räuber-Beute-Beziehung und langfristig auf die Entstehung eines natürlichen Gleichgewichts ab, durch das die Massenvermehrung der Eichenprozessionsspinner eingeschränkt bzw. unterbunden würde.
Es gibt jedoch nur wenige Beispiele dafür, dass durch das Eingreifen des Menschen „natürliche ökologische/biologische Gleichgewichte“ entstehen, da die Beziehungen in den Ökosystemen sehr komplex sind und Veränderungen oft kaum vorhersehbare Konsequenzen nach sich ziehen.

Mechanische Verfahren: Da die oben genannten biologischen Maßnahmen den betroffenen Menschen vor Ort keine sofortige Beseitigung der gesundheitlichen Gefährdung durch die Reizwirkung der Raupenhaare garantieren, sollte die biologische Bekämpfung von mechanischen Maßnahmen begleitet werden. Eine solche Sofortmaßnahme stellt das mechanische Absaugen und Verbrennen der Raupennester dar.
Dies ist jedoch mit großem Arbeitsaufwand verbunden und nur dort möglich, wo die Eichenprozessionsspinnernester gut erreichbar sind. Außerdem kann sich durch diese Maßnahme eine Erhöhung der Waldbrandgefahr ergeben. Eine flächendeckende Bekämpfung in ganz Brandenburg ist auf diese Weise wohl nicht realisierbar.